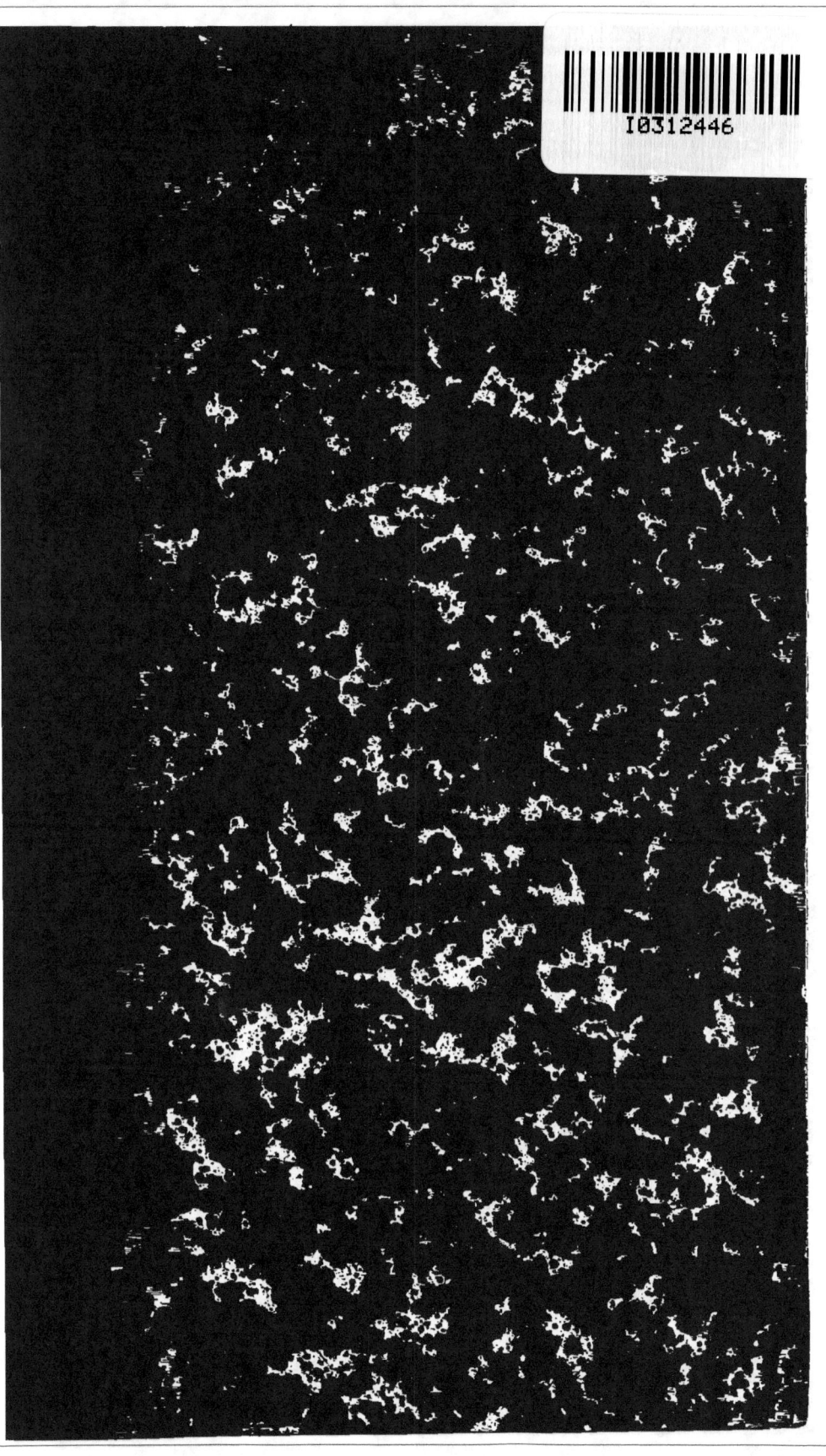

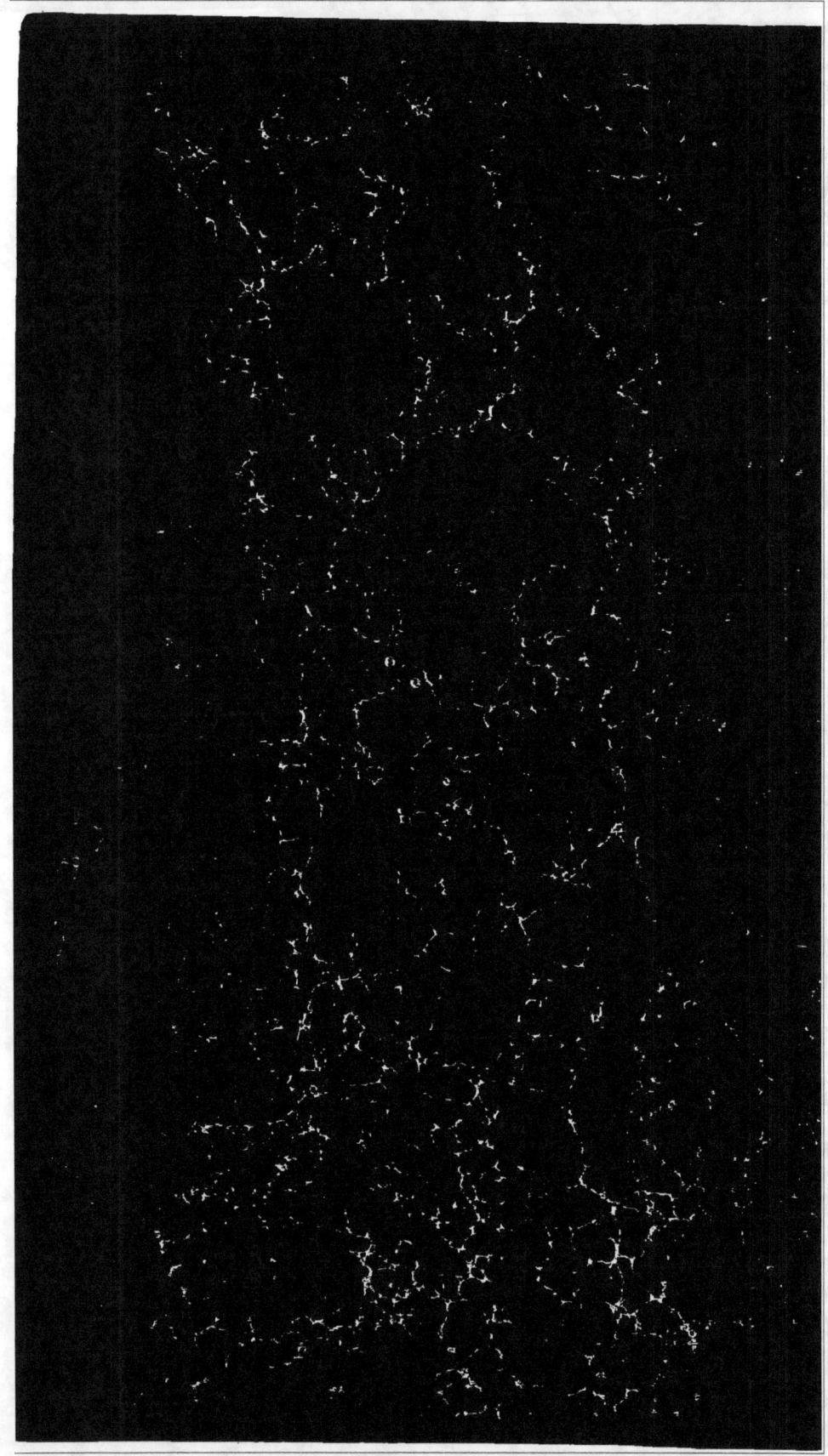

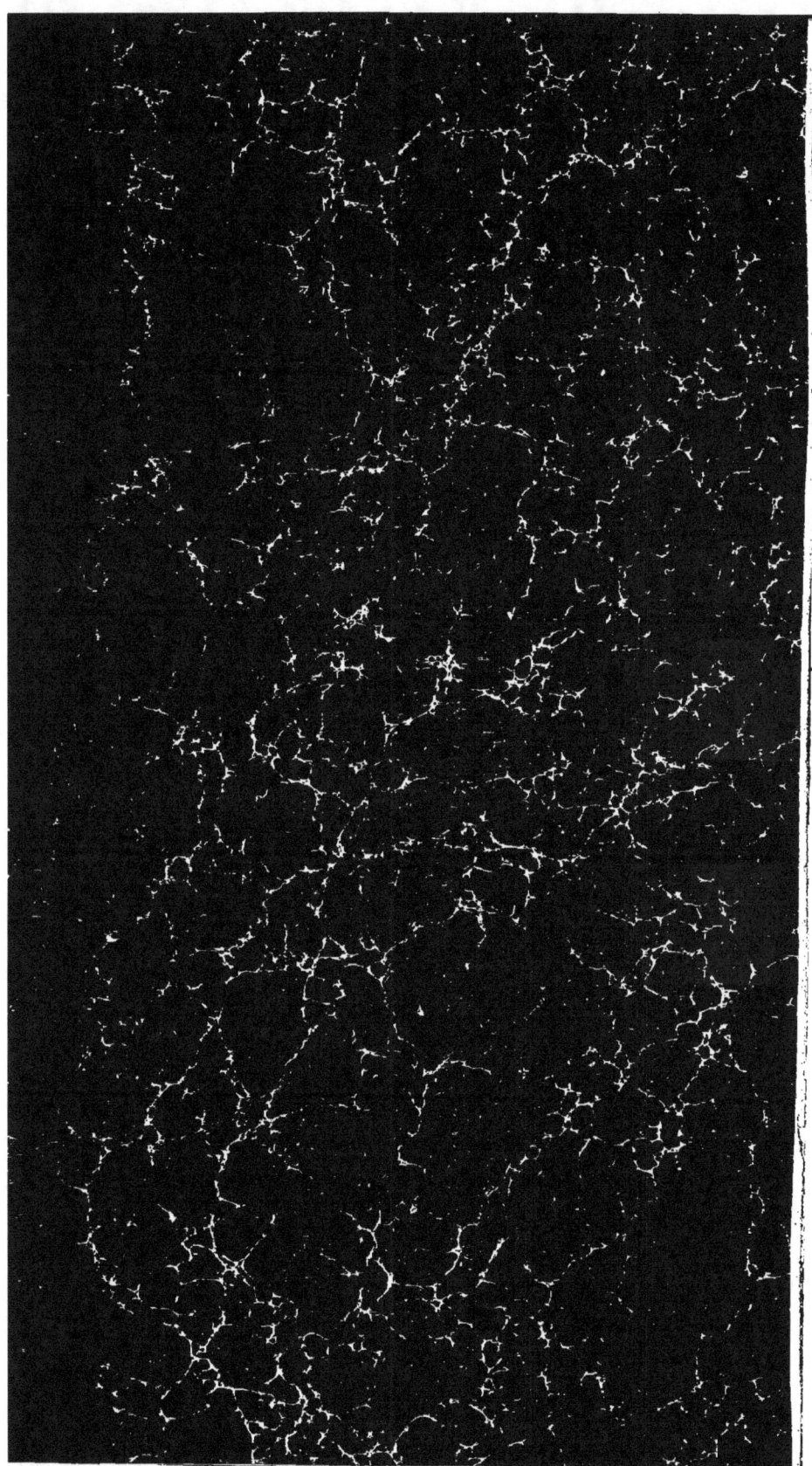

NAPOLÉON
ET L'EUROPE

DE L'IMPRIMERIE DE LACHEVARDIERE FILS,
RUE DU COLOMBIER, N. 30, A PARIS.

NAPOLÉON
ET L'EUROPE,

FRAGMENTS HISTORIQUES,

PAR

M. ALEXANDRE DOIN.

TOME SECOND.

PARIS,
BAUDOUIN FRÈRES, LIBRAIRES,
RUE DE VAUGIRARD, N. 17;
BRUXELLES, MÊME MAISON.
1826.

FRAGMENTS HISTORIQUES SUR NAPOLÉON ET L'EUROPE.

LIVRE DEUXIÈME.

CHAPITRE I.

Nous avons laissé l'Angleterre cherchant à former une troisième coalition pour se garantir du danger qui la menaçait. Elle réussit. Elle fit avec la Russie un traité d'alliance, auquel l'Autriche ne tarda pas d'accéder; et tandis que Napoléon faisait ses derniers préparatifs pour franchir les mers, la guerre éclata dans le Nord. Déjà la Bavière, alliée de la France, était envahie par les troupes autrichiennes. Napoléon quitta son camp de Boulogne, et marcha à la tête de son armée. Il battit les Autrichiens à Vertengen, les fit capituler dans Ulm, et entra dans Vienne un mois après l'ouverture de la campagne. Les débris de l'armée autrichienne se retirèrent en Moravie, où ils furent rejoints par les Russes. Napoléon les suivit; les deux armées prirent position dans les champs d'Austerlitz, et en vinrent aux mains le 2 décembre 1805, jour anniversaire du couronnement. Les alliés ne purent résister à la valeur française; ils furent défaits. Napoléon, poursuivant le cours de sa victoire, pouvait prendre les restes de l'armée russe et Alexandre lui-même; il ne le voulut pas. L'Autriche était conquise, son armée détruite. L'empereur François vint en suppliant au bivouac de Napoléon, qui lui rendit ses états par le traité de Presbourg, signé le 26 décembre.

La Prusse avait pris part à cette ligue; mais la bataille d'Austerlitz changea ses projets hostiles en dispositions pacifiques. Le ministre Haugwitz, qui était chargé d'annoncer une rupture si l'armée française eût éprouvé des revers, félicita Napoléon vainqueur, et lui fit des protestations d'amitié au nom de son maître. La Prusse n'eut donc pas le temps de venir se faire battre; mais bientôt, encouragée par l'assurance de ses officiers, qui de Berlin remportaient des victoires, et par l'alliance de la Russie, qui, oubliant la générosité de Napoléon en Moravie, voulait reprendre les armes; la Prusse, dis-je, parla en maître, elle demanda :

« 1° Que les troupes françaises, qu'aucun titre » fondé n'appelle en Allemagne, repassent inces- » samment le Rhin, en commençant leur marche » du jour même où le roi se promet la réponse » de l'empereur, et en la poursuivant sans s'arrê- » ter; car leur retraite instante complète est, dans » l'état où sont les choses, le seul gage de sûreté » que le roi puisse admettre.

» 2° Qu'il ne sera plus mis, de la part de la » France, aucun obstacle quelconque à la forma- » tion de la ligue du Nord, qui embrassera sans » exception tous les états nommés dans l'acte » fondamental de la confédération du Rhin.

» 3° Qu'il s'ouvrira sans délai une négociation » pour fixer enfin d'une manière durable tous les » intérêts qui sont encore en litige, et que pour » la Prusse les bases préliminaires en seront la » séparation de Wésel de l'empire francais, et la » réoccupation des trois abbayes par les troupes » prussiennes. »

L'empereur répondit au roi de Prusse :

« Votre majesté m'a donné rendez-vous, en » bon chevalier je lui ai tenu parole. Je suis au » milieu de la Saxe. Qu'elle m'en croie, j'ai des » forces telles, que ses forces ne peuvent balan-

» cer long-temps la victoire. *Mais pourquoi ré-*
» *pandre tant de sang?* A quel but? Je tiendrai à
» votre majesté le même langage que j'ai tenu à
» l'empereur Alexandre deux jours avant la ba-
» taille d'Austerlitz. Fasse le ciel que les hommes
» vendus ou fanatisés, plus ennemis d'elle et de
» son règne qu'ils ne le sont du mien et de ma
» nation, ne lui donnent pas le même conseil
» pour la faire arriver au même résultat. Sire,
» j'ai été l'ami de votre majesté pendant six ans;
» je ne veux pas profiter de l'espèce de vertige
» qui anime ses conseils, et qui lui a fait com-
» mettre des erreurs politiques dont toute l'Eu-
» rope est encore étonnée, *et des erreurs mili-*
» *taires de l'énormité desquelles toute l'Europe*
» *ne tardera pas à retentir.* Si elle m'eût demandé
» par sa note des choses possibles, je les lui au-
» rais accordées : elle a demandé mon déshon-
» neur; elle devait être certaine de ma réponse. La
» guerre est donc déclarée entre nous, l'alliance
» est rompue pour jamais. *Mais pourquoi faire*
» *égorger nos sujets? Je ne prise point une victoire*
» *qui sera achetée par la vie d'un bon nombre*
» *de mes enfants........* Sire, votre majesté sera
» vaincue; elle aura compromis le repos de ses
» jours, l'existence de ses sujets, sans l'ombre
» d'un prétexte : elle est aujourd'hui intacte, et

» peut traiter avec moi d'une manière conforme à
» son rang; elle traitera avant un mois dans une
» situation bien différente..... Je prie votre ma-
» jesté de ne voir dans cette lettre que *le désir*
» *d'épargner le sang des hommes*, et d'éviter à
» une nation, qui géographiquement ne saurait
» être l'ennemie de la mienne, l'amer repentir
» d'avoir trop écouté des sentiments éphémè-
» res, etc., etc. »

Tels étaient les sentiments de Napoléon : et on l'a accusé de rechercher la guerre, de ne pas compter avec la vie des hommes !

Le langage tenu par la Prusse ne lui convenait pas, mais elle était animée par l'esprit de la troisième coalition : alors aussi on voulait chasser les Français de l'Allemagne; alors on voulait les chasser de l'Italie et du Piémont, et ôter à la France tous ses alliés.

L'empereur Napoléon n'ayant pu maintenir l'état de paix dut se résigner à la guerre : il fit refluer en Allemagne ses braves troupes qui revenaient en France chercher le repos dont elles avaient besoin, après leur glorieuse campagne de 1805. Il les guida lui-même dans le chemin de l'honneur et de la victoire : les Prussiens furent défaits dans la mémorable bataille de Jena, et les Russes qui vinrent, mais trop tard, à leur secours, furent écrasés à Eylau et à Friedland. Il fallut encore s'humilier devant le vainqueur. Alexandre demanda la paix, elle fut accordée et signée à Tilsitt, le 7 juillet 1807.

Le roi de Prusse n'avait plus un soldat, il ne lui restait pas un village, les Français victorieux étaient partout, maîtres de tout ; un seul mot, et la monarchie prussienne n'existait plus: Napoléon ne le dit pas ce mot, et Frédéric-Guillaume resta sur son trône.

Après le traité de Presbourg, l'empereur Napoléon, qui voulait opposer une barrière à l'Autriche, avait créé les royaumes de Bavière et de Wurtemberg; après la paix de Tilsitt, il voulut élever une digue contre la Prusse et la Russie, et créa les royaumes de Saxe et de Westphalie. C'était enfermer le Nord de l'Europe dans ses limites et le forcer à la paix.

Mais la paix, on n'en voulait pas. Ce n'était pas seulement Napoléon qu'on voulait abattre, ce n'était pas seulement l'empire français qu'on voulait détruire, c'était la révolution que l'on voulait proscrire, et le siècle que l'on voulait faire rétrograder.

Le comte de Liverpool disait dans la chambre des pairs, le 12 novembre 1824, en proposant la lecture du bill relatif au prêt fait par l'Angleterre à l'Autriche : « Quant à l'origine de la dette, le capital fut transmis à l'Autriche, pour la soutenir dans la guerre qu'elle faisait à nos ennemis communs, et dans laquelle elle n'a jamais cédé qu'à l'extrême nécessité, et s'est toujours montrée prête à reprendre les armes dès qu'il lui a été possible. »

On n'avait pas besoin de cet aveu public du ministère anglais pour savoir que l'Autriche n'a jamais voulu de paix ; mais il découvre les moyens dont on se servit pour armer les peuples contre les peuples.

L'Autriche, que nous avons déjà vue tant de fois sous les armes, tant de fois vaincue et forcée de demander grâce, va bientôt reparaître. La paix qu'elle avait sollicitée et jurée n'était pour elle, et selon son habitude, qu'un moyen de se préparer à de nouveaux combats. Elle s'était reposée de la campagne de 1805, elle avait réparé ses pertes : Napoléon était à Madrid, occupé d'une guerre dont il sera fait mention dans un des chapitres suivants. L'Autriche arme soudain, et, comptant sur l'éloignement de l'empereur et la dispersion de ses troupes, elle commença les hostilités sans déclaration préalable. Napoléon accourut en toute hâte, réunit une armée, commanda les immortelles manœuvres du Danube, franchit ce fleuve à Vienne, et vainquit les Autrichiens dans les plaines de Wagram.

Que devait attendre François II ? Il avait manqué à sa parole donnée à Léoben et à Campo-Formio ; il avait manqué à sa parole donnée à Lunéville; il avait manqué à sa parole donnée à Presbourg; il avait manqué à la foi des traités; il avait manqué à tous les usages reçus chez les nations civilisées. Il n'avait plus d'armée, il n'avait plus d'états! eh bien! dans son inépuisable bonté, ou plutôt dans son extrême faiblesse, Napoléon rendit à l'empereur d'Autriche sa couronne, et signa avec lui la paix de Vienne. Napoléon croyait faire pardonner sa gloire, et acquérir des amis à force de générosité : il s'est trompé...

Quelles que fussent les idées de Napoléon, il était à la tête du siècle et marchait avec l'Europe nouvelle contre l'Europe ancienne. Les puissances continentales par principes, et l'Angleterre par système, devaient être ses ennemies. L'Angleterre veut bien se mettre à la tête du mouvement qui s'opère, mais elle ne souffrirait pas qu'une autre puissance, et surtout la France, prît cette place. Napoléon devait donc vaincre l'Europe ou succomber, comme les peuples succomberont dans la lutte des principes, si la raison ne triomphe pas de l'erreur.

C'était pour fermer toutes les voies à l'Angleterre sur le continent, et pour assurer les derrières de l'empire sans cesse menacés, que l'Espagne et le Portugal ont été envahis : l'élévation de ses frères n'a été pour Napoléon qu'un motif très secondaire ; et il n'a pas hésité à les faire descendre du trône, exemple Louis, lorsque leur conduite politique n'a pas répondu à ses vues.

Aujourd'hui il n'y a plus que deux puissances, la Russie et l'Angleterre. C'est une vérité bien dure et bien triste à dire. La France, qui commandait naguère au monde entier, est bien déchue[1]. Les autres états du continent sont restés à peu près ce qu'ils étaient ; et s'ils sont faibles, ce n'est que par comparaison avec le géant moscovite. Mais au lieu de se réunir avec les peuples, et de se créer des moyens pour résister à un danger toujours croissant, les gouver-

---

[1] Cette idée ne vient que de la comparaison que je fais de la France possédant l'Italie, l'Illyrie, le Tyrol, les deux rives du Rhin, les villes anséatiques, dominant l'Allemagne, etc., etc., avec la France d'aujourd'hui. Mais comme Français, je crois encore la France la plus belle nation du monde, et la plus forte, si l'on veut bien ne pas arrêter son essor.

nements du midi de l'Europe s'occupent de rétablir les catégories et de classer les hommes par étages.

La Russie confine avec la Chine et les glaces du pôle. La moitié de son territoire est heureusement désert ou mal peuplé, mais son mouvement est vers le midi de l'Europe. Depuis peu de temps elle s'est avancée de deux cents lieues; elle a absorbé la Pologne; elle s'élève comme un mur d'airain contre la Turquie, l'Autriche, la Saxe, la Prusse et la Suède. Sa nature est de conquérir, mais aux dépens des peuples et des rois; elle enchaînera les uns et déposera les autres. Toutefois le danger est connu, la tâche des peuples et le devoir des rois sont indiqués.

L'Angleterre est éminemment jalouse et dominante. Elle ne cherche pas à conquérir précisément pour augmenter son territoire, mais pour absorber les richesses du monde et le gouverner. Elle proclame la liberté civile et la liberté de conscience, parceque c'est aujourd'hui le chemin de la fortune, mais elle soutiendrait l'absolutisme des rois et l'unité de religion, s'ils lui donnaient des trésors.

Elle a jeté des jalons sur tout le globe et s'y est fortifiée. Elle s'est emparée des terres australes, en fondant Botany-Bay et Sidney. Elle a mis la main sur l'Indostan, l'île de Ceylan et l'Ile-de-France; par là, elle commande à la mer des Indes. Le cap de Bonne-Espérance lui sert d'entrepôt et de place d'armes; c'est une barrière qu'elle peut fermer. En Amérique, elle a vingt stations et des établissements productifs; en Europe elle domine sur la Méditerranée, l'Adriatique et les Échelles du Levant, par Gibraltar, Malte et Corfou; et de ses ports elle plane sur l'Océan et la mer du Nord. Sa marine peut donner la chasse à toutes les marines réunies. L'Angleterre tient donc le monde dans un réseau qu'elle peut serrer à son gré. L'attitude qu'elle prend doit la faire redouter des souverains, et l'intérêt des peuples ne leur permet aucune alliance avec elle, car elle ne veut que leurs dépouilles.

C'est une erreur de croire que la liberté s'est réfugiée en Angleterre, et qu'elle en ressortira. La liberté ne viendra jamais de l'aristocratie. La liberté s'est relevée sur la cendre des Incas et des Péruviens : c'est en Amérique qu'elle a jeté les fondements de son empire.

La Russie peut vaincre l'Europe, si l'Europe ne change pas de système; mais l'Angleterre ruinera la Russie et l'Europe, si on ne sait pas la châtier ; c'était dans ce but que l'empereur Napoléon tenait tant à Flessingue et à Anvers. Voilà ce que l'Angleterre savait bien, et ce que n'aperçut pas le congrès de Châtillon.

CHAPITRE II.

La révolution française mit en présence des intérêts bien opposés : d'un côté les peuples, les droits naturels; de l'autre côté l'aristocratie et les priviléges.

Napoléon survint. Son génie et les vœux des Français le placèrent à leur tête. Élevé par le peuple, il devait être l'homme du peuple : c'était là la ligne qu'il devait suivre sans déviation, car en dehors de cette ligne tout était précipice.

Deux ennemis l'observaient de près, l'aristocratie en Europe, la démocratie en France[1]. L'aristocratie, qui voulait se replacer; la démocratie, qui voulait se venger d'avoir été sitôt détrônée, et qui cherchait à ressaisir le pouvoir, dont elle avait si cruellement abusé.

La portion de la nation qui n'avait pas adopté ces partis extrêmes formait la force de Napoléon : il s'appuyait ainsi sur les dix-neuf vingtièmes de

---

[1] Toutes les fois que j'ai parlé de la démocratie, j'ai entendu la démocratie de 1793.

la France; mais les opposants, ne pouvant agir par la force, devaient s'adresser à l'opinion, et chercher à l'égarer. C'était un ver rongeur qu'il fallait détruire; le seul moyen était de ne rien faire qui pût blesser la susceptibilité publique.

Napoléon marcha franchement sous le consulat; s'il avait déjà porté ses vues sur le trône, le peuple n'était point dans le secret, et ne pouvait craindre ce qu'il ne prévoyait pas. Cependant deux actes du consulat, le rétablissement du culte et l'institution de la Légion d'honneur servirent de prétexte aux mécontents pour s'agiter; mais leurs soins furent perdus. La Légion d'honneur était pour tous, le peuple le savait, et dans ces temps-là il ne craignait pas le fanatisme des prêtres ni la domination romaine.

Lorsque Napoléon se fit empereur, les partisans d'un autre régime ressentirent une secrète joie, parcequ'ils croyaient que la nation se soulèverait à l'idée d'avoir un maître, après tous les sacrifices qu'elle avait faits pour n'en avoir pas. Il n'en fut rien néanmoins : le peuple au contraire fut bien aise de voir le gouvernement prendre de la fixité; l'hérédité plut, parcequ'elle calmait les ambitions. La personne de Napoléon était d'autant plus chère, qu'elle était en butte aux coups des ennemis : et les conspirations n'étaient pas feintes.

L'empire d'ailleurs, lors de sa création, ne changeait rien à l'état de liberté et d'égalité des Français : il fallait en rester là ; Napoléon sur le trône eût été le plus grand prince du monde.

Mais les courtisans! Fontanes employa le premier le mot de sujet¹, faisant ainsi revivre l'ancien régime et les dénominations féodales.

Dans un gouvernement absolu, où le prince est tout, puisqu'il est au-dessus de la loi, qu'il fait et défait à son gré, l'état du peuple est nécessairement la sujétion.

Dans un pays où la loi n'est pas l'œuvre du prince, mais de la nation seule, ou de la nation conjointement avec le prince, la loi commande à tous, même au prince. Le peuple est sujet, mais à la loi.

---

¹ Autrefois on nommait *sujets* tous les membres d'un état, par opposition au souverain, soit que l'autorité souveraine ait été déférée à un seul homme, comme dans une monarchie, ou à une multitude d'hommes réunis, comme dans une république : ainsi le premier magistrat, dans une république même, est sujet de l'état. (*Dictionnaire des Sciences.*)

Sujet, signifie celui qui est soumis à une autorité qui gouverne, soit qu'il s'agisse d'un roi, d'une république, ou de quelque autre souverain. (*Dictionnaire de l'Académie.*)

Lorsque le peuple obéit au prince, il obéit à la loi, parceque le prince ne peut rien ordonner que ce que veut la loi.

Si le peuple doit du respect au prince, c'est qu'il doit respecter tout ce qui émane de la loi; de même que le prince doit respecter la loi, parceque sans elle il ne serait plus prince.

Les gens aux gages du prince même ne sont pas ses sujets, quoiqu'ils soient absolument sous sa dépendance : ils sont seulement en état de soumission.

Le peuple n'est pas soumis au prince, parcequ'il n'est pas à son service personnel : le peuple ne sert que l'état.

Les obligations du peuple et du prince sont mutuelles : le prince pourvoit à l'exécution des lois, à la sûreté de l'état; le peuple pourvoit aux besoins du prince; le plus pauvre y contribue comme le plus riche, et le malheureux dont le denier paie sa portion d'un festin somptueux expire quelquefois de besoin sur le seuil du palais.

Quand on se fut dit sujets de l'empereur, l'empereur dit, Mes sujets, mon peuple. Ces termes sont aussi impropres l'un que l'autre. Le peuple n'appartient pas au prince. Dans un gouvernement absolu, le prince peut dire mon peuple, parcequ'il dispose du peuple à son gré. Dans un gouvernement régi par les lois, ce n'est pas le prince qui dispose du peuple, mais la loi. Lorsque le peuple ne dépend que de la loi, le prince ne peut donc pas dire mon peuple, car il dirait une absurdité.

Il semble que les antichambres de Napoléon ne se ressouvenaient pas qu'il y avait eu une révolution pour détruire précisément ce qu'ils rétablissaient. Comme les courtisans de tous les temps, ils ne pensaient qu'à eux, et croyaient représenter la France.

Mais si le peuple était blessé dans son amour-propre, il ne l'était pas dans ses intérêts ; il ne fit que rire des qualifications qu'on lui donnait. Il crut entendre le roi d'Angleterre se dire roi de France, et le roi de Sardaigne s'appeler roi de Jérusalem. Toutefois c'était jeter des semences qui devaient produire leurs germes.

Napoléon n'avait pas d'égaux comme consul, il n'en avait pas non plus comme empereur, tant qu'il commanda à un peuple de citoyens. La liberté fait les hommes, l'égalité les grandit. Ici toutes les voies sont ouvertes, le génie prend un essor rapide, l'enthousiasme donne des forces aux plus faibles, le peuple est un peuple de héros. Là où le peuple est primé par des titres, des distinctions, des priviléges, là où le peuple est enfermé dans un cercle étroit qu'il ne peut franchir, il se rapetisse tous les jours, et ne peut faire que des choses proportionnées à sa taille. La grandeur d'un prince n'est pas dans le nombre des hommes qu'il gouverne, mais dans leur position sociale. Les Romains n'étaient pas grands, parcequ'ils étaient Romains, mais parcequ'ils étaient libres; et César n'eût pas été César, s'il fût né dans les forêts de la Germanie.

Napoléon, empereur des Français, des Français libres et égaux, était le premier prince du monde, parcequ'il régnait sur le premier peuple; s'il ne voulait pas jouir seul de tant de gloire, s'il voulait avoir des égaux, il fallait qu'il élevât les autres rois à sa hauteur, en brisant les liens qui retenaient les peuples; mais il descendit à leur niveau. Il modela sa monarchie sur les autres monarchies et se chargea de tout l'attirail des vieilles cours, il créa une noblesse.

La France vit avec peine cette innovation; mais elle était tellement éblouie par les victoires de ses armées, qu'elle n'aperçut pas d'abord tout ce qu'elle avait de dangereux dans ses suites.

Nul doute que ces guerriers qui ont porté si loin l'honneur du nom français ne pouvaient être trop magnifiquement récompensés; mais était-ce atteindre le but que de les parer d'un vain titre? était-ce surtout remplir l'attente de la nation française, qui avait tout sacrifié pour proscrire les distinctions? Ces guerriers eux-mêmes ne sortaient-ils pas du peuple, et n'avaient-ils pas combattu contre ce que l'on rétablissait.

Si l'on voulait perpétuer le souvenir des grandes actions, il suffisait de donner le nom des lieux où ces actions s'étaient passées. Masséna de Rivoli, Lannes de Montebello, Ney de la Moskowa eussent assez frappé l'esprit. Ces surnoms n'acquerront pas plus d'illustration, parcequ'on les fera précéder du titre de duc ou de prince. Scipion n'était ni prince ni duc, mais simplement Scipion l'Africain; Annibal n'eut ni titre ni surnom : qui vivra plus qu'eux dans l'histoire? On n'usurpe pas le nom qui rappelle un trait d'héroïsme, tandis que les distinctions nobiliaires sont souvent la proie de la médiocrité.

Si les titres n'étaient que personnels et réservés aux services seulement, ils auraient une signification; car, lorsqu'on entendrait dire : M. le comte, M. le baron, M. le duc, on se figurerait à l'instant, ou un général, ou un homme d'état, ou un savant, un homme utile enfin; et certes, sans savoir le genre de services qu'il a rendus, on l'environnerait de respect. Mais si ces dénominations ne présentent rien à l'esprit, si elles ne vous donnent pas l'idée d'un grand service, elles sont inutiles : Pierre, Jean ou Jacques produisent alors le même effet que baron, comte ou duc. Votre opinion sur l'individu ne se formera que lorsque vous le connaîtrez, et vous le traiterez selon son mérite. Le titre ne sera donc rien, c'est l'homme qui sera tout.

Mais l'hérédité des titres a de plus grands inconvénients, et contribue, plus qu'on ne pense, à la décadence des empires. Pour que l'état soit bien gouverné et bien servi, il faut que les emplois soient confiés aux plus capables, et comme le génie ne se donne pas par lettres patentes, mais par la nature, il se trouve dans toutes les classes de la société. Il faudrait donc donner les emplois indistinctement au peuple et à la classe titrée, ce qui serait impossible sans commettre des injustices ou exciter des jalousies. L'empepereur conféra des titres à ses généraux, à ses ministres, à ses conseillers ; la plupart de ces hommes avaient gagné leurs éperons : mais quand ils paient le tribut à la nature, leurs enfants héritent de leurs titres, sans hériter de leurs talents. Ces enfants-là ne seront ni généraux ni ministres, cependant il faut des hommes de guerre et des hommes d'état. Ceux que leurs services et leurs connaissances appelleront à ces fonctions auront droit aux mêmes faveurs que ceux qui les ont précédés. Si vous ne les récompensez pas, vous serez injuste, vous ferez des jaloux, et vous n'aurez plus que de mauvais serviteurs. Si vous les récompensez, vous doublez votre noblesse ; par la même raison vous serez obligé de la tripler, quadrupler, etc., en sorte que vous n'aurez plus que des nobles.

Pour éviter ce désordre, il faut tomber dans un désordre plus grand encore, c'est de réserver toutes les places, tous les emplois à la noblesse. On a vu, sous le règne de l'égalité en France, des hommes célèbres surgir en foule, c'est pourquoi la France a vaincu l'Europe, et fait tant de grandes choses en si peu de temps [1].

[1] Ceci ne doit s'appliquer qu'au gouvernement impérial, qui, d'après l'esprit de son institution, ne devait pas détruire la démocratie. Il ne devait y avoir d'hérédité que dans la famille impériale. Ce gouvernement était donc mixte ; il participait de la monarchie, en ce que le trône était héréditaire, et de la république en ce qu'il ne reconnaissait ni titres, ni distinctions.

Il ne faut donc pas comparer l'empire avec un gouvernement monarchique qui depuis des siècles est entouré d'une noblesse, car cette noblesse est dans son esprit comme la démocratie était dans l'esprit du gouvernement impérial. Celui-ci ne doit pas instituer, l'autre ne doit pas détruire.

Si des institutions antipopulaires ne soulèvent pas le peuple, elles produisent au moins cet effet de le rendre indifférent à la prospérité du gouvernement. Malgré les fautes et les excès des révolutionnaires, la nation marcha avec eux, parcequ'au fond il s'agissait de sa cause. L'élan de 92 accompagna le gouvernement impérial jusqu'au moment où les intérêts parurent se séparer. Si cet élan n'eût pas été comprimé, les désastres de Moscou n'eussent pas amené tant de changements.

Dans cette grande crise qui accumula sur la France toutes les forces réunies de l'Europe, le peuple resta passif, et c'est cette force d'inertie qui porta la première atteinte au trône impérial.

Ce n'est pas là néanmoins la seule cause du refroidissement du peuple, il y en avait une plus immédiate, la guerre.

La guerre durait depuis vingt-deux ans; elle avait lassé tout le monde, parceque la vérité est que l'on n'en connaissait pas les motifs : il n'y avait pas alors, il n'y a peut-être pas encore aujourd'hui, un Français sur mille qui ne croie bien fermement que Napoléon était l'excitateur de toutes les guerres ; on disait qu'un gouvernement établi à la suite d'une révolution ne pouvait se soutenir que par la force des armes, que l'empereur voulait distraire l'attention de la nation en l'environnant sans cesse de dangers, que c'était lui qui cherchait querelle aux puissances étrangères, qui, toujours battues, ne respiraient que pour la paix. Plus tard, on accusa son ambition; c'était pour dominer sur l'Europe qu'il faisait la guerre. Ainsi c'était lui qui avait provoqué la Russie, l'Autriche, la Prusse, l'Angleterre, tandis qu'il ne fit réellement que se défendre.

Il n'en faut pas douter, si la nation française eût été éclairée, si la vérité se fût montrée dans tout son jour, l'enthousiasme national ne se serait pas ralenti; car le peuple ne se lasse jamais quand c'est pour lui qu'il combat.

Mais on méprisa l'opinion publique, et c'est là la grande faute des gouvernements. A l'approche d'une guerre on se contentait d'en exposer brièvement les motifs dans les journaux; mais les journaux n'étaient pas libres, on ne put pas, on ne dut pas les croire. La vérité la plus pure ne pénètre pas, quand elle sort d'une bouche suspecte. On ne trouva d'autres motifs à la guerre que la volonté de l'empereur. Cela ne finira pas, disait-on. La guerre! toujours la guerre! il est insatiable! Pourquoi ne reste-t-il pas tranquille; n'a-t-il pas assez de pays? n'a-t-il pas assez de gloire? que veut-il? et de là la lassitude, le découragement et l'apathie des peuples, la mort des gouvernements.

Si la presse eût été libre, le peuple n'aurait pas eu de raisons de suspecter la bonne foi des feuilles périodiques, et des écrits publiés à l'occasion des guerres. Il n'eût pas repoussé la vérité, parcequ'elle serait partie d'une bonne source.

Ce n'est pas assez pourtant de se reposer sur les publications quotidiennes, le gouvernement a d'autres devoirs à remplir vis-à-vis de la nation. Il doit entrer avec elle dans les plus petits détails, et lui rendre un compte complet, surtout lorsqu'il s'agit d'une guerre dans laquelle elle doit verser son sang et ses richesses.

Toutefois le peuple français ne refusa rien : il donna tout ce qu'on demanda, mais il ne fit rien de plus; il accompagna l'armée de ses vœux, mais il ne marcha pas à son secours. Dans la dernière lutte, la Bourgogne, la Champagne, etc., coururent aux armes, mais pour défendre leurs foyers, et les autres provinces ne secondèrent pas leurs efforts.

Quant à l'armée, son dévouement fut sublime : elle défendit pied à pied le territoire sacré de la patrie; elle succomba, mais couverte de gloire; elle succomba, mais sous la trahison plutôt que sous les coups de l'ennemi.

On la calomnia pourtant cette armée, on voulut obscurcir sa gloire, qui brille comme le soleil. Ces hommes qui ont toujours fui au moment du danger, ces hommes jaloux de tout ce qui est grand, disaient que l'armée ne combattait que pour l'empereur. Oui, elle combattit pour l'empereur, mais aussi pour la patrie, pour la patrie avant tout. Les soldats français ne servaient pas un parti, un homme, ils servaient la France, *ils ont connu la vraie gloire.*

CHAPITRE III.

Arrivé à la suprême puissance, Napoléon avait à choisir entre l'alliance des peuples et l'alliance des rois. Le choix était facile : il avait tout à gagner avec les uns et tout à perdre avec les autres.

En s'alliant avec les peuples, Napoléon marchait avec les masses contre les exceptions, les droits contre les usurpations. Homme des peuples, il était l'homme de l'Europe, qu'il eût gouvernée.

Un pacte avec les peuples était indissoluble; un pacte avec les rois n'était que temporaire. Napoléon ne pouvait s'unir avec les rois que par la victoire, il était donc dans la nécessité de les vaincre ; or, un ami conquis par la force est un ennemi caché : l'orgueil humilié, l'amour-propre blessé, ne pardonnent pas. Si Napoléon eût été roi de vieille race, vaincu, il eût payé les frais de la guerre ; mais il était Napoléon, vaincu, il devait périr. C'était la condition non écrite des traités.

Napoléon avait pour lui le choix d'une grande nation, il avait son génie prodigieux et une gloire sans égale, causes éternelles de jalousie. Sa clémence, sa générosité, ne pouvaient que prouver la justice de cet adage, que les princes sont d'illustres ingrats [1].

Napoléon était trop homme supérieur pour n'avoir pas aperçu les deux routes qui s'ouvraient devant lui. Il crut sans doute suivre la bonne en s'éloignant des principes de la révolution; mais l'abus d'une chose ne prouve pas son défaut. Napoléon craignit la démocratie, à cause des excès de 1793; il craignit la puissance populaire, à cause des troubles sous les assemblées et les conseils : mais dans ces temps c'était le chaos, tout était en fusion; il fallait que le mouvement s'achevât, et que le calme succédât à la tempête. Napoléon lui-même apparut comme le génie qui devait séparer ces éléments qui se heurtaient avec tant de violence; l'ordre se rétablit, chacun reprit sa place, et la société fut réorganisée. Le danger avait disparu et ne devait plus renaître sous un gouvernement héréditaire et constitutionnel.

---

[1] On ne contestera pas au moins ce fait, que Napoléon a rendu de grands services à plusieurs princes, et qu'il en a élevé d'autres sur le trône.

Il ne faut pas oublier que ce que l'on appelait la démocratie de la révolution française se composait de quelques hommes farouches et de la dernière classe de la société, c'était l'ochlocratie. La démocratie comprend tout le peuple, ayant à sa tête la classe éclairée et la classe industrieuse. Quant à cette classe d'hommes qui n'a *ni feu ni lieu*, et que l'on désigne sous le nom de populace, elle sera toujours une plaie pour le gouvernement quel qu'il soit, parceque l'ordre ne peut lui profiter.

Napoléon voulut gouverner les peuples avec les rois, tandis que c'était avec les peuples qu'il devait maintenir les rois; entre lui et les rois il n'y avait pas de cohésion, entre les peuples et lui l'union était intime; il lui fallait vaincre une seule fois avec les peuples, avec les rois il fallait qu'il vainquît toujours.

Toujours attaqué et toujours vainqueur, Napoléon avait une belle occasion de changer la face de l'Europe. Le droit d'intervention, reconnu par les puissances en 1792, pouvait leur devenir funeste. Si elles croyaient avoir le droit de se mêler des affaires intérieures de la France, la France, à son tour, pouvait se croire le droit de se mêler des leurs. Napoléon avait d'ailleurs le droit du plus fort, dont on a plus qu'usé à son égard.

L'empereur était maître de l'Italie. Après la bataille d'Austerlitz il était maître de l'Allemagne, l'armée autrichienne était détruite; les restes de l'armée russe fuyaient dans leurs déserts. Si, au lieu d'arrêter sa marche victorieuse, Napoléon l'eût continuée, la Pologne accourait sous ses aigles, et, par un mouvement de conversion à gauche, il revenait sur le Rhin et chassait devant lui l'armée prussienne; par un mouvement inverse, après Friedland, il soumettait à ses armes les rives du Danube. Cent mille hommes à cheval sur le Niémen, et soutenus par les braves Polonais, assuraient ces conquêtes.

Et comme il fallait que, pour être dévoués au vainqueur, les peuples conquis gagnassent à la conquête, le devoir de l'empereur était de proclamer la liberté.

Il fallait encore que les chefs des peuples (choisis librement par eux) dussent quelque chose à la France pour former une communauté d'intérêts qui rendît le danger et la défense communs. Cette espèce d'union ne pouvait donc s'établir que par la division des empires en plusieurs états du second ordre, dont la France grande et forte eût été le soutien.

Cette organisation une fois terminée, les peuples ne devaient plus trouver de frontières; ils étaient tous enfants de la même famille; plus de guerres, plus de perturbations politiques.

Deux puissances ne devaient pas faire partie de l'union : la Russie à demi barbare, et renfermée dans ses glaces, et l'insatiable Angleterre retranchée dans les eaux. La Russie, maintenue par une force au-dessus de la sienne, eût été rejetée dans ses déserts, si elle eût voulu troubler la paix générale. Quant à l'Angleterre, il fallait la conquérir ; pour la conquérir, il fallait l'attaquer en même temps sur tous les points : le succès n'était pas douteux.

Du moment que Napoléon rétablit les distinctions nobiliaires, la grande réformation politique de l'Europe devint impossible. Napoléon marchant dans le sens des rois, la guerre ne pouvait avoir d'autre résultat que quelque dépossession, quelque changement de dynastie. Tout était dû à la force. Les peuples conquis ne pouvaient être amis du vainqueur, puisque leur sort n'était point changé, qu'ils ne faisaient que passer d'un joug sous un autre joug. Pour avoir un maître, on aime mieux un compatriote, quel qu'il soit, qu'un étranger, qu'un conquérant surtout; car il y a toujours quelque humiliation d'avoir été conquis, et les peuples sont susceptibles.

Ce n'est pas pour être mieux que les peuples

de l'Europe se sont armés contre la France, c'était pour venger leurs défaites si souvent renouvelées, c'était pour secouer le joug de l'étranger. Ils ont fait ce que l'honneur leur commandait, l'histoire leur gardera une belle page.

Toutefois les princes alliés, pour exciter l'enthousiame national, promirent à leurs peuples tout ce que Napoléon aurait dû leur donner depuis long-temps; ils leur promirent tout ce que peuvent désirer des hommes libres : mais le danger passé, les promesses furent oubliées.

CHAPITRE IV.

Les Anglais gouvernaient entièrement le Portugal ; ils en avaient fait une véritable colonie, qu'ils exploitaient à leur gré. Napoléon, qui voulait fermer le continent à l'Angleterre pour la forcer à la paix, fit au gouvernement portugais des représentations qu'il n'écouta pas [1].

Un décret rendu à Fontainebleau raya la maison de Bragance de la liste des rois. L'Espagne approuva ce décret, et donna passage aux troupes qui devaient opérer la dépossession.

Cependant les affaires intérieures de l'Espagne elle-même ne tardèrent pas à attirer les regards de l'empereur. La famille royale était divisée. Godoï, prince de la Paix, favori du roi et de la reine, gouvernait l'état en intrigant sans moyens. Cet homme, dont l'ambition était insatiable, s'était attiré l'animadversion du peuple et des infants. Ferdinand, prince des Asturies,

---

[1] Toute nation a le droit de choisir ses alliés, et de se gouverner comme bon lui semble.

était à la tête des mécontents. Godoï voulait devenir un homme important, même en Europe. Lorsque toutes les armes s'étaient abaissées devant l'empereur, il conçut le projet insensé de lui faire la guerre. Il choisit le moment ou Napoléon était au fond de la Prusse pour ordonner des armements qu'il contremanda bientôt. Toutefois Napoléon n'oublia pas cette espèce de levée de boucliers qui lui inspira quelque crainte.

Cependant le prince des Asturies, profitant de l'agitation des esprits et de la haine publique contre le prince de la Paix, détrôna son père et se fit proclamer roi sous le nom de Ferdinand VII. Napoléon s'interposa. Il voulait punir l'Espagne de l'avoir menacé tandis qu'il était en Prusse ; il voulait punir Ferdinand d'avoir détrôné son père; il voulait empêcher que la politique anglaise, en s'introduisant à la cour de Madrid, ne compromît ses derrières en cas de mouvement dans le Nord.

La famille royale d'Espagne fut appelée à Bayonne. Ferdinand fit amende honorable, et remit le sceptre à son père, qui en fit hommage à l'empereur. Joseph Napoléon fut reconnu roi par la junte suprême et le conseil de Castille.

L'Espagne, engourdie par un long repos, encombrée de couvents et de moines, courbée sous le fanatisme des prêtres et la barbarie de l'inquisition, ignorante dans le siècle des lumières, et pauvre avec un sol fertile, l'Espagne, dis-je, avait besoin d'une réforme.

Cependant l'intervention d'une puissance étrangère n'eût été bien reçue que si elle eût eu pour but unique le rétablissement de la paix et l'affranchissement du peuple. Mais disposer du trône, c'était agir pour soi, c'était usurper.

Il semble que Napoléon ait été poussé par les évènements encore plus que par son ambition, à se mettre à la place de tous les membres de la famille des Bourbons. La victoire le mena par la main sur le trône de France. Les intrigues de la reine Caroline, son aveugle confiance dans la politique anglaise, l'inconsidération du cabinet napolitain, le forcèrent de s'emparer du royaume des Deux-Siciles, et les querelles de la famille espagnole lui ouvrirent les portes de la Péninsule.

La grande révolution a commencé en France, sous les Bourbons; l'Europe voulut les soutenir, l'Europe fut vaincue, et la famille Napoléon les remplaça. Jusque là tout avait souri à l'empereur, et dès lors tout se réunit pour l'accabler. La fortune changea; ce que n'avaient pu les hommes, les éléments le firent; la plus belle armée du monde succomba, et la trahison enchaîna les derniers efforts de la France. Les Bourbons reprirent leur place, l'Europe se crut en paix. Les fautes de la restauration ramenèrent Napoléon, et l'Europe recourut aux armes.

Sur un rocher, au milieu des mers, Napoléon n'était plus un obstacle à la paix, il n'était plus de ce monde; cependant l'Espagne fit sa révolution, Naples fit sa révolution, et les Français tentèrent plusieurs fois de recommencer la leur. Les rois coalisés durent rester en armes : ils maintinrent la France par l'aspect de leurs forces; Naples et l'Espagne cédèrent à des efforts étrangers. Ainsi, pendant trente ans, l'Europe fut en alarmes pour des révolutions nées en France, en Espagne et à Naples.

Quels que soient les motifs qui déterminèrent l'empereur à s'emparer de l'Espagne, cette invasion fut impolitique et anti-populaire. Jusque là il n'avait fait que se défendre. S'il avait agrandi l'empire, s'il avait réduit les puissances vaincues et créé des états secondaires, c'était par suite d'une guerre qu'il n'avait pas cherchée. Mais lorsqu'il voulut conquérir l'Espagne, tous les torts furent de son côté, et l'opinion publique l'accusa hautement. Si le peuple, trompé, crut qu'il était l'excitateur des guerres du Nord, il les vit néanmoins éclater sans murmures ; la vérité, quoique cachée, agissait encore sur les esprits. Ici la cause de la guerre n'était point enveloppée dans le labyrinthe diplomatique, elle était à nu. L'Espagne était alliée de la France, elle avait même épousé ses querelles, ses soldats marchaient dans nos rangs, l'empereur n'avait à lui reprocher que l'équipée de Godoï, qui ne demandait pas une correction violente [1].

---

[1] Napoléon a-t-il conçu l'idée d'envahir l'Espagne, ou bien a-t-il cédé à des inspirations étrangères ? Jusqu'ici il a porté tout le fardeau, tâchons de rétablir la vérité.

Au moment de la guerre de Prusse, quelques personnages avaient déjà fait entrevoir à Napoléon la nécessité où il se trouverait de se mêler des affaires de la Péninsule. On lui en parla plus sérieusement encore lorsqu'il fut en Pologne. Les dispositions du prince de la Paix et les querelles de la famille royale semblaient autoriser ces insinuations. Napoléon se borna à rassembler des troupes au-delà de la Loire, pour repousser toute attaque.

Après la paix de Tilsit, le prince de ******** mit sous les yeux de l'empereur la situation de l'Espagne, et lui proposa de s'en emparer. Il disait que les circonstances étaient si favorables, que trente mille hommes de bonnes troupes suffiraient pour opérer cette révolution.

Il représenta ensuite à l'empereur qu'il ne serait jamais tranquille tant qu'il y aurait un Bourbon sur le trône, et que l'Espagne, cédant à des considérations de famille, et à la po-

La révolution d'Espagne se serait néanmoins opérée sans secousse, si le peuple n'eût pas reçu d'excitation. Car s'il eût été poussé à l'insurrection par son orgueil blessé, il eût été retenu par le sentiment de son bien-être. L'invasion menait avec elle la civilisation, et proscrivait cette foule d'institutions antiques qui ne sont plus en rapport avec les mœurs actuelles. Mais le clergé qui perdait tout, et ses richesses, et sa considération, et son influence, arma le peuple, et commença

litique anglaise, l'attaquerait nécessairement, si elle pouvait un jour le faire avec quelques apparences de succès.

Un conseil fut tenu à Fontainebleau, où se trouvait la cour. L'empereur appela un de ses maréchaux qui avait long-temps fait la guerre sur les Pyrénées, et lui demanda des renseignements; mais il ne se décida ni pour ni contre la proposition. Bientôt après il partit pour l'Italie.

Cependant les affaires d'Espagne se brouillaient de plus en plus. Le roi Charles, la reine, le prince de la Paix, imploraient le secours de Napoléon. A défaut de secours, ils demandaient un refuge en France, une chaumière. Le projet de conquête fut remis sur le tapis; Napoléon partit pour Bayonne. Le reste est assez connu.

Le peuple espagnol opposa une vigoureuse résistance à l'armée d'invasion. Napoléon dut lui-même se mettre à la tête de ses troupes.

C'est alors que quelques unes des personnes qui avaient conseillé cette guerre, notamment M. le prince de *******, la reprochèrent à Napoléon. Le succès paraissait ne pas decette lutte dont il devait retirer tout le fruit. Les Espagnols se levèrent avec le pressentiment de leurs défaites, ils étaient à moitié vaincus par la terreur qu'inspirait la valeur française, mais ils préféraient mourir glorieusement, que de vivre sous les lois du vainqueur; dévouement sublime !..... La faute d'un général leur donna de l'espoir, la catastrophe de Baylen leur montra le chemin de la victoire. Dès lors, ils entrevirent le salut de leur patrie, ils redoublèrent d'efforts, et confirmèrent cette vérité, qu'une nation qui veut se défendre ne peut être vaincue.

Jamais peuple ne fit tant pour son roi que les Espagnols pour Ferdinand : ils savent quelle récompense les attendait. Les Espagnols doivent voir répondre à l'attente, on craignait l'opinion publique; on craignait le blâme; on rejeta la faute sur l'ambition de l'empereur, et cette conquête qu'on avait désirée ne fut plus qu'une monstrueuse usurpation. Non seulement on se défendit de l'avoir conseillée, mais on dit qu'on avait fait tous ses efforts pour empêcher Napoléon de l'entreprendre.

L'Autriche saisit le moment où l'empereur était enfoncé dans l'Espagne, pour faire des préparatifs de guerre. On a cru que c'était ce motif qui avait déterminé Napoléon à revenir si vite à Paris. On s'est trompé; Napoléon savait tout ce qui se faisait en Autriche, mais il avait de quoi y parer, il était à cet égard sans inquiétude; mais on ourdissait des **trames à Paris, les intrigants s'étaient mis en campagne, et**

être un grand sujet de méditation pour les peuples, à qui ils ont donné deux leçons bien mémorables depuis l'invasion de la Péninsule.

Tout en leur rendant justice, il faut remarquer que leur résistance n'est pas due seulement à la force de leurs armes, et à leur courage réfléchi. La disposition de leur pays, le climat, et le fanatisme religieux surtout, les ont mieux servis que leur propre valeur. Si le fanatisme n'était jamais excité que pour la défense de la patrie, il perdrait ses couleurs hideuses.

Cependant si la guerre d'Espagne eût été la seule affaire de Napoléon, il eût triomphé; mais il lui fallait désarmer le dernier homme, puisque tous voulaient combattre jusqu'au dernier soupir.

---

croyaient pouvoir faire alors ce qu'on a fait en 1814. Napoléon reçut ces rapports à Valladolid. Il partit aussitôt pour Burgos et de là pour Paris. Il était aux Tuileries, qu'on le supposait encore sur les bords du Tage. Le palais fut bientôt rempli. Napoléon s'adressant au prince de ******** dit : Prince de ********, je sais à quoi vous vous occupez, je sais aussi que non seulement vous vous défendez d'avoir conseillé la guerre d'Espagne, mais encore que vous répandez partout que vous avez tout fait pour m'en détourner. Monsieur, quand on a des intérêts contraires aux miens, on ne doit pas rester dans ma maison......

Ces reproches ont été faits en pleine cour. Il doit rester encore beaucoup de témoins.

Tandis qu'il amoncelait ses bataillons derrière les Pyrénées, un nouvel orage se formait vers le Nord. La Russie voulait profiter de la dispersion de l'armée française pour tenter un coup de main sur le midi de l'Europe et y établir sa prépondérance.

Cette nouvelle guerre eut une trop grande influence sur les destinées de la France et de l'Europe, pour ne pas en rechercher les provocateurs. Partout où il y a un bouleversement, on est certain de rencontrer les Anglais; nous les trouverons donc dans la guerre de Russie.

Long-temps avant la révolution française, l'Angleterre avait élevé des prétentions injustes sur les neutres en matière maritime. Il était reconnu en principe : 1° que le pavillon couvre la marchandise; 2° qu'un bâtiment neutre peut être visité par un bâtiment belligérant pour reconnaître le pavillon et le chargement, dans ce sens, qu'il n'est pas de contrebande; 3° que la contrebande est restreinte aux munitions de guerre; 4° que les bâtiments neutres peuvent être empêchés d'entrer dans une place assiégée, si le blocus est réel et qu'il y ait du danger à vouloir y pénétrer.

Mais lors de la guerre de l'émancipation américaine, les Anglais, qui voulaient ôter toute ressource aux insurgés, et s'indemniser sur les neutres des pertes qu'ils faisaient dans leurs colonies, prétendirent: 1° que les marchandises propres à la construction des vaisseaux étaient de contrebande; 2° que les bâtiments neutres ne pouvaient pas trafiquer d'un port *ennemi* à un port *ennemi*; qu'ils pouvaient aller seulement d'un port *ami* à un port *ennemi*; 3° que les bâtiments neutres ne pouvaient pas naviguer de la colonie à la métropole ennemie; 4° que les puissances neutres n'avaient pas le droit de faire convoyer, par des bâtiments de guerre, leurs bâtiments de commerce, etc., etc.

Un convoi hollandais, escorté par des bâtiments de guerre, fut attaqué et pris par les Anglais. Révoltées de cet excès de mauvaise foi, la France, l'Espagne et la Hollande, qui commerçaient avec les États-Unis, firent alliance et déclarèrent la guerre à l'Angleterre.

Les puissances du Nord, la Russie, la Suède et le Danemarck se constituèrent en neutralité armée pour résister aux injustes prétentions de l'Angleterre. Elles déclarèrent qu'elles feraient la guerre à celles des parties belligérantes qui violeraient ces principes : 1° que le pavillon couvre la marchandise, excepté la contrebande;

2° que la visite d'un bâtiment neutre par un bâtiment de guerre doit se faire avec tous les égards possibles ; 3° que les munitions de guerre seulement sont objets de contrebande ; 4° que chaque puissance a le droit de convoyer les bâtiments marchands, et que, dans ce cas, la déclaration du commandant du bâtiment est suffisante pour justifier le pavillon et la cargaison des navires convoyés ; 5° qu'un port n'est bloqué par une escadre que lorsqu'il y a danger évident d'y entrer, etc., etc.

Toutes les puissances adhérèrent à ces principes, l'Angleterre seule témoigna son mécontentement ; mais, comme à cette époque elle ne pouvait pas braver toutes les puissances maritimes, force lui fut de céder.

Lorsque, après la prise de Toulon, la marine française fut anéantie, l'Angleterre, se sentant la plus forte, fit revivre ses prétentions ; elle les fit admettre par le gouvernement américain, avec lequel elle venait de conclure la paix : mais les puissances neutres de l'Europe, notamment la Russie, la Suède et le Danemarck, tinrent plus que jamais aux principes sur lesquels elles avaient basé leur union.

Déjà les Anglais avaient attaqué la marine suédoise, lorsque les malheurs de l'escadre française à Aboukir enflèrent leur orgueil ; ils ne respectèrent plus rien.

Paul Ier avait succédé à l'impératrice Catherine. Aussitôt que ce prince eut appris l'entrée de la flotte anglaise dans la Baltique, il fit mettre le séquestre sur tous les bâtiments anglais qui se trouvaient dans ses ports.

Cependant Napoléon, nommé premier consul de la république française, signa un traité de paix avec les États-Unis d'Amérique, et ne tarda pas à mettre l'empereur de Russie dans ses intérêts. Ce prince avait juré une haine éternelle à la révolution française, mais l'armée qu'il avait envoyée au secours de la coalition fut dispersée et prise en partie. Il se plaignit amèrement des puissances alliées : il avait raison, car elles l'avaient mal secondé. Le premier consul, qui avait déjà frappé l'imagination du czar en lui envoyant l'épée que le pape avait donnée à l'Isle-Adam pour sa défense de Rhodes contre les infidèles, le subjugua tout-à-fait, en lui renvoyant habillés et armés dix mille prisonniers russes qui étaient en France, et que les Autrichiens et les Anglais avaient refusé d'échanger.

Paul, enthousiasmé du premier consul, lui écrivit une lettre où l'on remarque ce passage : « Je vous écris pour vous faire connaître le mé-

» contentement que j'ai contre l'Angleterre, qui
» viole tous les droits des nations, et qui n'est
» jamais guidée que par son égoïsme et son in-
» térêt. Je veux m'unir à vous pour mettre un
» terme aux injustices de ce gouvernement. »

Il ordonna, par un ukase du 17 novembre 1800, que toutes les marchandises anglaises qui étaient arrêtées par suite de l'embargo mis sur les navires de cette nation fussent réunies et vendues pour liquider ce qui serait dû aux Russes par les Anglais. Les équipages des bâtiments furent considérés comme prisonniers de guerre, et envoyés dans l'intérieur de l'empire.

Une nouvelle convention fut signée entre la Russie, la Suède et le Danemarck, pour soutenir les droits de la neutralité; la Prusse y adhéra.

De son côté, le gouvernement anglais ordonna la course sur tous les bâtiments russes, et mit embargo général sur tous les bâtiments appartenants aux puissances signataires de la convention.

Il ne tarda pas à mettre une flotte à la voile: elle se dirigea sur le Sund; les Suédois la laissèrent passer. Elle vint attaquer Copenhague; et le Danemarck signa un armistice.

Ce premier succès de l'Angleterre était loin d'assurer son triomphe: les flottes russes et suédoises s'armaient avec activité, elles étaient formidables, et tout annonçait une guerre sanglante, dont le résultat était inconnu.

L'empereur Paul ne voulait pas se borner à faire la guerre à l'Angleterre avec ses vaisseaux, il voulait attaquer cette puissance au cœur en lui enlevant la source de son commerce et de ses richesses. C'était aux Indes qu'il voulait frapper le grand coup. Napoléon lui avait donné cette idée, et les deux puissances voulaient concourir à l'expédition, qui devait se faire par terre.

Paul n'était pas homme à abandonner ses alliés. L'Angleterre le savait bien; elle savait bien aussi qu'une victoire navale ne la sauverait pas, qu'un danger plus imminent la menaçait.

Paul allié avec le premier consul était trop redoutable pour elle, Paul fut assassiné; Alexandre lui succéda; et la paix fut signée entre la Russie et l'Angleterre.

Depuis cette époque, la Russie a saisi toutes les occasions de faire la guerre à la France, et l'on peut dire que le cabinet de Saint-Pétersbourg et le cabinet de Saint-James ont toujours été d'intelligence. Si Alexandre s'est éloigné de l'Angleterre, c'est lorsque ses armées étaient battues, ce qui arriva à peu près toutes les fois qu'elles se mesurèrent avec les Français.

La Russie, forcée pour la troisième fois de déposer les armes, avait adopté le système continental; mais, lorsque Napoléon fut au milieu de l'Espagne, elle crut pouvoir rompre le traité. La politique anglaise s'était introduite de nouveau à Pétersbourg et voulait y reprendre la place qu'elle occupait après l'assassinat de Paul Ier : elle réussit. Le système continental fut violé. La Russie demanda une indemnité pour le duc d'Oldenbourg, indemnité que Napoléon avait précédemment offerte ; elle demanda, comme condition *sine quâ non* du maintien de la paix, que les troupes françaises évacuassent la Prusse et se retirassent derrière l'Elbe. Elle appuya ses prétentions par un rassemblement de troupes sur les frontières du duché de Varsovie; Napoléon dut pourvoir à sa défense, et forma une armée dans le nord de l'Allemagne; Alexandre fit marcher une seconde armée en Pologne [1].

Napoléon était dépositaire de l'honneur français, il ne devait pas souffrir qu'il fût blessé; la France d'ailleurs n'était pas dans une position à recevoir la loi d'un ennemi tant de fois vaincu.

Tous les princes de l'Allemagne marchèrent

---

[1] Voyez les pièces diplomatiques.

avec l'empereur ; cette fois ils entendaient leurs intérêts : la paix de l'Europe était en Russie, comme la paix du globe est en Angleterre. Toutefois, et quoiqu'il fût assuré de la victoire, Napoléon arrivé aux avant-postes envoya des paroles de paix à Alexandre ; l'ambassadeur ne fut pas reçu ; les hostilités commencèrent.

L'armée russe fut coupée, culbutée dans toutes les rencontres, et vaincue sur les rives de la Moskowa ; l'ancienne demeure des czars fut occupée par l'armée française. Dans cette campagne Napoléon n'a point été au-dessous de lui-même. Avant de passer le Niémen, il avait marqué sa marche sur Moskow, et il atteignit Moskow. Ses dispositions pour le combat furent celles de Marengo, d'Austerlitz, d'Iena et de Wagram. Comme à ces jours de gloire il combina les mouvements de ses colonnes, et fixa la victoire. Mille bouches, que n'a pas souillées le mensonge, attesteront ces hauts faits, et les transmettront à la postérité, malgré les libellistes et ces hommes qui ne doivent pas leur illustration à leurs services.

CHAPITRE V.

En se retirant après leurs défaites, les Russes incendièrent tout sur leur passage; leur capitale même ne fut point épargnée : ils la livrèrent aux flammes avec ses palais et ses richesses, faisant ainsi disparaître de leur empire tout ce qui rappelait la civilisation. Ces barbares sont en pays ennemi quand ils ont franchi le seuil de leurs huttes enfumées; à leurs yeux les Russes étaient des Turcs ou des Polonais, et Smolensk et Moskow comme Ismaïl et Praga.

On a fait plus d'honneur qu'ils ne méritaient aux ordonnateurs de ces épouvantables dévastations. On a prétendu qu'ils avaient prévu les malheurs de l'armée française, il n'en était rien cependant : ils ont agi d'après leur nature, comme les peuples sauvages de tous les climats, qui ne trouvent rien de mieux pour arrêter leurs ennemis, que de les séparer par des déserts.

Le but des Russes était de fatiguer l'armée victorieuse, en ne lui laissant que des décombres. Ils ne cherchaient plus à vaincre, mais ils ne voulaient abandonner que des ruines ; en sorte que si le vainqueur se fût acharné à leur poursuite, tous les lieux habitables de leur empire seraient devenus le refuge des bêtes féroces.

Les hommes superficiels appelleront cela de l'héroïsme; ils déifieront un peuple qui préfère détruire ses foyers plutôt que de les voir profaner par l'ennemi. Sans doute, si le peuple russe eût pris spontanément la résolution de tout anéantir sur le passage du conquérant, pour lui ravir ses ressources, il serait digne des plus grands éloges. Mais est-ce la population russe qui alluma l'incendie qui dévora deux cents lieues de pays et ruina tant de familles? non certes, c'est l'armée ou ses chefs; et depuis quand une armée ou quelques hommes ont-ils le droit de disposer de la fortune et des propriétés des citoyens ? L'armée doit défendre son pays et protéger les propriétés, c'est là le but de son institution ; est-ce remplir ce but que de tout dévaster elle-même? Et que pourrait craindre de plus la nation, du conquérant le plus barbare ? Pour disposer des biens des citoyens il faut leur consentement : l'armée n'a pas de pouvoir dictatorial, et n'est pas reconnue comme assemblée législative. Certes, si pour défendre la France, en 1814, l'armée eût mis le feu sur les rives du

Rhin, de la Seine et de l'Yonne, le peuple eût été son premier ennemi. Mais le soldat français connaît la limite de ses devoirs; il sait qu'il doit protéger et non détruire; il ne portera pas une main sacrilége sur la propriété d'autrui. Les Russes à demi sauvages, quoique réunis sous le même sceptre, ne sont pas frères; leurs mœurs, leurs coutumes, leur religion, sont différentes; ils ne connaissent ni lois, ni usages sociaux. Leur soumission est stupide; ils donnent la mort, comme ils la reçoivent, sans se douter si l'action est juste ou injuste. Une armée composée de tels hommes doit voir sans pitié les larmes et le désespoir du malheureux qu'elle a privé de sa chaumière[1].

Les lois de la guerre ne donnent pas à l'ennemi le droit d'incendie et de destruction, si ce n'est dans un siége ou dans quelques cas fortuits; encore ces lois sont-elles regardées avec raison comme un reste de barbarie. L'armée nationale n'a pas d'autres droits chez elle-même; le peuple seul peut détruire ou faire détruire ses propriétés. L'incendie des provinces russes n'est pas l'ou-

---

[1] Il faut dire que depuis dix ans l'esprit public a fait de grands progrès en Russie, et que le peuple est plus civilisé qu'il n'était.

vrage de la nation, mais de l'armée, de l'armée qui obéissait à des chefs absolus et qui ne faisait elle-même aucun sacrifice. Il n'y a dans cette action ni esprit national, ni dévouement, ni grandeur. On dira que le peuple russe, esclave, ne possède rien et ne doit pas être consulté. C'est un très grand malheur qu'il y ait encore des peuples esclaves; mais ceux dont la fortune a été dévorée par les flammes et le pillage n'étaient pas esclaves. L'incendie de Moskow et de tant de pays ne fera d'honneur à personne, pas même à Rostopchin. S'il trouve des admirateurs, ce ne sera que parmi ceux qui sont animés de l'esprit national tartare.

La dévastation de la Russie n'avait aucun but, si ce n'était de ruiner les habitants et de se procurer l'infernal plaisir de voir la terre en feu. L'armée française était belle et forte; elle pouvait, malgré les malheurs de Moskow, y prendre ses quartiers d'hiver. Les Russes ne l'eussent point attaquée, ou leur audace eût rallumé le tonnerre de la Mojaïsk. Les vivres pouvaient venir des pays alliés de la France, et s'ils eussent manqué, ce n'eût point été par le calcul des Russes, mais par l'imprévoyance de l'administration militaire. Au printemps, l'armée russe eût fui devant les colonnes françaises, ou serait tombée sous leurs coups. Si l'armée russe résistait, elle était détruite; si elle fuyait, elle détruisait le pays. Tout était donc destruction. Si, au lieu d'hiverner à Moskow, l'armée française eût voulu revenir sur le Niémen, rien ne l'en eût empêchée. Dans une nouvelle campagne, elle se portait sur Pétersbourg. Fallait-il encore dévaster ces contrées ? mais alors la Russie n'existait plus.

Le devoir de l'armée russe était, non d'incendier, mais de combattre, de combattre toujours; elle eût succombé, mais avec gloire. Elle s'est sauvée, mais aux dépens de son pays, qu'elle devait couvrir de son corps.

L'armée n'existe que pour la défense du pays; ici c'est le pays qui a défendu l'armée : le soldat doit mourir pour conserver les biens de ses concitoyens ; ici le soldat a sacrifié les propriétés à sa sûreté personnelle. Dans ce cas, l'armée est une charge inutile, car pour faire l'office d'incendiaires, il ne faut pas porter l'uniforme des braves, la livrée des bagnes suffit.

L'invasion de Genseric et d'Attila eût moins fait de mal à la Russie que sa propre armée : la blessure qu'elle en a reçue saignera toujours; et pourtant c'était sans but. Les éléments seuls ont abattu l'armée française, et leur déchaînement n'avait point été prévu. On savait qu'il ferait froid en Russie, comme on savait qu'il fait chaud en Égypte : mais les sables du désert ne s'étaient pas élevés sur l'armée française ; on ne savait pas que toutes les neiges du nord tomberaient pour l'engloutir.

Toutefois l'empereur fit une faute ; il resta trop ou trop peu de temps à Moskow. Il devait ou s'y établir pour l'hiver, ou revenir de suite sur la Pologne. Mais, de ces deux partis, le plus sage était la retraite. Un séjour prolongé à Moskow, au milieu de l'hiver, pouvait avoir de graves inconvénients. Les communications eussent été infailliblement interceptées, ou d'une extrême difficulté. La France eût été inquiète, agitée peut-être, et l'Allemagne se fût sans doute décidée à faire alors ce qu'elle a fait plus tard. Cependant ce ne sont là que des conjectures.

Le séjour ou le départ devaient être décidés le lendemain de l'occupation de Moskow, lorsque l'on vit les flammes dévorer cette capitale.

Napoléon comptait sur la paix, ou il craignait de faire un pas rétrograde ; mais il pouvait dicter la paix sur le Niémen avec une armée prête à rentrer en campagne. Mais ce n'était point une retraite humiliante que de manœuvrer après la victoire pour venir camper. Le temps qu'il a perdu à Moskow l'eût ramené à Wilna, où de nobles occupations pouvaient l'attendre : c'était de rendre à la Pologne son rang parmi les nations¹. Napoléon séjourna lorsqu'il fallait partir, et partit lorsqu'il fallait demeurer. Un hiver précoce, et d'une rigueur inconnue, même dans ces âpres climats, le surprit au milieu de sa marche. Un ciel de neige s'abaissa sur la terre, et n'offrit de passage qu'aux vents glacés du pôle. Le courage fut inutile ; il ne s'agissait plus de combattre les hommes, il fallut céder aux éléments. Ainsi périrent ces illustres vétérans de la gloire française, que les foudres de la guerre avaient tant de fois épargnés.

[1] Il ne faut pas croire cependant que Napoléon pouvait de prime-abord reconstituer le royaume de Pologne; il avait garanti, par les traités d'alliance de février et mars 1812, l'intégrité du territoire de l'Autriche et de la Prusse qui possédaient des portions détachées de la Pologne.

CHAPITRE VI.

Les débris de l'armée française, échappés au froid et à la faim, se retirèrent lentement sur la Pologne. Napoléon revint à Paris, où sa présence était nécessaire pour rassurer les esprits consternés de l'issue toute nouvelle de la campagne, et pour obtenir des secours. Le sénat, qui ne savait qu'obéir et qui fit bien cette fois, accorda une levée de 300,000 hommes, avec lesquels l'empereur recréa son armée, et fut bientôt prêt à rentrer en campagne. Mais ses malheurs lui avaient donné de nouveaux ennemis : la Prusse, qui avait marché avec lui contre la Russie, l'abandonna, et se ligua contre lui avec la Russie; la Suède, qui jusque là était restée paisible, et qui n'avait rien à démêler avec la France, prit fait et cause contre elle.

La conduite du prince royal de Suède, Bernadotte, a été jusqu'à présent considérée sous un faux point de vue : on a voulu prouver qu'il n'avait pas le droit de prendre les armes contre son ancienne patrie, on eut tort ; on a voulu l'excuser, on eut encore tort.

Il existe une grande différence entre le simple citoyen, qui se fait naturaliser en pays étranger et qui y demeure simple citoyen, et l'homme qui est appelé par un peuple étranger à régner sur lui : le simple citoyen n'est d'aucune importance dans l'état, il peut retourner à sa mère-patrie sans nuire à sa patrie adoptive ; et si les lois le punissent, c'est parcequ'elles lui connaissent cette liberté. Mais le prince est dans une tout autre position : chef de l'état, il ne pourrait l'abandonner sans le compromettre, il ne pourrait refuser de marcher à la tête de la nation sans la trahir.

Personne ne voudra croire que, si Napoléon eût demandé la Finlande à la Suède et qu'il eût marché contre elle, Bernadotte, devenu son roi, eût dû refuser de prendre les armes parcequ'il était né Français. Avec ces principes, Louis, roi de Hollande ; Jérôme, roi de Westphalie ; Murat, roi de Naples, et Joseph, roi d'Espagne, n'auraient pu résister à l'empereur sans mériter d'être fusillés ; et si, comme il en avait le projet, Napoléon eût établi son fils sur les peuples d'Italie, et que les intérêts de l'Italie l'eussent forcé à faire la guerre à la France, Napoléon eût dû livrer son fils à une commission militaire, pour exécuter la loi qui l'eût condamné à mort.

Le fils n'est sans doute pas plus étranger à la patrie que le père; les obligations imposées au père pèsent sur le fils; or Ferdinand VII, qui descend de Philippe V, petit-fils de Louis XIV, serait-il soumis à notre code pénal, si l'Espagne faisait la guerre à la France? Si Oscar devient roi de Suède, devrait-il être puni de mort s'il était pris combattant contre l'ancienne patrie de son père?

Dirait-on aux peuples : « Telles sont nos lois ; elles punissent tout Français pris les armes à la main, encore bien qu'il soit naturalisé en pays étranger. C'était à vous de ne pas prendre un Français pour vous gouverner ? » Les peuples répondraient : « Mais si vous nous l'imposez vous-même, ce Français, devrons-nous en souffrir plus tard ? viendrez-vous nous faire la guerre, parceque vous nous aurez donné un chef que vous saviez ne pouvoir pas nous défendre ? ce serait un guet-apens. » Voilà cependant ce que la Suède devrait dire à la France si la guerre éclatait entre ces deux pays, et que l'on fît l'application des lois à Bernadotte; car Bernadotte a été imposé à la Suède par l'ascendant que la France exerçait en Europe. Certes, aujourd'hui que la Suède est libre, elle ne le choisirait pas.

Ce n'est donc pas parceque Bernadotte prit les armes qu'il est coupable, mais par les motifs qui l'ont décidé. La Suède n'était pour rien dans la querelle qu'il s'agissait de vider. L'empereur, tout-puissant, l'avait respectée, protégée même; malheureux, elle devait le soutenir ou du moins rester neutre. Ce n'était d'ailleurs pas un ancien maréchal de l'empire que l'on devait trouver dans les rangs ennemis : l'honneur même lui ordonnait de prendre parti pour son bienfaiteur ; car Bernadotte a beau dire, il doit tout à Napoléon, et ses titres, et ses dignités, et le rang qu'il occupe[1].

Après les désastres de Moscou, le bruit de la chute de l'empereur se répandit : les jaloux accoururent, chacun voulut donner son coup de

---

[1] Il faut remarquer qu'ici comme ailleurs, si je parle librement de Bernadotte, c'est que je distingue l'homme du souverain. Je m'adresse donc à Bernadotte, Français, et non à Charles-Jean, roi de Suède. Je désire que l'on n'oublie pas cette observation.

Sans examiner quelle était la position de Bernadotte vis-à-vis des puissances voisines, position dont il pouvait s'affranchir de mille manières, Bernadotte n'a été mû que par l'ingratitude et la jalousie. Mais s'il était ingrat, s'il était jaloux de son ancien maître à ce point de lui vouloir du mal, il devait se ressouvenir que la France était sa patrie. Il s'allia avec ses ennemis les plus acharnés; voilà ce qui lui sera éternellement reproché.

pied; le prince royal ne fut pas le dernier. Moreau aussi vint à la curée, Moreau qui avait excité tant d'intérêt lorsqu'on le croyait innocent.

Cependant Napoléon reparut, c'était le réveil du lion; il écrasa l'ennemi à Lutzen, à Bautzen. La coalition effrayée recourut à l'Autriche. François II proposa sa médiation; Napoléon l'accepta. Un armistice fut signé, et un congrès s'ouvrit à Prague pour traiter de la paix. Le but des alliés était de réparer leurs forces et de se réorganiser pour rentrer en lice aussitôt la rupture du congrès, qu'ils savaient ne devoir produire aucun résultat. Déjà l'Autriche armait, et méditait sa défection; les liens de famille ne la retinrent pas. On vit un père se joindre à ses ennemis naturels pour détrôner sa fille. Ainsi Napoléon ne gagna à l'armistice qu'un ennemi de plus, dans la personne de son beau-père.

Les hostilités recommencèrent: malgré l'énorme infériorité de son armée, l'empereur Napoléon battit l'ennemi à Dresde, et lui eût encore dicté des lois si les échecs éprouvés par ses lieutenants à Gross-Beeren, à Kulm, sur la Kalzbach, ne l'eussent déterminé à se rapprocher du Rhin.

Napoléon s'arrêta devant Leipsick, où il eut

à soutenir le choc de toute l'armée coalisée ; il la battit pendant deux jours, pendant deux jours il resta maître du champ de bataille : mais Bernadotte survint, il pénétra dans nos lignes ; une affreuse canonnade annonça sa présence. Dans ce moment, l'armée saxonne et la cavalerie wurtembergeoise désertent nos rangs ; douze mille hommes et quarante pièces de canon, qui devaient faire face à l'ennemi, tirent sur nos colonnes [1].

Il fallut ordonner la retraite : d'ailleurs l'armée avait épuisé ses munitions ; on ne pouvait se réapprovisionner qu'à Magdebourg et à Erfurt ; c'est donc la route d'Erfurt que l'on va prendre pour se rapprocher du Rhin. Napoléon fit ses adieux au roi de Saxe, mais il laissa dans Leipsick une arrière-garde pour protéger sa retraite. Les Badois livrèrent aux Autrichiens la porte dont la garde leur était confiée ; les Saxons qui étaient

---

[1] Bernadotte fit inviter par le général de Witt le commandant des batteries saxonnes à lui rendre le service de faire usage de son artillerie jusqu'à l'arrivée de la sienne...

Ce commandant dit : Messieurs, je viens de brûler la moitié de mes munitions contre vous, maintenant je vais tirer le reste contre les Français... Les généraux russes et suédois qui se trouvaient là ne purent cacher leur indignation.

sur les remparts tirèrent sur nos soldats, et comme si ce n'était pas assez que ces atroces défections, le pont de l'Elster fut rompu trop tôt. Alors toute retraite fut interdite aux Français, mais leur courage n'en fut point ébranlé; ils combattirent jusqu'à extinction, et lorsque, mutilés, les armes tombèrent de leurs mains, ils cherchèrent la mort dans les flots, plutôt que de fléchir sous des traîtres. Là périt le prince Poniatowski, dernier espoir des Polonais.

Tandis que l'armée française était si lâchement trahie à Leipsick, les Bavarois consommaient aussi leur défection. Réunis aux Autrichiens, ils se portèrent à marches forcées sur nos derrières, dans l'espérance de nous couper toute retraite; mais ils reçurent le prix de leur audace et de leur félonie : atteints par les Français près de Hanau, ils y furent écrasés.

La bataille de Hanau fut la dernière que livra la grande armée de l'autre côté du Rhin. Elle se retira sur la rive gauche de ce fleuve. Les alliés s'établirent sur la rive droite. Malgré l'immense supériorité numérique de leurs troupes, ils n'osèrent pourtant pas franchir cette barrière qui pouvait se refermer sur eux. Cette fois ils se croyaient réduits à leurs propres forces; ils n'espéraient plus rien des défections : ils se trompaient.

On ne prétendra sans doute pas que les succès des coalisés sont dus à la supériorité de leurs talents et de leur bravoure. Les faits sont là pour attester le contraire. Sans la rigueur du temps, les Russes n'eussent jamais fait reculer les Français ; sans la défection de la Prusse, et la coopération de la Suède, les armées russes n'eussent pas osé franchir la Wistule. Après Lutzen et Bautzen, les rois battus par Napoléon retournaient chacun chez soi, si François II ne les eût secourus. Malgré ce nouvel allié, ils furent écrasés devant Dresde ; à Leipsick, la victoire était aux Français, lorsque les troupes de la confédération se tournèrent contre eux, et lorsque, pour appuyer cette lâcheté, Bernadotte dirigea sur les colonnes abandonnées une batterie à la congrève. Après ces trahisons, inconnues jusque là, Napoléon était encore maître de ses mouvements, lorsque les Bavarois se portèrent sur ses derrières. Rentrés sur le territoire sacré de la patrie, les Français furent partout vainqueurs ; et s'ils déposèrent les armes, c'est que de nouvelles trahisons, plus odieuses encore que les premières, vinrent enchaîner leur courage.

Toutefois on a reproché à Napoléon d'avoir inutilisé une portion considérable de ses vieilles troupes, en les renfermant dans des places fortes.

Mais il faut être bien circonspect dans ses jugements sur les opérations militaires d'un homme tel que Napoléon. Nul doute que si après les affaires de Russie il eût ordonné la retraite jusque sur les bords du Rhin, ce fleuve n'eût jamais été franchi par l'ennemi. Mais la confédération lui eût justement reproché de la laisser sans défense après s'être servi d'elle. C'eût été cependant la traiter selon ses vœux. Ainsi, tandis que Napoléon trop généreux pour abandonner ses alliés se dévouait pour leur défense, ils n'attendaient qu'un moment favorable pour sortir de ses rangs.

D'après les intentions de l'empereur, le théâtre de la guerre devait être sur l'Elbe et l'Oder. Il pouvait donc avoir besoin de places fortes pour appuyer ses mouvements. Si ces places se sont trouvées en dehors de ses opérations, c'est que la trahison est venue lui ravir le fruit de ses victoires.

Napoléon s'étant sacrifié pour des alliés infidèles, son armée ne se trouva plus assez forte pour garder les barrières de la France; les ennemis y pénétrèrent. Mais au lieu de lauriers, ils devaient y trouver des tombeaux.

Les Français étaient encore maîtres de l'Italie, d'où ils pouvaient menacer l'Autriche, qui eût été forcée de laisser dans ses propres états la plus grande partie de ses troupes. Mais l'armée d'Italie fut paralysée par la plus inconcevable des défections. Murat, dont la bravoure et la capacité politique sont trop connues pour que j'en parle, Murat, beau-frère de Napoléon, Murat que l'empereur avait couronné, prit les armes contre sa mère-patrie, contre son frère et son ancien compagnon d'armes ! Ainsi les combinaisons de l'empereur se trouvaient toujours détruites.

Rassurée contre la crainte d'une guerre sur son propre territoire, l'Autriche put jeter une grande armée sur la France, qui se trouva envahie sur tous les points par toutes les puissances européennes. Cependant Napoléon ne désespéra pas du salut de la patrie; aidé des jeunes Français et du patriotisme des habitants des départements envahis, il marcha à l'ennemi et le vainquit à Champaubert, Montmirail, Château-Thierry, Vauchamps, Montereau; mais tandis que l'armée luttait avec tant de courage et se couvrait d'une gloire immortelle, quelques chefs rendaient ses succès inutiles.

Le maréchal Augereau, qui commandait le corps d'armée qui devait agir sur le Rhône, dissémina ses troupes dans toutes les directions, au lieu de les réunir et de marcher à leur tête dans le pays de Vaud et en Argovie, comme les ordres très impératifs de l'empereur le lui prescrivaient : lorsqu'enfin il se détermina à suivre ses instructions, ses lieutenants repoussèrent l'ennemi ; mais le maréchal les arrêta au milieu de leurs triomphes, et leur fit abandonner Bubna, qu'ils avaient forcé dans Genève, pour courir après le prince Lichtenstein, qui se trouvait sous les murs de Besançon.

Le maréchal Augereau aggrava ses torts en s'opposant à l'organisation des corps francs, que les habitants du pays soumis à son commandement sollicitaient à grands cris.

Après avoir ainsi paralysé ses moyens de défense, et donné à l'ennemi la facilité de pénétrer jusque sur les bords de l'Yonne, il eut bientôt devant lui des forces supérieures. Il ne pouvait plus que soutenir des combats infructueux, malgré l'intrépidité des chefs et le dévouement des soldats. Il abandonna Lyon, et finit par aller s'enfermer derrière l'Isère, dont il fit rompre les ponts. Le résultat de tous ces mouvements a été d'appeler les Autrichiens en France au lieu de les retenir en Suisse, et de compromettre la grande armée, en la laissant à découvert sur toute la ligne de l'Yonne et de la Saône.

Quant au maréchal Marmont, sa conduite est facile à juger. Après ses manœuvres sur Saint-

Dizier, l'empereur s'étant convaincu que les alliés étaient en marche sur Paris, résolut de se mettre à leur poursuite : il était à Vandœuvre, lorsqu'il reçut une dépêche qui lui annonça l'arrivée à Meaux de l'armée combinée ; c'était le 29 mars. Il expédia de suite aux maréchaux qui étaient chargés de couvrir la capitale l'ordre de la défendre jusqu'à son arrivée. Cet ordre ne parvint au maréchal Mortier que le 30 mars, jour même de la bataille de Paris; mais déjà le maréchal Marmont avait conclu une suspension d'armes à laquelle le maréchal Mortier dut accéder. Cette suspension fut bientôt suivie d'une convention en vertu de laquelle l'armée française devait évacuer Paris dans la nuit.

Cependant Napoléon, arrivé à Troyes le 29 mars, traça la marche de l'armée, de manière qu'elle pût être le 2 avril sous Paris. Quant à lui, il partit en poste, et vint par la route de Fontainebleau jusqu'à la Cour de France, où il apprit les évènements du 30 mars et l'occupation de Paris par les alliés. Il ordonna que les troupes du maréchal Mortier et du maréchal Marmont prissent position sur la petite rivière d'Essonne, et retourna à Fontainebleau. Le gros de son armée, qui avait marché nuit et jour, ne tarda pas d'arriver en ligne.

Avec ces braves, quelque peu nombreux qu'ils fussent, l'empereur avait l'intention de marcher sur Paris, et de livrer aux alliés une bataille qu'ils n'eussent point acceptée sans de très grands dangers, ayant sur leurs derrières la population parisienne, dont les sentiments n'étaient point équivoques; les alliés avaient si bien pressenti ces dangers que, sur la seule nouvelle des dispositions de l'empereur, ils résolurent de se retirer sur Meaux. L'ordre de ce mouvement rétrograde allait être donné, lorsque le maréchal Marmont, qui venait de céder à des influences ennemies, conclut un traité d'après lequel les troupes de son commandement devaient quitter la position que l'empereur leur avait assignée sur Essonne, et se retirer par Versailles en dehors du théâtre des hostilités, et derrière l'armée alliée. Le maréchal fut secondé par le général Souham, qui conduisit à Versailles ces braves soldats, qui s'aperçurent trop tard qu'on les avait trompés.

Cette défection désorganisa l'armée qui restait à Napoléon, et avec laquelle il pouvait encore ressaisir la victoire, et obtenir des conditions honorables : pour la première fois, ses ennemis purent lui dicter des lois.

Il fut détrôné par ceux qu'il avait vaincus dans cent batailles rangées, et toujours pardonnés.

5.

Ce serait peut-être ici le cas de fixer l'étendue de la fidélité qui était due à Napoléon, afin de pouvoir distribuer sûrement l'éloge ou le blâme. Ceux qui depuis 1814 l'ont regardé comme un usurpateur prétendent par là même qu'aucun serment ne pouvait lui être prêté valablement; que loin d'être parjure en manquant à ce serment, c'était un devoir même de le violer, parce-qu'on ne pouvait servir l'usurpateur qu'en se mettant en état de rébellion et de trahison vis-à-vis des souverains légitimes. D'après ces principes, cette immense quantité d'hommes de toutes les classes qui suivit l'empereur n'était composée que de rebelles, et pendant dix ans il n'y eut que l'ex-général Sarrazin qui rentra dans la voie de la fidélité et de l'honneur, puisque, pendant ce temps, il fut le seul qui abandonna les drapeaux. Je ne parle pas du général Jomini, qui passa à l'ennemi : ce général n'était pas Français.

D'autres personnes soutiennent une doctrine contraire, et prétendent que quiconque viole un serment volontairement prêté est parjure et forfait à l'honneur; et, sans s'enquérir si Napoléon était usurpateur ou légitime, ces mêmes personnes soutiennent que quiconque lui a juré fidélité, n'a pu traiter avec ses ennemis sans se rendre coupable. C'est au lecteur judicieux à choisir celle de ces deux opinions qui lui paraît le plus conforme aux lois de l'honneur.

CHAPITRE VII.

La défection du maréchal Marmont ayant ôté à l'empereur tout espoir de délivrer Paris, il ne lui restait plus qu'à chercher une position où il pût reformer son armée. Les pays envahis s'étaient déjà armés partiellement, un soulèvement en masse n'était pas éloigné. L'empereur pouvait donc encore entretenir la guerre, et forcer l'ennemi de repasser le Rhin; mais il préféra la paix aux maux que pouvait causer une guerre de désespoir.

Après Marengo, après Austerlitz, après Iéna et Friedland, après Wagram, les empereurs d'Autriche et de Russie, et le roi de Prusse, vaincus, sollicitèrent la paix; Napoléon l'accorda. Il était fort, il fut généreux, il fut clément: c'est la vertu des grandes âmes. Mais lorsque des évènements au-dessus de la prévoyance humaine l'eurent accablé, il ne trouva que des ennemis, même après qu'il fut désarmé.

Malheureusement pour Napoléon, il n'avait personne qui fît ressouvenir les rois de ce qu'il avait fait pour eux, et demandât une seule fois pour lui ce que tant de fois il leur avait donné. On avait forcé l'impératrice de s'éloigner, lorsqu'elle voulait avec son fils se mettre à la tête de cent mille hommes répandus sur les boulevards, et qui demandaient des armes. Ceux qui entraînaient l'impératrice, et s'opposaient à ce qu'une armée sortît des barrières, n'avaient placé que dix pièces de canon sur les hauteurs qui dominent Paris ; ils laissaient manquer la troupe de cartouches, quand il y en avait, au Champ-de-Mars, des millions abandonnées au pillage. Il est vrai que l'empereur avait ordonné le départ de l'impératrice et du roi de Rome ; mais l'exécution de ces ordres dépendait des circonstances ; si l'empereur voulait éviter que sa femme et son fils tombassent au pouvoir des alliés, il ne pouvait vouloir qu'on les éloignât des souverains, au moment où ils allaient prononcer sur le sort de la France. Nul doute que si l'impératrice fût restée à Paris, elle ne l'eût emporté sur des ennemis personnels.

Les alliés entrèrent à Paris le 31 mars 1814. Le vice-grand électeur, prince de Bénévent, convoqua aussitôt le sénat, qui, dès le lendemain 1er avril, établit un gouvernement provisoire composé de lui, prince de Bénévent, des sénateurs Beurnonville et Jaucourt, du duc de Dalberg, et de M. de Montesquiou.

Ce gouvernement nomma le général Dessoles commandant en chef de la garde nationale de Paris, et, le même jour, il adressa une proclamation à l'armée, dans laquelle il dit : « Vous n'êtes » plus les soldats de Napoléon; le *sénat* et la » *France entière* vous dégagent de vos serments. »

Il nomma le général Dupont ministre de la guerre, le baron Louis ministre des finances, Bourienne à la direction des postes, et le baron de Pradt, archevêque de Malines, à la grande chancellerie de la légion d'honneur [1].

Le sénat décréta que « Napoléon Bonaparte » est déchu du trône, et le droit d'hérédité, éta- » bli dans sa famille, aboli; » que « le peuple *fran-* » *çais et l'armée* sont déliés du serment de fidé- » lité envers Napoléon Bonaparte. »

Le corps législatif, adhérant à l'acte du sénat, « reconnaît et déclare la déchéance de Napoléon » Bonaparte et des membres de sa famille. »

Le sénat et le corps législatif n'avaient pas le droit de détruire l'empire; ils n'avaient pas le droit de changer la forme du gouvernement que la nation avait adoptée. Ils tenaient leurs pou-

[1] Tous ces messieurs avaient été disgraciés.

voirs de la constitution qui avait établi l'empire, et ces pouvoirs, dont le but unique était d'aider la marche du gouvernement impérial, cessaient avec ce gouvernement; leurs actes étaient donc nuls et séditieux[1].

Ces assemblées firent comme la législative et la convention, qui, sans droit, détruisirent la royauté. Le sénat fit ce qu'il avait déjà fait, lorsqu'il viola la constitution de l'an VIII, pour décerner le consulat à vie, lorsqu'il remplaça la république par la monarchie. Il abandonna l'empire quand l'empereur fut malheureux. Telle était sa nature, qu'il sacrifiait tout à l'intérêt personnel.

Ces mêmes hommes, qui se disaient les conservateurs de la constitution et des lois, ne savaient conserver que leur fortune. Depuis quatorze ans, ils rampaient aux pieds de Napoléon et lui obéissaient en esclaves attentifs[2]; ses gestes étaient compris, ses moindres paroles recueillies, ses désirs satisfaits sur-le-champ. Voulait-il des soldats, des subsides : c'était à qui dirait oui le premier. S'agissait-il d'une guerre, elle

---

[1] Est-ce que par hasard un gouvernement constitutionnel n'existerait que sous le bon plaisir des assemblées?

[2] Ceux qui trouveront ces expressions trop fortes, n'ont qu'à lire le Moniteur du temps.

était juste, nationale. Fallait-il des mesures extraordinaires, elles étaient utiles, indispensables ; ses messagers n'avaient pas expliqué leur demande que déjà le sénatus-consulte était rendu. Ces prétendus pères de la patrie ne se bornaient pas à voter par acclamation les conscriptions, les impôts, les infractions aux lois de l'état, ils venaient encore remercier l'empereur de les avoir mis à même de lui prouver leur dévouement, et, pour lui faire voir que ce dévouement était sans bornes, ils offraient de mettre toute la France à sa disposition : ils le voulaient réellement ; mais ils mentaient quand ils parlaient d'eux, et qu'ils disaient : « Sire, disposez de nos fortunes et de nos vies [1]. »

Si Napoléon fût resté sur le trône, les sénateurs eussent continué leurs adulations ; mais son armée était désorganisée, l'empereur de Russie avait déclaré qu'il ne traiterait plus avec lui, les sénateurs ne se rappelèrent plus de Napoléon que pour lui reprocher d'avoir abusé du pouvoir et violé la constitution ; mais eux seuls

---

[1] Il y avait dans le sénat des hommes fort honorables, mais qui n'étaient pas en assez grand nombre pour opposer une résistance utile. Je les nommerais si je ne craignais pas de paraître injuste en faisant quelques oublis involontaires.

étaient coupables, puisque le dépôt de la constitution leur était confié.

Ils se donnèrent le ridicule de décréter que le peuple français était délié de ses serments vis-à-vis de Napoléon, comme si le peuple français eût été sous leur tutelle; enfin ils poussèrent la hardiesse, eux qui n'avaient plus d'institution légale, jusqu'à vouloir encore disposer du trône. L'on remarque, dans leur constitution, un passage curieux, et qui donne la mesure de ces hommes qui voulaient encore tenir les destinées de la France. Le voici :

« La noblesse ancienne reprend ses titres,
» la nouvelle conserve les siens héréditairement.[1]

» Il y a cent cinquante sénateurs au moins,
» et deux cents au plus.

» Leur dignité est inamovible et héréditaire.

» Les sénateurs actuels sont maintenus et font
» partie de ce nombre. La dotation actuelle du
» sénat et des sénatoreries leur appartient. Les
» revenus en seront partagés également entre eux
» et passeront à leurs successeurs.........
» Les sénateurs qui seront nommés à l'avenir ne
» pourront avoir droit à cette dotation[2]. »

---

[1] Tous les sénateurs étaient comtes.
[2] La France était sous un gouvernement de fait, à la bonne

Cependant Napoléon offrit d'abdiquer en faveur de son fils : il fut refusé. Il se décida à donner son abdication pure et simple, et dans ces termes :

« Les puissances alliées ayant proclamé que » l'empereur Napoléon était le seul obstacle au » rétablissement de la paix en Europe, l'empe- » reur Napoléon, fidèle à son serment, déclare » qu'il renonce, pour lui et ses héritiers, aux » trônes de France et d'Italie, et qu'il n'est aucun » sacrifice personnel, même celui de la vie, qu'il » ne soit prêt à faire à l'intérêt de la France. Fait » au palais de Fontainebleau, le 11 avril 1814. »

NAPOLÉON.

Il me reste à parler des trames ourdies contre Napoléon ; cette tâche sera facile, car les aveux sont publics.

M. l'abbé de Pradt, archevêque de Malines, baron de l'empire, était mécontent du gouvernement impérial [1] ; « il déclara la déchéance de

---

heure, mais la constitution de ce gouvernement n'avait point donné au sénat le droit de le changer. L'acte du sénat était séditieux, nul. Le gouvernement détruit, le sénat n'était plus qu'une réunion de simples citoyens sans mandat. D'autres réunions pouvaient se former et délibérer tout aussi bien que lui. C'eût été et ce serait dans tous les temps un beau champ de guerre civile.

[1] Je parle son ouvrage à la main. *Récit historique sur la*

Napoléon, autant qu'il était en lui, et prit la ferme résolution de travailler à mettre un terme à une domination qui, après avoir pris son origine dans des lauriers, finissait par se perdre dans la boue!! »....... Ah! M. l'abbé!......

Il faut remarquer que l'humeur de M. de Pradt ne se manifesta que lorsqu'il fut renvoyé de son ambassade de Varsovie, où il ne fit rien de bien. La manière dont il fut éconduit contribua sans doute à augmenter son exaspération.

Tous ceux qui le connaissent savent qu'il est le plus intrépide parleur du monde[1]. Or, à son retour de Russie, Napoléon s'arrêta à Varsovie. Il fit appeler son ambassadeur, qui ne laissa pas échapper une si belle occasion. L'empereur se mit à écrire sur le coin de la cheminée, et M. de Pradt, qui s'imaginait que c'était pour noter ce qu'il disait, ne tarissait pas. Mais l'empereur donnait l'ordre de le renvoyer dans son diocèse. M. de Pradt ne pardonna pas. Il prit dès

---

restauration de la royauté en France, le 31 mars 1814; par M. de Pradt, ancien archevêque de Malines. Deuxième édition. Paris, Rosa, 1822.

[1] Si l'on m'accusait de vouloir tomber sur les personnes, dans cette partie de mon ouvrage, je demanderais pour toute justification qu'on voulût bien lire l'ouvrage de M. de Pradt; il est d'ailleurs fort curieux.

lors, lui qui était une grande puissance, la résolution de détrôner Napoléon. Le fait est qu'il ne fut pas plus tôt arrivé à Malines qu'il conspira. M. de Pradt reproche des actes arbitraires à Napoléon, mais qu'eût-il dit, si Napoléon l'eût fait arrêter? Napoléon eût pourtant bien fait, car, sans examiner quel était son droit au trône, il devait vouloir tout ce qui pouvait le maintenir; et son premier soin était de se débarrasser de ceux qui voulaient le renverser.

M. de Pradt nous apprend que « les alliés, en- » trés par un côté de la France reculé des autres » parties de cette vaste contrée, ignoraient abso- » lument ce qui se passait; qu'étonnés de ne re- » cevoir aucune manifestation des sentiments de » la nation, se sentant sur un terrain tout neuf, » au milieu d'éléments absolument inconnus, ils » désiraient s'appuyer des connaissances des per- » sonnes qu'ils supposaient être les mieux infor- » mées de l'état intérieur de la France. » C'était M. de Talleyrand, M. le duc de Dalberg[1], et M. l'abbé de Pradt. Ces messieurs étaient sans doute bien disposés à éclairer les souverains sur les sentiments des Français.... Un si grand ser-

---

[1] M. de Dalberg, né en Allemagne, n'était au service de France que depuis trois ans.

vice ne pouvait pas rester sans récompense, et M. de Pradt dit qu'*on avait poussé l'attention jusqu'à pourvoir à leur avenir, s'il eût été compromis par l'issue des évènements...*[1].

« A son arrivée à Paris, M. de Pradt remar-
» qua que l'exaspération portait entre autres
» choses sur la scène qui avait suivi la clôture du
» corps législatif, et sur quelques sorties violentes
» auxquels Napoléon s'était livré. »

Je viens de dire que dans sa position Napoléon devait nécessairement prendre des précautions pour sa sûreté, et que ces précautions pouvaient porter même sur les individus. La suite a prouvé qu'il n'avait pas été assez sévère.

M. l'abbé de Pradt n'a pas dit ce qui avait amené la clôture du corps législatif, parceque son but était de trouver des torts à Napoléon, et que c'en serait un très grand d'avoir, sans motif, renvoyé les chambres. Il faut donc réparer cette omission. Tous les Français n'avaient pas, comme M. de Pradt, l'honneur d'être en contact avec l'ennemi, et leur avenir assuré. Dans leur position ils ne voyaient qu'une seule voie de salut, c'était de s'unir le plus intimement possible, et de tomber en masse sur les armées coa-

---

[1] On ne contestera pas la franchise de cet aveu.

lisées. L'empereur avait demandé une levée de trois cent mille hommes, pour remplacer ceux que le sort des armes avait trahis. C'était à la fin de 1813. Le temps pressait; quelques législateurs, qui, jusque là, s'étaient contentés de recevoir leurs 10,000 francs, mus par des sentiments qui avaient peut-être une grande affinité avec ceux de M. de Pradt, se réunirent, et voulurent, par des demandes intempestives, s'opposer à l'action du gouvernement : Napoléon les renvoya, et il fit bien. Quelques uns déclamèrent contre cette mesure, mais beaucoup applaudirent. Ce n'était pas le cas de vider nos querelles intérieures.

M. l'abbé de Pradt, dont le zèle était extrême, ne balança pas à s'ouvrir « devant M. le duc de » Dalberg et M. le baron Louis, dont les lumières » et le patriotisme ne pouvaient que retracer ou » enflammer ses sentiments propres. » Mais le héros de M. de Pradt était M. de Talleyrand. M. de Talleyrand était, d'après M. de Pradt, éloigné des affaires depuis l'entreprise contre l'Espagne, qu'il avait désapprouvée. Napoléon dit au contraire que M. de Talleyrand l'a poussé à cette guerre, mais qu'il eut l'art de faire croire qu'il avait voulu l'en dissuader.

M. de Pradt met encore au nombre des causes de l'éloignement de M. de Talleyrand son improbation donnée à la guerre d'Autriche ; mais tout le monde sait que c'est l'Autriche qui a voulu la guerre, qui l'a commencée, même sans déclaration. Napoléon ne pouvait donc l'éviter, ni rester tranquille [1].

M. de Pradt dit que la retraite de M. de Talleyrand « laissa de vifs regrets, et qu'il était arrivé » à ce degré d'opinion, que chaque nouvelle » chute faisait dire vulgairement que si M. de » Talleyrand était en place elle n'aurait pas lieu. » *Quand un homme en est là, il est bien fort, et* » *il ne lui faut qu'une occasion pour devenir le* » *maître de son pays.* »

Cependant M. de Talleyrand était si modeste, qu'il ne se doutait pas de sa puissance; c'est M. de Pradt, à qui rien ne peut échapper, qui la lui a fait connaître. Tandis qu'il prenait ce soin, le ministre de la police survint; mais, dit M. de Pradt « je le connaissais trop pour en concevoir » le moindre ombrage. Il eut la discrétion de ne » m'en rien témoigner tant qu'il fut en place, et » c'est seulement depuis qu'il a cessé ses fonc- » tions qu'il m'a rappelé cette rencontre, et qu'il » m'a dit que dès lors il avait pressenti mes inten-

---

[1] M. de Pradt parle sans doute de la guerre de 1809. Si c'était de celle de 1805, Napoléon ne l'a pas cherchée non plus.

» tions, comme aussi qu'il avait été vivement
» gourmandé à Blois pour ne nous avoir pas fait
» arrêter. » Ce n'est pas la seule fois que le ministre eut connaissance des intrigues des conspirateurs : « Un jour, M. de Pradt ne craignit pas de
» remonter jusqu'à lui, et d'y arriver par des in-
» sinuations sur sa situation personnelle. » Il est
vrai que le ministre répondit à l'insinuateur :
« Ne me tenez pas un pareil langage, je ne puis
» l'entendre; vous me gêneriez.... » D'après cela,
on fit bien de gourmander le ministre, car son
devoir était de faire arrêter les ennemis de son
maître. Les alliés étaient aux portes de Paris,
et l'on ne devait pas venir conspirer impunément jusque dans les salons de la police.

Après s'être donné beaucoup de mouvement,
le 31 mars, M. de Pradt se rendit sur les cinq
heures chez M. de Talleyrand, qui lui apprit que
l'empereur Alexandre avait daigné désigner sa
maison pour son logement, et qu'il allait l'honorer de sa présence. L'empereur étant arrivé,
M. de Talleyrand lui présenta M. de Pradt et
M. le baron Louis, qui était aussi en campagne
contre Napoléon. Ce fut un beau jour pour
l'ancien ambassadeur à Varsovie ! L'empereur
de Russie le salua avec une gracieuse majesté; le
roi de Prusse le reconnut, et lui dit : « M. l'arche-

» vêque, je vous ai vu à Dresde. » M. de Nesselrode lui dit : « Je suis très aise de vous voir; nous vous
» cherchions. » Enfin, le prince de Schwartzenberg s'exprima avec reconnaissance sur ce que, en Pologne, l'archevêque avait fait pour son armée.

« M. de Nesselrode entama la conférence avec
» M. de Talleyrand, et M. de Schwartzenberg
» articula expressément à M. le duc de Dalberg
» que lui et M. de Metternich pensaient que la
» continuation de l'existence souveraine de Napo-
» léon en France était incompatible avec le repos
» de l'Europe, et que, Napoléon vivant, il n'y
» avait rien de mieux à faire que de se fixer au re-
» tour de l'ancienne dynastie en France, dès que ce
» retour paraîtrait être le vœu de la majorité de
» la France, et que l'armée voudrait le partager. »

Ceci est dur dans la bouche des ministres du père de l'impératrice; mais M. de Pradt a-t-il bien entendu?

L'empereur Alexandre dit à M. de Talleyrand
« qu'il n'avait pas voulu arrêter une détermina-
» tion définitive, auparavant d'en avoir conféré
» avec lui; qu'il y avait trois partis à prendre.
» 1° Faire la paix avec Napoléon, en prenant
» toute sûreté contre lui.
» 2° Établir la régence.
» 3° Rappeler la maison de Bourbon.

» M. de Talleyrand s'attacha à faire sentir les
» inconvénients des deux premières propositions,
» et à les ruiner dans l'esprit du conseil devant
» lequel il parlait. Il passa à l'établissement de la
» troisième, comme la seule chose qui convînt
» et qui fût désirée. »

« On ne lui contesta pas les convenances,
» continue M. de Pradt, *mais bien l'existence*
» *d'un désir dont on n'avait pas trouvé la mani-*
» *festation sur toute la route traversée par l'ar-*
» *mée, dans laquelle, au contraire, la population*
» *s'était prononcée d'une manière hostile.*

» On appuyait sur la résistance de l'armée, qui
» se trouvait au même degré dans les corps de
» nouvelle levée et dans les vétérans.

» On avait vu, il y avait peu de jours, à Fère-
» Champenoise, un corps de plusieurs milliers
» d'hommes arrachés tout fraîchement à la char-
» rue, se battre jusqu'au dernier contre les trou-
» pes alliées, au milieu desquelles ils étaient tom-
» bés. Surpris, enveloppés, il fallut que l'empe-
» reur Alexandre arrachât leurs débris à la mort,
» qu'ils continuaient de braver.

» On résistait donc à l'idée que le rappel de la
» maison de Bourbon ne fût pas contrarié par
» les dispositions d'un très grand nombre de
» personnes. »

En demandant l'établissement de la troisième proposition de l'empereur Alexandre, c'est-à-dire le rétablissement de la maison de Bourbon, comme la seule chose qui convînt et qui fût désirée, M. de Talleyrand ajouta, « et qui finit
» pour tous et avec tous, en mettant un terme
» désiré à la tyrannie, et en donnant des garanties
» aussi fortement désirées pour la liberté, *sous*
» *des princes d'un caractère connu par la modé-*
» *ration*, instruits par le malheur, et par un long
» séjour dans une terre toute de liberté¹. »

« L'empereur Alexandre, continue M. de
» Pradt, demanda à M. de Talleyrand quels
» moyens il se proposait d'employer pour arri-
» ver au résultat qu'il annonçait. Il répondit que
» ce seraient les autorités constituées, et qu'il
» se portait fort pour le sénat; que l'impulsion
» donnée par celui-ci serait suivie par Paris et
» par toute la France. »

Sans doute M. de Talleyrand devait être sûr que le sénat ferait tout ce qu'on lui demande-

---

¹ La république s'affermira au milieu de tant de chocs, ou nous serons abîmés dans la confusion, dans la destruction de tous; *ou la royauté reviendra nous asservir, mais avec un surcroît de rage et de tyrannie....*

Le citoyen Talleyrand à ses concitoyens. *Moniteur* du 29 messidor an VII.

rait, car son esprit était de suivre le mouvement, de quelque côté qu'il vînt.

« Cependant, quelles que fussent les raisons » que M. de Talleyrand allégua, et quelque con- » fiance que l'on eût dans l'influence qu'il était » dans le cas d'exercer sur le sénat, la résistance » durait encore, et ce fut pour la vaincre qu'il crut » devoir s'étayer du témoignage de M. le baron » Louis et de celui de M. de Pradt, et qu'il pro- » posa à l'empereur de Russie de les interroger » comme des personnes que, *depuis plusieurs* » *mois*, il avait vues occupées des mêmes inté- » rêts et de la recherche des moyens de les mé- » nager, » c'est-à-dire comme des personnes qui, depuis plusieurs mois, conspiraient contre le gouvernement de qui elles tenaient leurs dignités.

« Cette proposition ayant été acceptée, M. de » Talleyrand introduisit ces deux messieurs dans » la pièce où se tenait le conseil. On se trouva » rangé de manière que, du côté droit, le roi de » Prusse et le prince de Schwartzenberg fussent » les plus rapprochés du meuble d'ornement » qui est au milieu de l'appartement. M. le duc » de Dalberg était à la droite de M. le prince de » Schwartzenberg; MM. de Nesselrode, Pozzo di » Borgo, le prince de Lichtenstein, suivaient;

» M. le prince de Talleyrand était placé à la gau-
» che du roi de Prusse; M. le baron Louis et
» M. le baron de Pradt étaient auprès de lui;
» l'empereur Alexandre, faisant face à l'assem-
» blée, allait et venait.

» Lorsque mon tour de parler fut venu, dit
» M. de Pradt, j'éclatai par la déclaration que
» nous étions tous royalistes, que toute la France
» l'était comme nous [1]. »

L'empereur Alexandre, d'après ces assurances, déclara qu'il ne traiterait plus avec l'empereur Napoléon, et ces messieurs, qui ne laissaient rien échapper, ayant observé que Napoléon seul se trouvait exclus par cette déclaration,
qui n'atteignait pas sa famille, l'empereur ajouta,
« ni avec aucun membre de sa famille. »

On obtint d'Alexandre que cette déclaration
fût rendue publique, ce qui fut bientôt fait par
les soins des frères Michaud, qui étaient à la porte
de la salle du conseil.

« Enfin, dit M. de Pradt, après le conseil,
» nous mîmes tous nos soins à empêcher l'effet
» des représentations que les négociateurs, au
» nom de Napoléon, pourraient chercher à pro-

---

[1] Il faut noter que M. de Pradt affirmait un fait qui pouvait être vrai, mais qu'il ne connaissait assurément pas.

» duire. Si nous ne pûmes les empêcher d'arri-
» ver, on parvint du moins à abréger leur sé-
» jour, et à en atténuer l'effet. Dès que nous
» fûmes sortis du conseil, M. le baron Louis et
» moi, nous travaillâmes à nous assurer d'un
» des généraux les plus influents, et nous dépê-
» châmes vers lui.

» M. le général Dessolles, appelé d'une retraite
» dont le motif avait été glorieux au poste de
» commandant de la garde nationale de Paris,
» signala sa rentrée aux affaires par la plus
» courageuse opposition à l'adoption des de-
» mandes de Napoléon. »

Telles sont les révélations de l'ancien archevêque de Malines; mais il ne nous a pas tout dit, il faut donc réparer son omission.

Il y avait deux comités de conspirateurs. L'un composé d'anciens nobles et de quelques affiliés plébéiens; l'autre composé d'hommes chargés des bienfaits de l'empereur. Chacun de ces comités agissait à Paris, en province et à Châtillon. Les royalistes voulaient renverser le trône impérial pour replacer les Bourbons, avec lesquels ils devaient se relever; c'était tout simple. Les autres voulaient détruire le gouvernement qui les avait élevés; c'était différent. Je ne parlerai que de ces derniers.

A leur tête se trouvaient des hommes qui avaient occupé des places éminentes sous l'empire. Mais ils étaient disgraciés, et leur vengeance ne connut pas de bornes. Ils espéraient, en rendant des services aux princes, ressaisir le pouvoir et rétablir des fortunes faites vingt fois, et vingt fois dissipées.

Deux causes les animaient donc, le désir de la vengeance, la soif de l'or et des dignités.

Leur premier soin fut de répandre de fausses nouvelles, ensuite d'intriguer au congrès de Châtillon, après de chercher des traîtres.

Aux fables par eux inventées, ils joignirent toutes les absurdités débitées dans les journaux anglais. Ces journaux, la police les recevait tous, elle les faisait traduire. Un employé fut gagné. Il communiqua les traductions; alors l'un des plus actifs conspirateurs, le plus fertile en expédients, acheta des caractères d'imprimerie, et seul, dans sa chambre, il se livrait au travail. La nuit venue, il parcourait les rues de Paris avec ses pamphlets sous sa soutane, et les lançait sous les portes cochères.

A Châtillon, l'on cherchait à pénétrer le secret des négociations, et à influencer les négociateurs, pour empêcher le traité de se faire. Les nouvelles fabriquées à Paris y étaient répandues, et les émissaires allaient et venaient à Paris, à Châtillon, au quartier-général des souverains alliés.

Cependant toutes ces manœuvres ne produisaient aucun résultat. Le sort de l'empire était au bout des baïonnettes. Il fallait diminuer les forces de l'empereur, pour qu'il succombât plus sûrement. On décida l'envoi auprès d'un chef militaire, d'un homme qui lui tenait par des liens de famille. Cet homme portait la livrée du palais, et deux clefs en sautoir ornaient son habit. Il s'est chargé d'obtenir la défection d'un ancien compagnon, d'un homme qui doit tout à Napoléon. Mais cette fois le succès ne répondit pas à l'attente, le corrupteur ne rapporta que des refus.

Mais Paris va être occupé par l'ennemi. Les conspirateurs n'ont rien fait d'utile, quelle récompense peuvent-ils attendre? et si les alliés traitaient avec Napoléon, ne seraient-ils pas les seules victimes de leurs machinations? Il faut donc tenter la fortune pour la dernière fois, se jeter aux genoux des souverains, les implorer. M. de Talleyrand devait suivre l'impératrice, comme membre du conseil de régence; d'abord il refuse sous différents prétextes; mais les ordres du ministre de la police étaient sans réplique, il fallut obéir. Cependant ses amis sont prévenus; ils volent sur ses pas, arrêtent sa voiture; il revient à Paris, et c'est dans son salon qu'est décidé le sort de l'empereur [1].

Mais l'empereur avait encore une armée, et cette armée était fidèle et remplie d'ardeur. De nouvelles démarches sont faites, des généraux sont gagnés, le corps du maréchal Marmont est entraîné à Versailles. Les positions de l'empereur sont à découvert, son armée est désorganisée, tout est consommé.

Il ne reste plus qu'à fixer le lieu de retraite de Napoléon et le sort de sa famille; un traité est

---

[1] M. de Pradt dit à la page 37 de son ouvrage sur la restauration, « qu'en décembre 1813, Napoléon pressa M. de Talleyrand de reprendre le ministère, et vit ses prières et ses menaces restées également sans effet. » M. de Pradt a été mal informé. Napoléon n'a point offert à M. de Talleyrand de rentrer au ministère. M. de Pradt ajoute, « qu'à son arrivée à Paris, il entendit parler des dangers que courait M. de Talleyrand; et qu'il ne peut pas douter que, dans le cours des derniers temps, le duc de Rovigo n'ait retenu plusieurs fois le bras de Napoléon levé sur lui. » Voici le fait, qui diffère un peu de la narration de M. de Pradt. On avait conçu de violents soupçons sur M. de Talleyrand; on proposa à Napoléon de le faire conduire dans une prison d'état, Napoléon s'y refusa. On lui proposa de l'exiler au moins de Paris, Napoléon ne le voulut pas non plus.

signé le 11 avril. Le prince de Bénévent déclare, le 31 mai, au nom du roi, que les clauses de ce traité, à la charge de la France, seront fidèlement exécutées.

Voici les principales dispositions de ce traité :

Leurs majestés l'empereur Napoléon et l'impératrice Marie-Louise conserveront ces titres et qualités pour en jouir leur vie durant. La mère, les frères, sœurs, neveux et nièces de l'empereur, conserveront également, partout où ils se trouveront, les titres de princes de sa famille.

L'île d'Elbe, adoptée par sa majesté l'empereur Napoléon pour le lieu de son séjour, formera, pour sa vie durant, une principauté séparée, qui sera possédée par lui en toute souveraineté et propriété.

Il sera donné en outre à l'empereur Napoléon un revenu annuel de deux millions de francs en rentes sur le grand livre de France, dont un million réversible sur l'impératrice.....

Les duchés de Parme, de Plaisance et Guastalla seront donnés en toute souveraineté à sa majesté l'impératrice Marie-Louise; ils passeront à son fils et à ses descendants en ligne directe. Le prince son fils prendra dès ce moment le titre de prince de Parme, Plaisance et Guastalla.

Il sera réservé des domaines ou donné des

rentes sur le grand livre de France, produisant un revenu net de 2,500,000 francs pour les princes et princesses de la famille de l'empereur.

Le traitement annuel de l'impératrice Joséphine sera réduit à 1,000,000, en domaines ou inscriptions sur le grand livre de France.

Il sera donné au prince Eugène, vice-roi d'Italie, un établissement convenable hors de France.

Les propriétés que sa majesté l'empereur Napoléon possède en France, soit comme domaine privé, soit comme domaine extraordinaire, resteront à la couronne.

Sur les fonds placés par l'empereur, soit sur le grand livre, soit sur la banque de France, soit sur les actions des canaux, soit de toute autre manière, et dont sa majesté fait l'abandon à la couronne, il sera réservé un capital, qui n'excèdera pas 2,000,000, pour être employé en gratifications en faveur des personnes qui seront portées sur un état que signera l'empereur Napoléon, et qui sera remis au gouvernement français.

Les obligations du Monte-Napoleone de Milan, envers tous créanciers, soit Français, soit étrangers, seront exactement remplies, sans qu'il soit fait aucun changement à cet égard.

Il sera donné des sauf-conduits à l'empereur, à l'impératrice, aux princes et princesses, et à toutes les personnes de leur suite qui voudront les accompagner.

Les troupes polonaises de toutes armes qui sont au service de France, auront la liberté de retourner chez elles, en conservant armes et bagages, comme un témoignage de leurs services honorables. Les officiers, sous-officiers et soldats conserveront les décorations qui leur ont été accordées, et les pensions affectées à ces décorations.

..... Sa majesté l'empereur Napoléon pourra emmener avec lui, et conserver pour sa garde, quatre cents hommes de bonne volonté, tant officiers que sous-officiers et soldats..... Les hautes puissances alliées garantissent l'exécution de tous les articles du présent traité, etc.[1].

Le 20 avril 1814, Napoléon fit ses adieux aux Français.

[1] Ce traité ne fut pas exécuté.

PIÈCES RELATIVES

AUX NÉGOCIATIONS

AVANT LA GUERRE DE RUSSIE [1].

Traité d'alliance du 14 mars 1812, entre LL. MM. l'empereur et roi et l'empereur d'Autriche.

ART. 1ᵉʳ. Il y aura à perpétuité, amitié, union sincère et alliance entre S. M. l'empereur des Français, roi d'Italie, etc., et S. M. l'empereur d'Autriche, roi de Hongrie, etc. En conséquence, les hautes parties contractantes apporteront la plus grande attention à maintenir la bonne intelligence si heureusement établie entre elles, leurs états et sujets respectifs, à éviter tout ce qui pourrait l'altérer, et à se procurer en

---

[1] Le chapitre suivant étant consacré aux négociations qui ont eu lieu pendant la guerre, il est indispensable de le faire précéder par les notes diplomatiques qui ont été échangées avant la guerre. Ce sera un moyen d'asseoir son jugement.

toute occasion leur utilité, honneur et avantages mutuels.

2. Les deux hautes parties contractantes se garantissent réciproquement l'intégrité de leurs territoires actuels.

3. Par une suite de cette garantie réciproque, les deux hautes parties contractantes travailleront toujours de concert aux mesures qui leur paraîtront les plus propres au maintien de la paix; et dans le cas où les états de l'une ou de l'autre seraient menacés d'une invasion, elles emploieront leurs bons offices les plus efficaces pour la prévenir.

Mais comme ces bons offices pourraient ne point avoir l'effet désiré, elles s'obligent à se secourir mutuellement dans les cas où l'une ou l'autre viendrait à être attaquée ou menacée.

4. Le secours stipulé par l'article précédent, sera composé de 30,000 hommes, dont 24,000 d'infanterie et 6,000 de cavalerie, constamment entretenus au grand complet de guerre, et d'un attirail de 60 pièces de canon.

5. Ce secours sera fourni à la première réquisition de la partie attaquée ou menacée, il se mettra en marche dans le plus court délai possible, et, au plus tard, avant l'expiration des deux mois qui suivront la demande qui en aura été faite.

6. Les deux hautes parties contractantes garantissent l'intégrité du territoire de la Porte-Ottomane en Europe.

7. Elles reconnaissent et garantissent également les principes de la navigation des neutres, tels qu'ils ont été reconnus et consacrés par le traité d'Utrecht.

S. M. l'empereur d'Autriche renouvelle en tant que besoin est l'engagement d'adhérer au système prohibitif contre l'Angleterre, pendant la présente guerre maritime.

8. Le présent traité d'alliance ne pourra être rendu public, ni communiqué à aucun cabinet, que de concert entre les deux hautes parties.

Traité d'alliance du 24 février 1812 entre S. M. l'empereur et roi, et S. M. le roi de Prusse.

ART. 1er. Il y aura alliance définitive entre S. M. l'empereur des Français, roi d'Italie, et S. M. le roi de Prusse, leurs héritiers et successeurs contre toutes puissances de l'Europe avec lesquelles l'une et l'autre des parties contractantes sont ou viendraient à entrer en état de guerre.

2. Les deux hautes parties contractantes se garantissent réciproquement l'intégrité de leur territoire actuel.

3. Le cas de l'alliance survenant, et chaque fois qu'il surviendra, les dispositions à prendre en conséquence par lesdites parties contractantes seront réglées par une convention spéciale.

4. Toutes les fois que l'Angleterre attentera aux droits du commerce, soit par la déclaration en état de blocus des côtes de l'une ou de l'autre des parties contractantes, soit par toute autre disposition contraire au droit maritime consacré par le traité d'Utrecht, tous les ports et les côtes des puissances seront également interdits aux bâtiments des nations neutres qui laisseraient violer l'indépendance de leur pavillon.

Note adressée par le ministre des relations extérieures à M. le comte de Romanzow, chancelier de Russie[1].

Paris, le 25 avril 1812.

MONSIEUR LE COMTE,

S. M. l'empereur de Russie avait reconnu à Tilsitt que la génération présente ne serait rendue au bonheur qu'autant que toutes les nations, jouissant de la

---

[1] Il est nécessaire de faire ici une observation. D'après les notes diplomatiques, M. le prince Kourakin se plaint sans cesse de ne pas recevoir de réponse ; on pouvait croire que la cour de France ne voulait pas entrer en explication.

Le prince Kourakin débuta par demander l'évacuation des états prussiens, de toutes les places fortes de la Prusse et de tous les pays situés au-delà de l'Elbe, *avant que d'entrer dans aucune explication.*

Cette demande parut si extraordinaire, que l'on crut que le prince Kourakin avait, ou mal compris ses instructions, ou les excédait.

plénitude de leurs droits, pourraient se livrer en toute liberté à leur industrie; qu'autant que l'indépendance de leur pavillon était un droit de chacune d'elles, et un devoir réciproque des unes envers les autres; qu'elles n'étaient pas moins solidaires de l'inviolabilité de leur pavillon, que de celle de leur territoire; que si une puissance ne peut, sans cesser d'être neutre, laisser enlever sur son territoire, par une des puissances belligérantes, les propriétés de l'autre; elle cesse également d'être neutre en laissant enlever sous son pavillon, par une des puissances belligérantes,

On lui offrit d'entamer la discussion par l'indemnité à accorder pour le duché d'Oldenbourg, puis de s'entendre sur les licences dont pouvait avoir besoin le commerce maritime, etc., etc. M. Kourakin ne voulut pas répondre avant que sa proposition eût été préalablement admise.

Dans ces conjonctures, le ministre de France s'adressa directement au chancelier de Russie, pour savoir si réellement le prince Kourakin agissait d'après les ordres de sa cour. Voilà pourquoi les notes du prince restaient sans réponses : car on ne pouvait accepter ses propositions sans savoir si elles étaient réellement un ultimatum; on ne pouvait les rejeter dans la crainte d'amener une rupture.

Lorsque Napoléon fit demander à Alexandre le but d'un rassemblement de troupes sur les frontières de la Pologne, Alexandre dit que ses troupes n'avaient pas quitté leur position, et qu'il était très étonné qu'on lui fît de semblables questions, que sa fidélité à l'alliance ne devait pas être soupçonnée. Mais quatre-vingt mille hommes étaient déjà réunis. Alexandre partit. L'ambassadeur de France n'obtint pas la permission d'aller à son quartier général. Napoléon n'avait plus d'espoir de conserver l'état de paix. Cependant il ne quitta Paris que lorsque déjà Alexandre était depuis huit jours à Wilna au milieu de son armée.

les propriétés que l'autre y a placées; que toutes les puissances ont en conséquence le droit d'exiger que les nations qui prétendent à la neutralité fassent respecter leur pavillon, de la même manière qu'elles doivent faire respecter leur territoire; que tant que l'Angleterre, persistant dans son système de guerre, ne reconnaît l'indépendance d'aucun pavillon sur les mers, aucune puissance qui a des côtes ne peut être neutre envers l'Angleterre.

Avec cette pénétration et cette élévation de sentiments qui le distinguent, l'empereur Alexandre comprit ainsi qu'il ne pourrait y avoir de prospérité pour les états du continent que dans le rétablissement de leurs droits par la paix maritime. Ce grand intérêt de la paix maritime domina dans le traité de Tilsitt; tout le reste en fut la conséquence immédiate.

L'empereur Alexandre offrit sa médiation au gouvernement anglais, et s'engagea, si ce gouvernement ne consentait à conclure la paix en reconnaissant que les pavillons de toutes les puissances doivent jouir d'une égale et parfaite indépendance sur les mers, à faire cause commune avec la France, à sommer, de concert avec elle, les trois cours de Copenhague, de Stockholm et de Lisbonne, de fermer leurs ports aux Anglais, de déclarer la guerre à l'Angleterre, et à insister avec force auprès des puissances, pour qu'elles adoptent les mêmes principes.

L'empereur Napoléon accepta la médiation de la Russie; mais l'Angleterre ne répondit que par une violation du droit des gens jusqu'alors sans exemple dans l'histoire. Elle vint en pleine paix, et sans déclaration préalable de guerre, attaquer le Danemarck, surprendre sa capitale, brûler ses arsenaux, et s'emparer de sa flotte qui était désarmée et en sécurité dans ses ports. La Russie, se conformant aux stipulations et aux principes du traité de Tilsitt, déclara la guerre à l'Angleterre, proclama de nouveau les principes de la neutralité armée, et s'engagea à ne déroger jamais à ce système. Ce fut alors que le cabinet britannique jeta le masque, en publiant, au mois de novembre 1807, ces arrêts du conseil par lesquels l'Angleterre levait un octroi de 4 à 500,000,000 sur le continent, et elle soumettait tous les pavillons aux tarifs et aux dispositions de sa législation. Ainsi d'un côté elle se mettait en état de guerre contre toute l'Europe; de l'autre elle s'assurait les moyens d'en perpétuer indéfiniment la durée, en fondant ses finances sur les tributs qu'elle prétendait imposer à tous les peuples.

Déjà en 1806, et pendant que la France était en guerre contre la Prusse et la Russie, elle avait proclamé un blocus qui mettait en interdit toutes les côtes d'un empire. Lorsque S. M. fut entrée à Berlin, elle répondit à cette prétention monstrueuse par le décret du blocus des îles Britanniques; mais, pour repousser les arrêts du conseil de 1807, il fallait des mesures plus directes, plus précises. Et S. M. par le décret de Milan, du 17 décembre de la même année, déclara dénationalisés tous les pavillons qui laisseraient violer leur neutralité, en se soumettant à ces arrêts.

L'attentat de Copenhague avait été soudain et public; l'Angleterre préparait en Espagne des attentats nouveaux ourdis avec méditation et dans les ténèbres.

N'ayant pu ébranler la fermeté du roi Charles IV, elle forma un parti contre ce prince, qui ne voulait pas sacrifier à l'Angleterre les intérêts de son royaume; elle se servit du nom du prince des Asturies; et le père fut chassé de son trône au nom du fils : les ennemis de la France et les partisans de l'Angleterre s'emparèrent du pouvoir.

S. M., appelée par le roi Charles IV, fit entrer ses troupes en Espagne, et la guerre de la Péninsule fut allumée.

Par une des stipulations de Tilsitt, la Russie devait évacuer la Valachie et la Moldavie. Cette évacuation fut différée. De nouvelles révolutions survenues à Constantinople avaient plusieurs fois ensanglanté le sérail.

Ainsi, un an s'était à peine écoulé depuis la paix de Tilsitt, les affaires de Copenhague, d'Espagne, de Constantinople, et les arrêts publiés en 1807 par le conseil britannique avaient déjà placé l'Europe dans une position tellement inattendue, que les deux souverains jugèrent convenable de se concerter et de s'entendre : l'entrevue d'Erfurth eut lieu.

Unis d'intention et animés de l'esprit de Tilsitt, ils se mirent d'accord sur ce qu'exigeaient d'eux de si grands changements. L'empereur consentit à faire évacuer la Prusse par ses troupes, en même temps qu'il consentait que la Russie non seulement n'évacuât point la Valachie et la Moldavie, mais réunît ces provinces à son empire.

Les deux souverains, pénétrés du même désir du rétablissement de la paix maritime, et alors aussi fermement attachés qu'à Tilsitt à la défense des principes pour lesquels ils s'étaient unis, résolurent de faire en commun une démarche solennelle auprès de l'Angleterre. Vous vîntes, M. le comte, en suivre les effets à Paris, et vous échangeâtes alors plusieurs notes avec le gouvernement britannique. Mais le cabinet de Londres, qui entrevoyait qu'une guerre allait se rallumer sur le continent, repoussa toute négociation.

La Suède s'était refusée à fermer ses ports à l'Angleterre. La Russie, conformément aux stipulations de Tilsitt, lui avait déclaré la guerre. Il en résulta pour elle la perte de la Finlande, que la Russie réunit à son empire. En même temps les armées russes occupèrent les places fortes du Danube, et firent une guerre avantageuse contre la Turquie.

Cependant, M. le comte, le système de l'Angleterre triomphait : ses arrêts du conseil menaçaient d'obtenir les plus immenses résultats ; et l'octroi qui devait fournir les moyens d'entretenir la guerre perpétuelle qu'elle avait proclamée se percevait sur les mers. La Hollande et les villes anséatiques continuant de commercer avec elle, leur connivence rendait illusoires les dispositions salutaires et décisives des décrets de Berlin et de Milan, qui pouvaient seuls combattre victorieusement les principes et les arrêts du conseil britannique. L'exécution de ces dispositions ne pouvait être assurée que par l'action journalière d'une administration ferme, vigilante, et à l'abri de toute influence ennemie. La Hollande et les villes anséatiques durent être réunies. Mais, tandis que les sentiments les plus chers cédaient dans le cœur de Sa Majesté aux intérêts de ses peuples et à ceux du continent, de grands changements s'opéraient; la Russie abandonnait les principes pour lesquels elle s'était engagée à Tilsitt à faire cause commune avec la France, qu'elle avait proclamés dans sa déclaration de guerre à l'Angleterre, et qui avaient dicté les décrets de Berlin et de Milan. Ils furent éludés par l'ukase sur le commerce qui ouvrit les ports de la Russie à tout bâtiment anglais chargé de marchandises coloniales, propriétés anglaises, pourvu qu'il prît le masque d'un pavillon étranger. Ce coup inattendu annula le traité de Tilsitt, et ses transactions fondamentales qui avaient fini la lutte des deux plus grands empires du monde et qui avaient promis à l'Europe le grand bienfait de la paix maritime. On pressentit dès lors des bouleversements prochains et des guerres sanglantes.

La conduite de la Russie depuis cette époque fut constamment dirigée vers ces funestes résultats. La réunion du duché d'Oldenbourg, enclavé de toutes parts dans les contrées nouvellement soumises au même régime que la France était une suite nécessaire de la réunion des villes anséatiques. Une indemnité fut offerte; cet objet était facile à régler selon les convenances réciproques, mais votre cabinet en fit une affaire d'état, et l'on vit pour la première fois paraître une protestation d'un allié contre un allié. La réception des vaisseaux anglais dans les ports russes et les dispositions de l'ukase de 1810 avaient fait connaître que les traités n'existaient plus; la protestation montra que non seulement les liens qui avaient uni les deux puissances étaient rompus, mais que la Russie jeta publiquement le gant à la France pour une difficulté qui lui était étrangère, et qui ne pouvait se résoudre que par le moyen que Sa Majesté avait offert. On ne dissimula point que le refus de cette offre décelait le projet déjà formé d'une rupture; la Russie s'y préparait en effet. Au moment de dicter les conditions de la paix à la Turquie, elle avait rappelé tout-à-coup cinq divisions de l'armée de Moldavie, et, dès le mois de février 1811, on apprit à Paris que l'armée du duché de Varsovie avait été obligée de repasser la Vistule, pour se mettre à portée d'être secourue par la confédération, tant les armées russes sur la frontière étaient déjà nombreuses et menaçantes.

Lorsque la Russie s'était déterminée à des mesures contraires aux intérêts de la guerre active qu'elle avait à soutenir, lorsqu'elle avait donné à ses armements un développement onéreux à ses finances, et sans objet dans la situation où se trouvaient toutes les puissances du continent; toutes les troupes françaises étaient en-deçà du Rhin, à l'exception d'un corps de 40,000 hommes rassemblés à Hambourg pour la défense des côtes de la mer du Nord et pour le maintien de la tranquillité dans les pays nouvellement réunis; les places réservées en Prusse n'étaient occupées que par les troupes alliées; il n'était resté à Dantzick qu'une garnison de 4,000 hommes, et les troupes du duché de Varsovie étaient sur le pied de paix; une partie même était en Espagne.

Les préparatifs de la Russie se trouvaient donc sans objet, à moins qu'elle n'eût l'espérance d'en imposer à la France par un grand appareil de forces, et de la porter à mettre fin aux discussions de l'Oldenbourg, en sacrifiant l'existence du duché de Varsovie; peut-être aussi, ne pouvant se dissimuler qu'elle avait violé le traité de Tilsitt, la Russie n'avait-elle recours à la force que pour chercher à justifier des violations qui ne pouvaient pas l'être.

Cependant Sa Majesté resta impassible. Elle persista dans le désir d'un arrangement; elle pensait qu'il était toujours temps d'en venir aux armes; elle demanda que des pouvoirs fussent envoyés au prince Kourakin, et qu'une négociation fût ouverte sur des différents qui pouvaient se terminer facilement, et qui n'étaient assurément pas de nature à exiger l'effusion du sang. Ils se réduisaient aux quatre points suivants :

1° L'existence du duché de Varsovie, qui avait été

une condition de la paix de Tilsitt, et qui, dès la fin de 1809, donna lieu à la Russie de manifester des défiances auxquelles S. M. répondit par une condescendance portée aussi loin que l'amitié la plus exigeante pouvait le désirer, et que l'honneur pouvait le permettre.

2° La réunion du duché d'Oldenbourg, que la guerre contre l'Angleterre avait nécessitée, et qui était dans l'esprit de Tilsitt.

3° La législation sur le commerce des marchandises anglaises et les bâtiments dénationalisés, qui devait être réglée par l'esprit et les termes du traité de Tilsitt.

4° Enfin les dispositions de l'ukase de décembre 1810, qui, en détruisant toutes les relations commerciales de la France avec la Russie, et en ouvrant les ports aux pavillons simulés chargés de propriétés anglaises, étaient contraires à la lettre du traité de Tilsitt.

Tels devaient être les objets de la négociation.

Quant à ce qui regardait le duché de Varsovie, Sa Majesté s'empressait d'adopter une convention par laquelle elle s'engageait à ne favoriser aucune entreprise qui tendrait directement ou indirectement au rétablissement de la Pologne.

Quant à l'Oldenbourg, elle acceptait l'intervention de la Russie, qui cependant n'avait aucun droit de s'immiscer dans ce qui concernait un prince de la confédération du Rhin, et elle consentait à donner à ce prince une indemnité.

Quant au commerce des marchandises anglaises et aux bâtiments dénationalisés, Sa Majesté demandait à s'entendre pour concilier les besoins de la Russie avec les principes du système continental et l'esprit du traité de Tilsitt.

Enfin, quant à l'ukase, Sa Majesté consentait à conclure un traité de commerce qui, en assurant les relations commerciales de la France garanties par le traité de Tilsitt, ménagerait tous les intérêts de la Russie.

L'empereur se flattait que des dispositions dictées par un esprit de conciliation aussi manifeste amèneraient enfin un arrangement. Mais il fut impossible d'obtenir de la Russie qu'elle donnât des pouvoirs pour ouvrir une négociation. Elle répondit constamment aux nouvelles ouvertures qui lui étaient faites par de nouveaux armements, et l'on fut forcé de comprendre, enfin, qu'elle refusait de s'expliquer parcequ'elle n'avait à proposer que des choses qu'elle n'osait point énoncer, et qui ne pouvaient pas être accordées; que ce n'était pas des stipulations qui, en identifiant davantage le duché de Varsovie à la Saxe, en le mettant à l'abri des mouvements qui pouvaient inquiéter la Russie sur la tranquillité de ses provinces, qu'elle désirait d'obtenir, mais le duché même qu'elle voulait réunir; que ce n'était pas son commerce, mais celui des Anglais qu'elle voulait favoriser, pour soustraire l'Angleterre à la catastrophe qui la menaçait; que ce n'était pas pour les intérêts du duc d'Oldenbourg que la Russie voulait intervenir dans l'affaire de la réunion, mais que c'était une querelle ouverte contre la France qu'elle voulait tenir en réserve pour le moment de la rupture qu'elle préparait.

L'empereur reconnut alors qu'il n'y avait pas un moment à perdre. Il eut aussi recours aux armes. Il se mit en mesure d'opposer des armées à des armées, pour garantir un état du second ordre si souvent menacé, et qui faisait reposer toute sa confiance sur sa protection et sur sa foi.

Cependant, M. le comte, Sa Majesté saisit encore toutes les occasions pour manifester ses sentiments. Elle déclara publiquement, le 15 août dernier, la nécessité d'arrêter la marche si dangereuse que prenaient les affaires, et le vœu d'y parvenir par des arrangements pour lesquels elle ne cessait point de demander à entrer en négociation.

A la fin du mois de novembre suivant, Sa Majesté crut pouvoir espérer que ce vœu allait être enfin partagé par votre cabinet. Vous annonçâtes, M. le comte, à l'ambassadeur de Sa Majesté, que M. de Nesselrode était désigné pour se rendre à Paris avec des instructions. Quatre mois s'étaient écoulés lorsque Sa Majesté apprit que cette mission n'aurait pas lieu. Elle fit aussitôt appeler M. le colonel Czernichew, et lui donna pour l'empereur Alexandre une lettre qui tendait de nouveau à ouvrir des négociations. M. de Czernichew est arrivé le 10 mars à Saint-Pétersbourg, et cette lettre est encore sans réponse.

Comment se dissimuler plus long-temps que la Russie élude tout rapprochement? Depuis dix-huit mois, elle a eu pour règle constante de porter la main sur son glaive toutes les fois que des propositions d'arrangement lui ont été faites.

Se voyant ainsi forcée de renoncer à toute espérance du côté de la Russie, Sa Majesté, avant de commencer cette lutte qui fera couler tant de sang, a pensé qu'il était de son devoir de s'adresser au gouvernement anglais. La gêne qu'éprouve l'Angleterre, les agitations auxquelles elle est en proie, et les changements qui ont eu lieu dans son gouvernement, ont décidé S. M. Un sincère désir de la paix a dicté la démarche dont j'ai reçu l'ordre de vous donner connaissance; aucun agent n'a été envoyé à Londres, et il n'y a eu aucune autre communication entre les deux gouvernements. La lettre dont votre excellence trouvera la copie ci-jointe, et que j'ai adressée au secrétaire d'état pour les affaires étrangères de S. M. britannique, a été remise en mer au commandant de la station de Douvres.

La démarche que je fais auprès de vous, M. le comte, est une conséquence des dispositions du traité de Tilsitt, auquel sa majesté a la volonté de se conformer jusqu'au dernier moment. Si les ouvertures faites à l'Angleterre ont quelque résultat, je m'empresserai de vous en prévenir. S. M. l'empereur Alexandre y prendra part, ou en conséquence du traité du Tilsitt, ou comme allié de l'Angleterre, si déjà ses relations avec l'Angleterre sont formées.

Il m'est formellement prescrit, M. le comte, d'exprimer, en terminant cette dépêche, le vœu déjà manifesté par S. M. à M. le colonel Czernichew, de voir des négociations qu'elle n'a cessé de provoquer depuis dix-huit mois, prévenir enfin des évènements dont l'humanité aurait tant à gémir.

Quelle que soit la situation des choses lorsque cette lettre parviendra à votre excellence, la paix dépendra encore des résolutions de votre cabinet.

J'ai l'honneur, etc.

Le duc DE BASSANO.

Lettre adressée par le ministre des relations extérieures, à lord Castlereagh, secrétaire d'état pour les affaires étrangères de S. M. Britannique.

Paris, le 17 avril 1812.

MONSIEUR,

S. M. l'empereur et roi, toujours animé des mêmes sentiments de modération et de paix, a voulu faire de nouveau une démarche authentique et solennelle pour mettre un terme aux malheurs de la guerre. La grandeur et la force des circonstances dans lesquelles le monde se trouve aujourd'hui placé déterminent S. M. Elle m'autorise, monsieur, à vous entretenir de ses dispositions et de ses vues.

Beaucoup de changements ont eu lieu en Europe depuis dix ans; ils ont été la suite nécessaire de la guerre qui s'était allumée entre la France et l'Angleterre; beaucoup de changements arriveront encore, et ils résulteront de la même cause. Le caractère particulier que la guerre a pris peut ajouter à l'étendue et à la durée de ces résultats. Des principes exclusifs et arbitraires ne peuvent se combattre que par une opposition sans mesure et sans terme, et le système de la préservation et de la résistance doit avoir le même caractère d'universalité, de persévérance et de vigueur.

La paix d'Amiens, si elle avait été maintenue, aurait prévenu bien des bouleversements. Je renouvelle le vœu que l'expérience du passé ne soit pas perdue pour l'avenir.

S. M. s'est souvent arrêtée devant la perspective des triomphes les plus certains, et en a détourné ses regards pour invoquer la paix. En 1805, tout assurée qu'elle était des avantages de sa position, et quelque confiance qu'elle dût à des présages que la fortune devait sitôt réaliser, elle fit au gouvernement de S. M. britannique des propositions qui furent éludées, sur le motif que la Russie devait être consultée. En 1808, de nouvelles propositions furent faites de concert avec la Russie. L'Angleterre allégua la nécessité d'une intervention qui ne pouvait être que le résultat de la négociation elle-même. En 1810, S. M. ne pouvant se dissimuler plus long-temps que les édits du conseil britannique de 1807, rendaient la conduite de la guerre incompatible avec l'indépendance de la Hollande, autorisa des ouvertures indirectes qui tendaient également à la paix; elles n'eurent aucun effet, et de nouvelles provinces durent être réunies à l'empire.

Le moment présent rassemble à la fois toutes les circonstances des diverses époques où sa majesté montra les sentiments pacifiques qu'elle m'ordonne de manifester encore aujourd'hui.

Les calamités qui désolent la péninsule et les vastes contrées de l'Amérique espagnole doivent exciter l'intérêt de toutes les nations et les animer d'une égale sollicitude pour les voir cesser.

Je m'exprimerai, monsieur, d'une manière que votre excellence trouvera conforme à la franchise de la démarche que je suis chargé de faire, et rien n'en montrera mieux la grandeur et la loyauté que les termes précis du langage qu'il m'est permis de tenir. Dans quelles vues et pour quels motifs m'envelopperais-je de formes qui ne conviennent qu'à la faiblesse, qui seule a intérêt de tromper?

Les affaires de la péninsule et des Deux-Siciles sont les différents qui paraissent les plus difficiles à concilier; je suis autorisé à vous proposer d'en établir l'arrangement sur les bases suivantes:

L'intégrité de l'Espagne serait garantie, la France renoncerait à toute extension du côté des Pyrénées, la dynastie actuelle serait déclarée indépendante et l'Espagne régie par une constitution nationale des cortès;

L'indépendance et l'intégrité du Portugal seraient également garanties, et la maison de Bragance règnerait;

Le royaume de Naples resterait au roi de Naples. Le royaume de Sicile serait garanti à la maison actuelle de Sicile.

Par suite de ces stipulations, l'Espagne, le Portugal et la Sicile seraient évacués par les troupes françaises et anglaises de terre et de mer.

Quant aux autres objets de discussion, ils peuvent être négociés sur cette base, que chaque puissance gardera ce que l'autre ne peut pas lui ôter par la guerre.

Telles sont, monsieur, les bases de conciliation et de rapprochement offertes à S. A. R. le prince régent.

S. M. l'empereur et roi ne calcule dans cette démarche ni les avantages ni les pertes que la guerre, si elle est long-temps prolongée, peut présager à son empire, elle se détermine par la seule considération des intérêts de l'humanité et du repos des peuples; et si cette quatrième tentative doit être sans succès, comme celles qui l'ont précédées, la France aura du moins la consolation de penser que le sang qui pourrait couler encore, retombera tout entier sur l'Angleterre.

J'ai l'honneur, etc.

Le duc DE BASSANO.

Notes du prince Kourakin au ministre des relations extérieures.

Paris, le 18 (30) avril 1812.

Monsieur le duc,

Depuis l'entretien que j'ai eu mardi dernier avec votre excellence, et dans lequel elle m'a fait espérer que les communications que je lui ai faites verbalement, d'après le contenu de mes dernières instructions, seraient admises comme base de l'arrangement dont nous avons à nous occuper, je n'ai pu la trouver chez elle, et obtenir de sa part de nouvelles conférences pour la discussion de cet objet et la rédaction du projet de cette convention.

Il m'est impossible, monsieur le duc, de différer davantage de rendre compte à l'empereur, mon maître, de l'exécution des ordres qu'il m'a donnés. Je m'en étais acquitté verbalement envers S. M. l'empereur et roi, dans l'audience particulière que sa majesté m'a accordée lundi; je m'en suis acquitté aussi et de la même manière envers votre excellence, dans mes entretiens avec elle, de vendredi, de lundi et de mardi. Je me flattais que l'envoi d'un projet de convention, *fondé sur les bases que j'ai eu ordre de proposer*, et qui, à ce que j'espérais, devaient être agréables à sa majesté impériale et royale, me mettrait à même de prouver à

S. M. l'empereur, mon maître, que j'avais rempli ses intentions et avais eu le bonheur de le faire avec succès. Privé depuis deux jours de la faculté de voir votre excellence, de poursuivre et de terminer avec elle le travail si important et si pressant pour les circonstances dont nous avons à nous occuper, pour lequel il n'y a pas un seul jour à perdre, et voyant s'évanouir la certitude dont je m'étais flatté, que cet ouvrage serait achevé sans délai et pourrait conduire au but qu'il devait avoir, de prévenir encore les conséquences malheureuses de l'extrême rapprochement où les armées de S. M. l'empereur et roi sont parvenues de celles de S. M. l'empereur, mon maître, il me reste à pourvoir à ma responsabilité envers ma cour, en m'acquittant officiellement des communications que j'ai reçu ordre de faire à votre excellence, et qui, jusqu'à présent, ne lui ont été données de ma part que de vive voix.

Il m'est ordonné de déclarer à votre excellence que la conservation de la Prusse et son indépendance de tout lien politique dirigé contre la Russie est indispensable aux intérêts de sa majesté impériale. Pour arriver à un véritable état de paix avec la France, il faut nécessairement qu'il y ait entre elle et la Russie un pays neutre qui ne soit occupé par les troupes d'aucune des deux puissances; que, comme toute la politique de S. M. l'empereur, mon maître, ne tend qu'à établir des rapports solides et stables avec la France, et que ceux-ci ne sauraient subsister tant que des armées étrangères continueraient à séjourner dans une telle proximité des frontières de la Russie, la première base de toute négociation ne peut être que l'engagement formel de l'entière évacuation des états prussiens et de toutes les places fortes de la Prusse, quels qu'aient été l'époque et le fondement de leur occupation par les troupes françaises ou alliées, d'une diminution de la garnison de Dantzick, de l'évacuation de la Poméranie suédoise, et d'un arrangement avec le roi de Suède, propre à satisfaire réciproquement les deux couronnes de France et de Suède.

Je dois déclarer que quand les demandes ci-dessus énoncées seront accordées de la part de la France comme base de l'arrangement à conclure, il me sera permis de promettre que cet arrangement pourra contenir aussi de la part de S. M. l'empereur, mon maître, les engagements suivants.

Sans dévier aux principes adoptés par l'empereur de toutes les Russies pour le commerce de ses états et pour l'admission des neutres dans les ports de sa domination, principes auxquels sa majesté ne saurait jamais renoncer, elle s'oblige, par un effet de son attachement pour l'alliance formée à Tilsitt, à n'adopter aucun changement aux mesures prohibitives établies en Russie, et sévèrement observées jusqu'à présent contre le commerce direct avec l'Angleterre; sa majesté est prête, de plus, à convenir avec S. M. l'empereur des Français et roi d'Italie d'un système de licences à introduire en Russie à l'exemple de la France, bien entendu qu'il ne pourra être admis qu'après qu'il aura été reconnu ne pouvoir augmenter par ses effets le préjudice qu'éprouve déjà le commerce de la Russie.

S. M. l'empereur de toutes les Russies s'engagera aussi par cette convention à traiter, par un arrangement particulier, de certaines modifications que la France peut désirer pour l'avantage de son commerce dans le tarif des douanes de Russie de 1810.

Enfin sa majesté consentira aussi à s'engager de conclure un traité d'échange du duché d'Oldenbourg contre un équivalent convenable, qui sera proposé par S. M. l'empereur et roi, et dans lequel sa majesté impériale déclarera retenir la protestation qu'elle a été dans le cas de donner pour mettre en réserve les droits de sa maison sur le duché d'Oldenbourg.

Telles sont, M. le duc, les bases qu'il m'a été ordonné de présenter ici, et dont l'admission, dans ce qui regarde l'évacuation des états prussiens et de la Poméranie suédoise, la réduction de la garnison de Dantzick sur le pied où elle était le 1er janvier 1811, et la promesse d'une négociation avec la Suède, peut seule rendre possible encore un arrangement entre nos deux cours. C'est avec un vif regret que, malgré l'intervalle qui s'est écoulé depuis que je les ai communiquées verbalement à votre excellence, je me vois encore dans une incertitude complète sur les effets qu'auront mes démarches, malgré les augures favorables que je m'étais plu à tirer de l'entretien que sa majesté impériale et royale a bien voulu m'accorder lundi, et des assurances que votre excellence y a ajoutées de son côté. Je ne puis ne pas renouveler à votre excellence ce que j'ai déjà pris la liberté de porter moi-même à la connaissance de S. M. l'empereur et ce que j'ai eu l'honneur de vous dire aussi à vous-même, M. le duc, que si, à mon grand regret, la nouvelle me parvenait que M. le comte de Lauriston eût quitté Pétersbourg, il serait de mon devoir de demander sur-le-champ que mes passe-ports me fussent délivrés et de quitter aussi Paris.

Que votre excellence reçoive, etc.

Le prince ALEXANDRE KOURAKIN.

Note du prince Kourakin au ministre des relations extérieures.

Paris, le 25 avril (7 mai) 1812.

MONSIEUR LE DUC,

Il s'est écoulé près de quinze jours depuis que je me suis acquitté des communications que mes dernières instructions, apportées par le baron Serdobin, m'ont enjoint de faire à votre excellence, et que je me suis empressé de mettre sous ses yeux deux heures après leur réception. J'ai eu l'honneur de porter aussi moi-même à la connaissance de sa majesté impériale et royale, dans l'audience qu'elle m'a accordée lundi 27 du même mois, les propositions de S. M. l'empereur, mon auguste maître, qui en faisaient l'objet. Les espérances que j'eus à fonder sur tout ce que sa majesté voulut bien me dire, dans cette audience, de son désir extrême de prévenir, par les voies de la conciliation, la rupture qui menace l'Europe d'une nouvelle guerre, me firent concevoir l'attente flatteuse de voir ma démarche réussir au gré de S. M. l'empereur mon maître, dont les souhaits n'ont jamais été autres que ceux de la conservation de la paix et de son alliance avec la France, et de voir les propositions essentiellement équitables et modérées dont je venais d'être l'organe devenir la base d'un arrangement amical. Je pouvais d'autant plus me livrer à cette espérance que vous-même, M. le duc, n'avez cessé, dans les premiers entretiens qui suivirent mes communications, de l'encourager par la justice que vous avez rendue à leur esprit conciliant, pacifique et principalement dirigé à satisfaire S. M. l'empereur Napoléon sur toutes les demandes qu'il a formées jusqu'à présent auprès de la Russie. S. M. l'empereur et roi, dans l'audience du 27 avril, en m'engageant à discuter immédiatement avec votre excellence ces propositions dont j'étais chargé, m'avait autorisé à prévoir la possibilité de rendre compte à l'empereur, mon maître, dans un délai peu considérable, de l'accueil fait à ses offres. Jamais circonstances plus urgentes n'ont autorisé plus justement un désir et des instances pour recevoir une prompte solution; cependant, M. le duc, je suis encore toujours à l'attendre. Mes demandes pressantes et réitérées, mes démarches journalières auprès de votre excellence, n'obtiennent d'autre résultat de sa part que le refus de s'expliquer encore sur nos propositions, fondé sur le défaut d'ordres à cet effet de sa majesté impériale et royale.

Il est impossible, M. le duc, de se dissimuler les funestes effets que vont inévitablement entraîner ces délais. La proximité chaque jour plus grande des armées de sa majesté impériale et royale et de ses alliés des frontières de l'empire de Russie peut amener, d'un instant à l'autre, des évènements après lesquels tout espoir de conserver la paix sera perdu, et qui peut-être même en ce moment ont déjà détruit cette possibilité. Le seul moyen qui peut épargner à l'Europe les malheurs qui vont s'appesantir sur elle était dans l'acceptation des offres conciliantes que l'empereur, mon maître, m'a chargé de présenter. Non seulement nulle réponse de la part de votre excellence ne m'a fait connaître qu'elles fussent acceptées, mais jusqu'à présent elle n'a cessé de se refuser aux explications que je lui ai demandées et lui demande encore, sur la manière dont ces offres sont envisagées, et sur ce qui, dans l'ensemble de nos propositions, a pu ne pas convenir à l'empereur.

Au milieu des circonstances critiques où se trouvent les deux empires, la prolongation de semblables délais aux explications propres à produire un rapprochement ne saurait être interprétée autrement que comme une détermination déjà prise de ne point entrer dans ces explications, et par conséquent, que comme le choix de la guerre. Il ne m'est point permis de dissimuler à votre excellence que c'est ainsi que j'envisagerai les nouveaux retards qui seront mis à me donner une réponse catégorique sur les communications dont je me suis acquitté par ordre de S. M. l'empereur, mon maître. Je dois donc vous prévenir, M. le duc, que si, dans la conférence qu'elle a fixée avec moi pour demain matin, j'avais encore le regret de la trouver sans instructions de sa majesté impériale et royale pour m'annoncer *qu'elles sont acceptées sans modification*, car votre excellence sait *qu'il ne m'est permis d'en admettre aucune*, je me verrai, par le départ de S. M. l'empereur et roi, annoncé pour après-demain, et qui ne me permettrait plus d'espérer la réponse que je réclame, dans la nécessité d'envisager le manque de cette réponse comme le choix de la guerre, et de considérer alors ma présence à Paris comme tout-à-fait superflue, et qu'avec un profond regret de n'avoir pu contribuer au maintien de cette paix et de cette alliance, à l'établissement desquelles le plus grand bonheur de ma vie est d'avoir participé, il y a cinq ans, je serai forcé de demander à votre excellence mes passe-ports pour quitter la France. Je la prie d'avance bien instamment d'obtenir les ordres de sa majesté impériale et royale pour pouvoir alors me les remettre sans délai.

Recevez, M. le duc, etc.

Le prince ALEXANDRE KOURAKIN.

Note du ministre des relations extérieures au prince Kourakin, ambassadeur de Russie.

Paris, le 9 mai 1812.

Monsieur l'ambassadeur,

J'ai reçu les notes que vous m'avez fait l'honneur de m'adresser les 30 avril et 7 mai : avant d'être dans le cas d'y répondre, je dois demander à votre excellence si elle a des pleins-pouvoirs pour arrêter, conclure et signer un arrangement sur les différents qui se sont élevés entre les deux puissances, et de la prier, dans ce cas, et conformément à l'usage de tous les cabinets, de m'en donner préalablement communication.

J'ai l'honneur, etc.

Le duc DE BASSANO.

Paris, le 27 avril (9 mai) 1812.

Monsieur le duc,

Je viens de recevoir la lettre de votre excellence, en date d'aujourd'hui. Elle me permettra de lui témoigner ma grande surprise des questions qu'elle m'y fait; et que je croyais avoir entièrement prévenues par la franchise avec laquelle je lui ai communiqué sans réserve toutes les instructions que j'ai reçues en dernier lieu de S. M. I., mon auguste maître. Votre excellence connaît les propositions conciliantes qui en sont l'objet, et qui indiquent, d'une manière très positive, le désir instant de mon auguste maître de maintenir la paix et son alliance avec S. M. l'empereur Napoléon. Je suis toujours prêt à m'entendre avec elle sur la forme à leur donner, par la rédaction d'une convention que je signerai avec elle *sub spe rati*, quoique sans pouvoirs particuliers et spéciaux pour signer cette convention, le caractère dont j'ai l'honneur d'être revêtu auprès de S. M. I. et R. me suffisant pour cet effet; et je puis promettre à votre excellence, d'après la connaissance parfaite que j'ai des intentions de l'empereur mon maître, et d'après l'annonce qui m'est faite d'un envoi de pleins-pouvoirs spéciaux, au cas où les bases proposées par moi seraient acceptées par S. M. l'empereur et roi, que l'arrangement que je signerai sera ratifié par S. M. I. J'observe à votre excellence que quand même j'aurais, pour cet objet, dès à présent les pleins-pouvoirs spéciaux, d'après les usages généralement admis, la ratification des deux souverains serait encore nécessaire avant que l'acte pût avoir sa pleine et entière validité. J'ai vivement à regretter, au milieu de circonstances si urgentes, où chaque instant peut amener le commencement des hostilités, que le silence qui a été gardé vis-à-vis de moi par le ministre de S. M. I. et R. pendant le long espace de quinze jours, sur la manière dont S. M. a envisagé les

PIÈCES SUR LA GUERRE DE RUSSIE. 125

bases que j'ai été chargé de lui présenter pour ces arrangements, ait retardé si considérablement la possibilité de le conclure.

J'avoue à votre excellence mon étonnement de ce qu'elle a cru devoir attendre l'explication que je viens de lui donner, ou plutôt de lui confirmer (puisque j'ai déjà eu l'honneur de lui détailler très clairement, dans mes entretiens précédents, tout ce qui fait le sujet de la question d'aujourd'hui), avant que de répondre à mes notes du 30 avril et du 7 mai. Votre excellence ne fait pas mention de celle du 6 mai [1], sur laquelle je ne suis pas moins fondé à espérer de sa part une réponse que je réclame également. Je la prie instamment de me faire parvenir les trois réponses le plus tôt qu'il lui sera possible. Elles doivent contenir des éclaircissements qui me sont indispensablement nécessaires, par les devoirs très positifs que m'impose le poste que j'occupe.

Recevez, etc.

Le prince P. Alexandre Kourakin.

---

[1] La note du 6 mai est relative à une affaire particulière et étrangère aux discussions.

Lettre de M. le prince Kourakin au ministre des relations extérieures.

Paris, le 29 avril (11 mai) 1812.

Monsieur le duc,

Je me proposais de me rendre ce matin chez votre excellence, pour lui rappeler que je n'avais pas eu de réponse à ma lettre d'hier, quand j'ai reçu celle qu'elle m'a fait l'honneur de m'écrire hier au soir, quelques heures avant son départ, que, d'après ce qu'elle a bien voulu me dire, je ne supposais devoir avoir lieu que dans deux ou trois jours. Quoiqu'elle veuille bien m'y annoncer les passe-ports que j'ai désirés, je n'y ai trouvé que celui pour le gentilhomme de la chambre, Kologrivoff, sur lequel même il n'est point marqué que c'est en courrier qu'il se rend à Pétersbourg. Je prie votre excellence d'avoir la bonté de m'envoyer les trois autres qu'elle m'avait promis pour les personnes attachées à ma chapelle et à ma maison, et qui doivent partir par des voituriers viennois, déjà engagés pour cet effet, et envers lesquels, ne pouvant les mettre en route au terme convenu, je suis entraîné dans la perte du prix arrêté avec eux pour ce transport, d'ici jusqu'à Brody.

Votre excellence n'a point jugé à propos de répondre aux trois offices que je lui ai adressés les

30 avril, et 6 et 7 mai, sur les objets les plus majeurs de mes relations avec elle, malgré l'usage établi de répondre à toute communication d'office, présentée par un ambassadeur d'une manière aussi authentique et dans des cas aussi urgents que ceux-ci. Elle ne m'écrit pas non plus, ainsi qu'elle me l'avait promis, pour m'annoncer les motifs qui lui feraient envisager encore comme possible un arrangement entre les deux puissances, et qui devait me déterminer à prolonger mon séjour à Paris et à ne point réclamer mes passe-ports. Ce silence de sa part me replace dans la même situation où je me trouvais lorsque je les lui demandai pour la première fois. N'obtenant point d'elle l'expli-cation officielle et par écrit qu'elle me promettait, des raisons qui devaient m'engager à différer mon départ, explication que je comptais mettre en original sous les yeux de S. M. l'empereur, mon auguste maître, pour lui faire connaître d'autant mieux l'espérance où vous étiez, M. le duc, de la grande possibilité toujours exis-tante d'un arrangement, je me vois forcé à renouveler ma demande la plus pressante pour obtenir ces passe-ports, fondée sur la conviction malheureusement trop certaine où je suis que ma présence ici ne saurait plus être d'aucune utilité. Je prie votre excellence de vouloir bien porter cette demande formelle de ma part à la connaissance de sa majesté impériale et royale dans son premier travail avec elle. J'ose me flatter que sa majesté connaît, et se rappellera trop bien les disposi-tions personnelles qui m'ont fait remplir avec tant de

zèle le devoir de travailler au maintien de l'union et de la paix entre les deux empires, pour ne pas être persuadée que la demande que je fais de quitter mon poste n'est fondée que sur la plus entière et pénible certitude où je suis que toute espérance d'y servir désormais d'intermédiaire à un rapprochement m'est interdite.

Quoique j'aie personnellement bien des obligations à votre excellence, je regarderai comme la plus grande preuve d'amitié qu'elle m'ait donnée, tout ce qu'elle voudra bien faire pour me mettre à même de quitter le plus tôt que possible un séjour qu'elle conviendra ne pouvoir plus avoir rien que de très pénible pour moi, depuis que le départ de sa majesté impériale et royale et celui de votre excellence m'ôte la satisfaction de m'y croire encore propre à produire quelque bien.

Je quitte Paris pour ne plus y retourner jusqu'à ce que votre excellence m'ait fait parvenir mes passeports. Je vais me rendre à ma campagne, à Sèvres; c'est là que j'attendrai la réponse de votre excellence pour pouvoir partir aussitôt, ayant déjà fait tous mes arrangements et renvoyé toute la partie de ma maison qui ne m'est plus nécessaire, et ne gardant plus que le petit nombre de domestiques, qui auront à m'accompagner dans mon voyage.

Je vous réitère, etc.

Le prince ALEXANDRE KOURAKIN.

Réponse de M. le comte Romanzow à la note du ministre des relations extérieures, du 25 avril.

Wilna, le 7 (16 mai) 1812.

Monsieur le duc,

M. le comte de Narbonne m'a remis la dépêche que votre excellence lui a confiée. Je n'ai pas tardé un instant à la mettre sous les yeux de l'empereur. Sa majesté, toujours fidèle à la ligne de conduite qu'elle s'est invariablement tracée, toujours persévérante dans son système purement de défense, toujours enfin plus modérée à mesure que le développement de ses forces la met davantage à même de repousser les prétentions que l'on pourrait élever contre les intérêts de son empire et la dignité de la couronne, se borne à ne s'attacher qu'au vœu par lequel vous voulez bien, M. le duc, terminer l'intéressante communication de votre cour. Aimant à prouver constamment combien elle a à cœur d'éviter tout ce qui pourrait apporter dans ses relations avec la France un caractère d'animosité et d'aigreur nuisible à leur conservation, elle m'ordonne de ne point réfuter encore les griefs que vous avez allégués et de ne pas relever des assertions qui reposent pour la plupart sur des faits souvent entièrement dénaturés, ou sur des suppositions entièrement gratuites. Les dépêches adressées au prince de Kourakin par le baron de Serdobin ont en partie répondu d'avance à toutes les accusations. Elles ont représenté sous son vrai jour la conduite loyale que l'empereur a suivie dans tous ses rapports avec la France, elles ont donné sur le but de nos armements des explications confirmées à un point qui semble même avoir dépassé les espérances de l'empereur Napoléon, puisque malgré les mouvements menaçants de ses armées au-delà d'une ligne où, pour la sécurité de nos frontières, elles auraient dû s'arrêter, tout chez nous se trouve encore dans le même état qu'au départ du dernier courrier. En effet, pas un homme n'est entré en Prusse, ni sur le territoire du duché de Varsovie, et aucun nouvel obstacle n'entrave de notre part le maintien de la paix. Au contraire, les dernières instructions que le prince de Kourakin a reçues lui fournissent tous les moyens de terminer nos différents et d'entamer cette négociation que votre cour a désirée. Nous avons appris avec plaisir l'accueil que l'empereur Napoléon a fait à nos propositions; la réponse officielle que votre excellence y fera, et que le prince de Kourakin nous annonce, résoudra définitivement l'importante question de la paix ou de la guerre. La modération qui caractérise celle que j'ai l'honneur de vous adresser aujourd'hui vous offre, M. le duc, un sûr garant que l'on ne manquera pas de saisir chez nous toutes les nuances qu'elle pourra présenter en faveur de la paix. Sa majesté en a trouvé une bien agréable dans la démarche faite auprès du gouvernement britannique. Elle est sensible à l'attention que l'empereur Napoléon a eue de l'en informer, elle appréciera toujours les sacrifices que ce souverain fera pour la conclusion de la paix générale : a ses yeux il n'y en a pas qui soient assez considérables pour obtenir un aussi grand et beau résultat.

J'ai l'honneur d'offrir à votre excellence, etc.

Comte de ROMANZOW.

Réponse de lord Castlereagh, secrétaire d'état pour les affaires étrangères de S. M. Britannique, à la lettre du ministre des relations extérieures, du 17 avril.

(Traduction.)

Londres, bureau des affaires étrangères,
23 avril 1812.

MONSIEUR,

La lettre de votre excellence, du 17 de ce mois, a été reçue et mise sous les yeux du prince régent.

Son altesse royale a senti qu'elle devait à son honneur, avant de m'autoriser à entrer en explication sur l'ouverture que votre excellence a transmise, de fixer le sens précis attaché par le gouvernement de France au passage suivant de la lettre de votre excellence. « La dynastie actuelle serait déclarée indépendante, et l'Espagne régie par une constitution nationale des cortès.

Si, comme son altesse royale le craint, le sens de cette proposition est que l'autorité royale d'Espagne et son gouvernement établi par les cortès seront reconnus comme résidant dans le frère du chef du gouvernement français et les cortès formées sous son autorité, et non dans le souverain légitime Ferdinand VII et ses héritiers, et l'assemblée extraordinaire des cortès, maintenant investie du pouvoir du gouvernement dans ce royaume, en son nom et sous son autorité; il m'est ordonné de déclarer franchement et explicitement à votre excellence, que des engagements de bonne foi ne permettent pas à son altesse royale de recevoir une proposition de paix fondée sur une telle base.

Si cependant les expressions ci-dessus citées s'appliquaient au gouvernement actuel d'Espagne, exerçant l'autorité au nom de Ferdinand VII; sur l'assurance qu'en donnera votre excellence, le prince régent est disposé à s'expliquer pleinement sur la base qui a été transmise pour être prise en considération par son altesse royale, son désir le plus empressé étant, de concert avec ses alliés, de contribuer au repos de l'Europe, et de travailler à une paix qui puisse être à la fois honorable, non seulement pour la Grande-Bretagne et la France, mais encore pour ceux des états avec lesquels chacune de ces puissances a des rapports d'amitié.

Après avoir exposé sans réserve les sentiments du prince régent sur un point sur lequel il est si nécessaire de s'entendre avant d'entrer dans une discussion ultérieure, je me conformerai aux instructions de son altesse royale, en évitant de faire des observations inutiles et des récriminations sur les objets accessoires de votre lettre. Je puis heureusement m'en rapporter, pour la justification de la conduite que la Grande-Bretagne a tenue, aux différentes époques rappelées par votre excellence, à la correspondance qui eut lieu alors, et aux jugements que le monde a depuis portés.

Quant au caractère particulier que la guerre a malheureusement pris et aux principes exclusifs et arbitraires que votre excellence signale comme ayant marqué ses progrès, en niant, en ce qui concerne le gouvernement britannique, que ces maux lui doivent être attribués, je suis autorisé à assurer à votre excellence qu'il déplore sincèrement leur existence comme aggravant inutilement les calamités de la guerre, et que son désir le plus vif, soit en paix, soit en guerre avec la France, est de voir les relations entre les nations rendues aux principes libéraux et accoutumés des temps précédents.

Je saisis cette occasion d'offrir à votre excellence les assurances de ma haute considération.

Signé CASTLEREAGH.

Lettre du ministre des relations extérieures à M. le comte Lauriston, ambassadeur de S. M. I. et R., à Saint-Pétersbourg.

Dresde, le 20 mai 1812.

M. LE COMTE,

J'ai l'honneur de vous envoyer les copies des deux notes du prince Kourakin en date des 30 avril et 7 mai;

D'une note que j'ai adressée à cet ambassadeur, le 9 du même mois, et de la réponse qu'il m'a faite le même jour;

Et enfin, d'une note du 11 mai, qui m'est parvenue hier, et par laquelle le prince Kourakin renouvelle sa demande la plus pressante pour obtenir ses passe-ports. S. M. ne peut pas croire, M. le comte, que cet ambassadeur n'ait pas pris beaucoup sur lui; elle juge convenable que vous demandiez, par une note adressée à M. le comte Soltikoff, des passe-ports pour vous rendre auprès de M. le comte de Romanzoff à Wilna, ou dans tout autre lieu de rendez-vous qui vous serait assigné. Vous annoncerez à M. le comte Soltikoff, que les communications dont vous êtes chargé, et que vous ne pouvez faire qu'au chancelier, ou à l'empereur lui-même, sont aussi importantes que pressantes.

Vous montrerez à M. le comte de Romanzoff toutes

les pièces que je vous envoie. Vous exprimerez l'étonnement que S. M. a dû éprouver lorsque je lui ai rendu compte des démarches si inattendues et si contraires aux dispositions que l'empereur Alexandre vous avait manifestées à vous-même; lorsqu'elle a vu que, dans les notes de l'ambassadeur de Russie, on présentait l'évacuation de la Prusse comme une condition sur laquelle la France n'avait pas même à délibérer; condition telle que S. M. n'en avait jamais proposé de semblables, après les plus grandes victoires; lorsqu'enfin, en réclamant l'indépendance de la Prusse, on viole son indépendance, puisqu'on exige la destruction des engagements politiques qu'elle a contractés, en usant du droit qui appartient à tous les souverains. Vous ferez sentir, M. le comte, combien les notes du prince Kourakin sont opposées, par leur forme et par leur contenu, aux dispositions pacifiques dont cet ambassadeur donnait l'assurance; par quel esprit de conciliation S. M. est portée à penser qu'en les présentant et qu'en y joignant la demande réitérée de ses passe-ports, il est allé au-delà de ce qui lui était prescrit, et avec quel regret si elles étaient véritablement l'expression des intentions et le résultat des ordres de Pétersbourg, S. M. verrait s'évanouir tout espoir de parvenir par une négociation qu'elle a constamment provoquée, depuis près de deux ans, à arranger enfin les différents qui divisent les deux pays.

Vous insisterez, M. le comte, pour obtenir des explications qui puissent laisser encore la voie ouverte à un accommodement.

J'ai l'honneur, etc.

Le duc DE BASSANO.

Lettre de M. le comte de Romanzoff à M. le comte de Lauriston.

Wilna, 27 mai au soir (8 juin) 1812.

MONSIEUR L'AMBASSADEUR,

S. M. I. vient d'être informée, par le comte de Soltykoff, que votre excellence avait demandé à pouvoir se rendre près d'elle, afin de pouvoir s'acquitter en personne des ordres qu'elle venait de recevoir de la part de l'empereur son maître.

Quoiqu'au milieu de ses troupes, S. M. eût trouvé plaisir à se détacher un moment de ses occupations présentes pour recevoir près d'elle l'ambassadeur d'un souverain son allié; mais une circonstance tout-à-fait étrangère à toutes les pensées de S. M. l'en empêche.

Elle vient d'apprendre ce matin que le cours des postes aux lettres entre son empire et les pays étrangers a été suspendu à Memel, et, à ce qu'il paraît, toute communication avec son empire est interdite.

Depuis, elle a été avertie qu'un de ses courriers, se rendant de l'une de ses missions près d'elle, n'a pas obtenu de passer la frontière pour se rendre en ses états, et qu'il a été nécessité de rebrousser chemin.

Des faits aussi extraordinaires ont besoin d'être éclaircis. Sa majesté n'étant pas prévenue non plus de la nature des communications dont votre excellence est chargée, fidèle à son propre système, qui est de suivre le cours des choses ordinaires dans les relations des deux cabinets, vous invite, M. l'ambassadeur, à préférer de ne point quitter Pétersbourg, et vouloir bien me faire l'honneur de m'adresser par écrit les communications dont vous devez vous acquitter, ou bien d'en écrire directement à sa majesté impériale, à votre choix; et afin de vous en procurer le moyen, sa majesté m'a prescrit de mettre à cet effet à votre disposition le sieur de Baerens, officier dans le corps des Felde-Jagers, qui aura l'honneur de vous remettre cette lettre.

Je prie votre excellence, etc.

Le comte de ROMANZOFF.

Lettre de M. le comte de Lauriston à M. le comte de Romanzoff.

Saint-Pétersbourg, le 31 mai (12 juin) 1812.

MONSIEUR LE COMTE,

Les bontés que j'ai éprouvées de la part de sa majesté l'empereur Alexandre, les marques de confiance dont elle avait daigné m'honorer, m'avaient empêché de prévoir aucun obstacle au voyage que je devais faire à Wilna, je m'y étais donc disposé, malgré les douleurs rhumatismales très violentes que j'éprouve depuis plusieurs jours, sentant toute l'importance des communications que j'étais chargé de faire à sa majesté ou à votre excellence, dans des circonstances où le moindre retard est nuisible. Quel a été mon étonnement en recevant la lettre de votre excellence! J'ai vu mon espoir déçu; j'ai vu que je m'étais abusé sur l'idée de la confiance que je supposais que sa majesté voulait bien m'accorder, puisqu'elle refuse toute communication directe, soit avec elle, soit avec votre excellence, dans un moment où cette confiance que je croyais avoir méritée par ma conduite, par mon zèle constant pour le maintien de l'alliance, pouvait être, je n'hésite pas à le dire, de la plus grande utilité pour les deux empires. Les raisons même que votre excellence met en avant pour arrêter mon départ me sembleraient au contraire devoir le rendre plus nécessaire.

Dans des circonstances aussi pressantes, M. le comte, que peuvent produire des communications par écrit, auxquelles huit jours suffisent à peine pour avoir une réponse, et qui, par leur nature même, n'offrent aucun moyen de relever assez à temps, pour en éviter les funestes conséquences, toutes les erreurs, tous les mésentendus qu'on peut commettre de part et d'autre, et qui même sont presque inévitables.

Le but principal, le maintien de la paix, ne serait jamais atteint; c'est parceque l'empereur, mon maître, avait senti combien les lenteurs sont préjudiciables dans des moments aussi critiques, qu'il m'avait ordonné de me rendre auprès de l'empereur Alexandre et de votre excellence, afin d'éclaircir tous les doutes, de lever toutes les difficultés sur des points importants, au sujet desquels on ne peut s'expliquer que par cette voie, si l'on veut conserver l'espoir d'un arrangement qui est constamment l'objet de ses vœux. Dans la position nouvelle où me place la lettre de votre excellence, il ne me reste plus qu'à prendre les ordres de ma cour sur ma conduite ultérieure. J'expédie un courrier pour les solliciter.

Quant à moi en particulier, M. le comte, je ne puis cacher à votre excellence que je suis profondément affecté d'un refus que je puis regarder comme m'étant tout-à-fait personnel, puisque tout autre que moi, envoyé directement par mon maître, soit général, soit aide-de-camp, eût sans doute obtenu une faveur qui m'est refusée.

N'ayant aucune nouvelle directe au sujet des communications que votre excellence m'assure être suspendues entre la Russie et les pays étrangers, je ne puis répondre à cet article de sa lettre.

J'ai l'honneur, etc.

Le comte de LAURISTON.

Lettre du ministre des relations extérieures à M. le comte de Lauriston.

Thorn, le 12 juin 1812.

M. LE COMTE,

Vous avez vu, par la lettre que j'ai eu l'honneur de vous écrire, le 20 du mois dernier, que la déclaration faite par le prince Kourakin, le 30 avril, et la demande réitérée de ses passe-ports, avaient paru à sa majesté des démarches tellement fortes, tellement décisives dans la circonstance, tellement opposées au langage que cet ambassadeur avait tenu jusqu'alors, qu'elle avait de la peine à croire qu'il n'eût pas pris beaucoup sur lui. Nous avons appris depuis que le gouvernement russe avait fait connaître aux divers cabinets la condition imposée à sa majesté de l'évacuation du territoire prussien, comme un préalable indispensable de toute négociation.

La lettre que vous m'avez fait l'honneur de m'écrire, le 22 mai, m'annonce que cette déclaration est connue à Saint-Pétersbourg, et je la trouve en même temps indiquée dans les papiers anglais, comme vous pouvez vous en assurer en lisant la feuille ci-jointe.

On ne peut donc plus douter, monsieur le comte, que le prince Kourakin n'ait parfaitement compris ses instructions, et ne s'y soit conformé dans sa déclaration du 30 avril, et lorsqu'il a fait et renouvelé la demande de ses passe-ports.

Les démarches du prince Kourakin avaient déterminé sa majesté à partir de Paris; la publicité qui leur a été donnée lui a fait sentir la nécessité de quitter Dresde, et de se rapprocher de son armée.

Elle avait espéré que, jusqu'au dernier moment, des pourparlers pourraient encore avoir lieu; mais cet espoir cesse d'exister lorsqu'elle voit que les propositions qu'on aurait réellement à lui faire sont incompatibles avec son honneur. A Austerlitz, lorsque l'armée russe avait été détruite, lorsque l'empereur Alexandre voyait la sûreté même de sa personne exposée; à Tilsitt, lorsqu'il ne lui restait plus aucun moyen de soutenir la lutte dans laquelle toutes les forces de son empire avaient succombé, sa majesté ne lui a proposé aucune condition dont son honneur pût s'offenser.

Il est aujourd'hui trop certain, monsieur le comte, que le gouvernement est résolu à la guerre, pour qu'il convienne que vous restiez plus long-temps à Pétersbourg; sa majesté vous ordonne de demander vos passe-ports, et de repasser la frontière. Vous en ferez la demande en adressant à M. le comte de Soltikoff la note dont la minute est ci-jointe.

J'ai l'honneur, etc.

Le duc de Bassano.

Note de M. le comte Lauriston à M. le comte Soltikoff.

Le prince Kourakin, après avoir fait les communications qui lui ont été apportées par le dernier courrier qu'il a reçu de Russie, ayant demandé ses passe-ports, et ayant réitéré trois fois sa demande, sa majesté les lui a fait remettre. Elle m'ordonne de demander les miens, ma mission se trouvant finie, puisque la demande que le prince de Kourakin a faite de ses passe-ports a décidé la rupture, et que S. M. l'empereur et roi se considère de cette époque en état de guerre avec la Russie.

Lettre du ministre des relations extérieures à M. le prince Kourakin.

Thorn, le 12 juin 1812.

Monsieur l'ambassadeur,

Par votre note du 30 avril, vous avez déclaré qu'un arrangement entre nos deux cours était impossible, si sa majesté l'empereur et roi n'adhérait pas préalablement à la demande péremptoire de l'entière évacuation des états prussiens.

Lorsque votre excellence m'annonça verbalement

cette démarche, je ne lui en dissimulai pas toutes les conséquences. Après la bataille d'Austerlitz, où l'armée russe était cernée; après la bataille de Friedland, où elle avait été défaite, sa majesté montra son estime pour la valeur de cette armée, pour la grandeur de la nation russe, et pour le caractère de l'empereur Alexandre, en n'exigeant rien de contraire à l'honneur. Il n'était pas possible de penser que, dans les circonstances actuelles de l'Europe, votre souverain, qui ne méconnaît sans doute ni le caractère de l'empereur ni celui de la nation française, si fidèle à l'honneur, voulût déshonorer la France. S. M. l'empereur et roi ne pouvait donc voir dans la condition de l'évacuation de la Prusse, comme préalable de toute négociation, qu'un refus positif de négocier.

Vous avez confirmé cette opinion, M. l'ambassadeur, par la demande que vous avez faite de vos passe-ports, le 7 mai, et que vous avez réitérée le 11 et le 24.

J'ai cependant différé de répondre à votre excellence, parceque sa majesté aimait à se persuader encore que vous étiez allé au-delà de vos instructions en donnant une note, en établissant comme une condition formelle ce qui pourrait être le résultat de la négociation, et en coupant cours à toute discussion par la demande de vos passe-ports.

Mais lorsque les dépêches de M. le comte Lauriston, les rapports qui parviennent des diverses cours, les publications même des papiers anglais nous ont appris que votre gouvernement a informé sa capitale et toute l'Europe de la résolution qu'il a prise de n'entrer dans aucune négociation avant que les troupes françaises aient rétrogradé jusqu'à l'Elbe, j'ai reconnu, M. l'ambassadeur, que je m'étais trompé, et j'ai dû rendre justice à votre expérience et à vos lumières, qui vous eussent empêché de vous porter à une démarche aussi extrême, si votre gouvernement ne vous en avait pas fait un devoir absolu.

Sa majesté, ne pouvant plus douter des intentions de votre cour, m'a ordonné de vous envoyer vos passe-ports, dont elle considère la demande réitérée comme une déclaration de guerre.

J'ai l'honneur, etc.

Le duc de BASSANO.

Ier BULLETIN DE LA GRANDE ARMÉE.

Gumbinnen, le 20 juin 1812.

A la fin de 1810, la Russie changea de système politique; l'esprit anglais reprit son influence; l'ukase sur le commerce en fut le premier acte.

En février 1811, cinq divisions de l'armée russe quittèrent à marches forcées le Danube, et se portèrent en Pologne. Par ce mouvement la Russie sacrifia la Valachie et la Moldavie.

Les armées russes réunies et formées, on vit paraître une protestation contre la France, qui fut envoyée à tous les cabinets. La Russie annonça par là qu'elle ne voulait pas même garder les apparences; tous les moyens de conciliation furent employés de la part de la France: tout fut inutile.....

IIe BULLETIN DE LA GRANDE ARMÉE.

Wilkowisky, le 22 juin 1812.

Tout moyen de s'entendre entre les deux empires devenait impossible; l'esprit qui dominait le cabinet russe le précipita à la guerre. Le général Narbonne, aide-de-camp de l'empereur, fut envoyé à Wilna, et ne put y séjourner que peu de jours. On acquérait la preuve que la sommation arrogante et tout-à-fait extraordinaire qu'avait présentée le prince Kourakin, où il déclara ne vouloir entrer dans aucune explication que la France n'eût évacué le territoire de ses propres alliés, pour les livrer à la discrétion de la Russie, était le *sine quâ non* de ce cabinet, et il s'en vantait auprès des puissances étrangères.....

Un léger espoir de s'entendre existait encore. L'empereur avait donné au comte Lauriston l'instruction de se rendre auprès de l'empereur de Russie ou de son ministre des affaires étrangères, et de voir s'il n'y aurait pas moyen de revenir sur la sommation du prince Kourakin, et de concilier l'honneur de la

France et l'intérêt de ses alliés avec l'ouverture des négociations.

Le même esprit qui régnait dans le cabinet russe empêcha, sous différents prétextes, le comte de Lauriston de remplir sa mission; et l'on vit, pour la première fois, un ambassadeur ne pouvoir approcher ni le souverain ni son ministre dans des circonstances aussi importantes. Le secrétaire de légation Prévost apporta ces nouvelles à Gumbinnen, et l'empereur donna l'ordre de marcher pour passer le Niémen.

CHAPITRE VIII.

NÉGOCIATIONS PENDANT LA GUERRE.

PREMIÈRE ÉPOQUE.

Le général Yorck, qui commandait l'arrière-garde prussienne du duc de Tarente, conclut, avec le général russe Diebitch, un traité d'après lequel ses troupes devaient rester dans les environs de Mémel; et le général Massembach, qui avait sous ses ordres une autre brigade prussienne, se hâta de suivre l'exemple du général Yorck. Ces défections, qui donnaient le signal à l'Allemagne, et auxquelles allait se joindre la duplicité diplomatique, devaient à la fin triompher de la valeur française.

Cependant, malgré les revers de la campagne de Russie, la Prusse n'a cessé de faire les protestations les plus fortes sur sa persévérance à maintenir le traité d'alliance qui existait entre

elle et la France; et lorsque le roi apprit la trahison de son lieutenant, il s'écria : « Il y a de quoi
» prendre une attaque d'apoplexie : que faut-il
» faire? » Alors le chancelier Hardenberg proposa et le roi ordonna que le général Yorck fût arrêté et traduit à Berlin pour y être jugé; que le général Kleist le remplacerait et remettrait les troupes prussiennes aux ordres du roi de Naples. C'était le 5 janvier 1813. Le prince de Hatzfeld devait se rendre tout de suite à Paris, pour porter à sa majesté l'empereur l'expression des sentiments du roi et prouver ces mêmes sentiments à l'Europe entière. Mais le départ de ce prince, qui devait être si prompt, fut remis au 9, puis au 11 janvier.

Pour ne laisser aucun doute sur ses sentiments affectueux, le roi de Prusse écrivit au roi de Naples une lettre dans laquelle il lui dit : « Mon
» aide-de-camp, Natzmer, porte mes ordres au gé-
» néral Kleist, de prendre incessamment le com-
» mandement de mon corps d'armée, de destituer
» le général Yorck et de le faire arrêter. Je n'ai
» pas besoin de dire que je ne ratifie point la con-
» vention. Quant aux dispositions à prendre à
» l'égard des troupes, elles appartiennent, d'a-
» près le traité d'alliance, à S. M. l'empereur, et
» maintenant à votre majesté, comme son lieu-
» tenant. »

De son côté le prince de Hatzfeld devait assurer l'empereur que si l'on pouvait retirer le corps du général Yorck, l'augmentation du contingent jusqu'à 30,000 hommes serait bientôt effectuée, et que si le corps était perdu, S. M. le roi de Prusse n'en ferait pas moins tous les sacrifices pour en former un nouveau de 20,000 hommes. Enfin M. de Hatzfeld devait témoigner à l'empereur l'indignation que le roi avait éprouvée de la conduite du général Yorck, et tâcher de détruire toutes les fâcheuses impressions que cet évènement aurait pu faire dans l'esprit de S. M. impériale et royale.

Ce n'était pas assez de cette persistance dans l'alliance politique, le cabinet prussien fit des ouvertures sur une alliance de famille, par le mariage d'une princesse du sang impérial avec le prince royal de Prusse. Si ces propositions étaient faites de bonne foi, à quoi tient donc l'attachement des rois? Si ce n'était qu'un leurre, les réflexions sont inutiles.

Le roi de Prusse a quitté Potsdam le 22 janvier; il s'est rendu à Breslau, et c'est à Breslau qu'est attendu l'empereur de Russie. Cependant l'ambassadeur de France a été invité à suivre la cour, et les protestations de Berlin sont renouvelées à Breslau. Les autorités prussiennes ne montrent que des dispositions amicales. Tout est mis en usage pour entretenir la sécurité de la France. Non seulement le roi de Prusse persiste dans son alliance, mais encore il cherche les moyens de rétablir la paix entre la France et la Russie. « Il est venu au roi l'idée, dit M. de » Hardenberg, que rien n'avancerait plus le grand » œuvre qu'une trêve d'après laquelle les armées » russe et française se retireraient à une certaine » distance... Sa majesté impériale serait-elle por- » tée à entrer dans un arrangement pareil ? con- » sentirait-elle à remettre *la garde des forteresses* » de l'Oder, de Pilau, et la place de Dantzick » (pour celle-ci, conjointement avec les troupes » saxonnes, en conformité du traité de Tilsitt), » *aux troupes du roi*, et de retirer son armée der- » rière l'Elbe, moyennant que l'empereur Alexan- » dre retirât toutes ses troupes derrière la Vis- » tule ? Le roi ordonne au général Krusemack et » au prince de Hatzfeld de demander là-dessus les » intentions de sa majesté impériale. Il fait son- » der également l'empereur Alexandre, comme » sur une idée venant absolument de lui seul, etc.» On ne voit ici que la sollicitude d'un bon allié; mais des paroles passons aux actions.

C'est le 5 janvier que M. Natzmer, aide-de-camp du roi, était parti pour remettre sa lettre à Murat. Cette mission remplie, il devait se rendre auprès du général Yorck, pour exécuter les ordres de son souverain; mais il faut croire qu'un ordre verbal avait détruit les ordres écrits, car on n'a plus entendu parler de M. Natzmer.

« D'après un article inséré dans *quelques exemplaires* de la gazette de Berlin, » dit le général Yorck, dans une déclaration du 27 janvier [1], « l'aide-de-camp Natzmer a été envoyé auprès du général major Kleist, pour lui porter l'ordre de me retirer le commandement général du corps royal prussien, et de s'en charger lui-même. M. de Natzmer cependant n'est venu ni auprès de moi, ni auprès du général Kleist, par conséquent je continuerai, sans hésiter, à conserver le commandement général du corps, et à exercer les autres fonctions déterminées par l'ordre du cabinet, du 20 décembre 1820; car il est notoire que, dans les états prussiens, une gazette n'est point considérée comme une feuille officielle d'état, et que, jusqu'à présent, aucun général n'a reçu ses ordres par la voie des gazettes.»

---

[1] Il est bon de remarquer que ce n'est que le 19 janvier que parut dans la gazette officielle de Berlin la capitulation du général Yorck, que le roi connaissait depuis le 4, et qui avait tant excité son indignation.

Plus tard, le 12 février, ce même général Yorck fit une proclamation dans laquelle il dit que les représentants de la nation assemblés ont décrété, outre l'armement général, l'organisation d'un corps national de cavalerie, pour renforcer l'armée; il termine par cette exhortation : « Ci-
» toyens de la Prusse, formons ce corps, pour
» servir d'exemple aux autres provinces de la mo-
» narchie, et réunissons tous nos efforts pour
» montrer à l'Europe, qui a les yeux fixés sur
» nous, ce que peut produire l'amour pour le
» roi et pour l'indépendance de la patrie. »

Dans le courant de février, le roi de Prusse ordonna une levée en masse dans ses états; c'était, disait-on, pour compléter le contingent et pour assurer la neutralité de la Silésie; mais le général Bulow négocia avec le général russe Witgenstein, et livra le passage de l'Oder, comme Yorck avait livré la ligne du Niémen.

A Breslau même, sous les yeux du roi, les Stein, les Kotzbue et autres fanatiques, prêchaient une nouvelle croisade contre les Français; et, dans toute la Prusse, les excitateurs poussaient des cris de guerre. Cependant M. de Hardenberg jurait que le système n'avait point varié, et, dans les premiers jours de février encore, l'ambassadeur de France ne recueillait que des protestations d'amitié; mais déjà la Prusse négociait avec la Russie, et son traité fut signé le 1ᵉʳ mars. L'Angleterre obtint cette nouvelle alliance moyennant 666,666 liv. sterling. Cette affaire se termina dans le courant de juin à Reichenbach.

L'empereur Alexandre arriva à Breslau le 15 mars. Ce même jour la Prusse fit sa déclaration de guerre à la France, et M. de Hardenberg la remit le lendemain à M. de Caraman. Mais les envoyés prussiens à Paris, MM. de Hatzfeld et de Krusemack, n'en firent la notification que le 27 mars. Ainsi la Prusse protestait encore de son attachement, alors qu'elle avait passé dans les rangs ennemis.

Quel était donc le but de la Prusse? C'était, dit M. de Hardenberg, d'obtenir une paix fondée sur des bases équitables, et propres à augmenter sa solidité. Mais le moyen d'obtenir une paix de ce genre, une paix quelconque même, n'était pas de prendre les armes contre une armée accablée de tous les fléaux, et qui venait de faire une retraite de trois cents lieues; le moyen d'obtenir ce résultat n'était pas d'augmenter les forces de celui que les chances de la campagne avaient favorisé, qui pouvait faire la paix et ne le voulait pas, pour tomber sur celui dont les forces s'étaient épuisées, et qui demandait une paix qu'on ne voulait pas faire. Si tel eût été le but de la Prusse, elle eût continué de marcher sous les drapeaux français, ou bien elle fût restée neutre; mais il entrait autre chose que la paix dans ses espérances.

La Suède, qui n'avait pas souffert des bouleversements de l'Europe, si ce n'est que la Russie lui enleva sa plus belle province, la Suède ne fut pas la dernière à crier *hourra* contre la France. Le nouvel élu Bernadotte fut excité par l'ineffable plaisir de se battre contre Napoléon, et par l'espoir si flatteur de se revêtir de quelques dépouilles. La Suède fournira trente mille hommes, qui se joindront aux Russes et aux Prussiens, pour marcher contre *les ennemis communs, les Français*, et ces troupes seront commandées par S. A. le prince royal de Suède, le Français Bernadotte. Cette transaction est faite moyennant un million sterling, et la cession de la Guadeloupe, conquise sur la France, et de la Norwége à conquérir sur le Danemarck. C'est pour parvenir à une *paix équitable* que la Russie dit à la Suède : « Je vous ai pris la Finlande, je la garde; mais je vous donnerai la Norwége, que nous prendrons au Danemarck; » que l'Angleterre dit à la Suède, « Je vous céderai la Guadeloupe, qui appartient à la France, et que je devrais rendre si je traitais avec elle. » Et ce sont ces hommes qui sont armés pour la paix de l'Europe? qui crient à l'usurpation, à l'injustice? Quels pacificateurs, et quelle moralité!

C'est maintenant de l'Autriche que je vais m'entretenir. D'abord il faut que l'on sache que Napoléon a épousé une archiduchesse d'Autriche, fille de l'empereur régnant, François II, et ceci n'est peut-être pas une naïveté.

Les nouvelles de Russie ne furent pas plus tôt parvenues à Vienne, qu'on y prit une attitude hostile contre la France. C'était tout simple, on croyait la France abattue, le cabinet autrichien tirait son épée; il la remettra dans le fourreau lorsque la supériorité de la France se rétablira, pour la tirer encore dans l'occasion.

Si l'Autriche abandonnait l'alliance, disait-on, si elle prenait un autre parti, elle verrait en peu de temps plus de cinquante millions d'hommes de son côté; toute l'Allemagne, toute l'Italie se déclarerait pour elle.

Tel était le langage des diplomates autrichiens, poussés par les agents de l'Angleterre, qui, prodigues de guinées et de promesses, offraient à l'Autriche, pour l'attirer dans les rangs alliés, 10,000,000 sterling, l'Italie, l'Illyrie, la suprématie de l'Allemagne, et le rétablissement de l'ancienne splendeur de la couronne impériale.

La désaffection continue de gagner l'Autriche, et, sous le prétexte d'avertir l'ambassadeur de France des trames qui sont ourdies par une faction ennemie, ce sont ses propres dispositions qu'elle fait connaître. La France n'a plus d'armée, il serait absurde que l'Autriche voulût soutenir toute seule la guerre contre le colosse russe. La cour de Berlin est hors d'état de pouvoir continuer ses armements; la Bavière, le duché de Varsovie et la Saxe sont épuisés d'hommes et d'argent; le nord de l'Allemagne est prêt à arborer l'étendard de la révolte; en conséquence il est indispensable de rappeler le corps auxiliaire, de changer de système, et de profiter d'un moment aussi favorable pour reprendre les provinces perdues; enfin la France elle-même est à la veille d'une grande révolution, et le moment est arrivé de rendre aux peuples leurs anciennes lois et leur indépendance. Ceci se passait à la fin de 1812. Mais Napoléon est à Paris, il a recréé ses forces; l'Autriche le sait: la scène va changer.

M. de Bubna part pour Paris; il va porter une lettre de son souverain à l'empereur Napoléon: c'est une lettre amicale; le gouvernement autrichien a eu assez de fermeté pour maintenir le système d'alliance. Il a mobilisé les troupes de la

Galicie et de la Transylvanie ; son contingent sera au complet. *Dites franchement*, répète le ministre autrichien, *ce que vous voulez faire, et mettez-nous dans le cas d'agir envers vous comme un bon allié, et envers les autres comme une puissance indépendante.* Croyez que nous sommes pénétrés du sens de l'alliance, et que nous pouvons vous rendre des services essentiels.

Ce que voulait Napoléon, c'était la paix ; et il n'attendit pas d'être provoqué pour faire connaître ses vœux. Aussitôt qu'il se fut mis en état de vaincre ses ennemis, il leur fit porter des paroles conciliantes, et c'est son beau-père qu'il a choisi pour intermédiaire. C'était entrer à pleines voiles dans les filets tendus par l'Autriche.

M. de Metternich a trouvé dans les dépêches de Paris le gage de la longue durée de l'alliance et du succès des négociations. Il va prendre immédiatement les ordres de l'empereur, sur le choix de l'individu qu'il s'agira d'envoyer à Wilna, et il ne perdra pas un moment pour sonder les dispositions de l'empereur Alexandre (malgré *la græca fides des Russes*). M. de Metternich ajoute qu'outre les 7,000,000 sterling que l'Angleterre donne à la Russie, elle a offert 10,000,000 à l'Autriche pour changer de système ; mais que l'Autriche a repoussé cette offre avec mépris, quoique ses finances soient dans le plus grand délabrement, qu'elle n'ait plus que ses douanes, et qu'elle perdrait cette branche lucrative de finances, si la France *renonçait à son système d'exclusion des denrées coloniales.* La difficulté qui embarrasse le plus M. de Metternich, c'est la demande que fera sans doute la Russie d'un agrandissement de territoire. Depuis Pierre-le-Grand elle n'a jamais fait de paix sans insister sur ce point, et il croit qu'elle demandera la Vistule pour frontière.

Il faut aussi penser à l'Angleterre. M. de Metternich a jeté les yeux sur M. de Wessemberg. Ce ministre ira à Copenhague et cherchera à s'embarquer pour Londres. A son arrivée, il remettra à lord Castlereagh une lettre de M. de Metternich, informant le ministre anglais que l'Autriche, touchée des calamités qui pèsent sur l'Europe, a conçu le projet de travailler au rétablissement de la paix; qu'elle a sondé sur ce point important les dispositions de la France, qu'elle les a trouvées favorables à ses vues;... qu'elle se croyait en droit d'inspirer assez de confiance pour faire agréer son intervention.... Si l'on demande à M. de Wessemberg ce qu'il entend par *la pacification générale du continent*, il répondra que ce n'est pas une paix ordinaire, mais *une convention unanime des puissances de l'Europe de maintenir solidairement la paix, et de ne se mêler en aucune manière dans les discussions qui pourront subsister entre la France et l'Angleterre.* M. de Wessemberg se gardera de menacer le ministère anglais, *mais il laissera entrevoir très vaguement que cette pacification générale pourra être suivie de l'exclusion totale du commerce anglais.*

L'Autriche applaudit aux bases proposées par l'empereur pour la paix de la Russie et pour celle de l'Angleterre ; elle les trouve très généreuses, mais elle le prie instamment de ne pas en parler et de la laisser faire : *elle prendra sur elle toute la responsabilité.*

M. de Metternich envoie M. de Lebzeltern auprès de l'empereur Alexandre : il ne lui donne d'autres instructions que de parler de paix, et d'écouter; il se bornera à faire sentir que, dans le cas d'une nouvelle campagne, les Russes pourraient perdre leurs avantages actuels et obtenir une paix moins honorable. Si on lui parle des engagements pris avec l'Angleterre, *la Russie ayant déclaré être trop engagée avec l'Angleterre pour traiter sans elle*, M. de Lebzeltern dira que l'Autriche a prévu ces embarras et qu'elle a déjà envoyé un agent à Londres.

M. de Métternich annonce que le plénipotentiaire russe, M. de Stakelberg, lui a fait demander une entrevue secrète; que cet envoyé avait d'abord élevé le ton; mais que lui, M. de Metternich, l'avait fait revenir de son exaltation, et qu'alors M. de Stakelberg avait avoué que sa cour était disposée à entamer des négociations pour la paix. C'est un grand pas, dit le ministre autrichien à l'ambassadeur français, que cette première démarche de la Russie. Comptez sur nous : nous ne lâcherons rien, absolument rien; car nous y sommes pour le moins aussi intéressés que vous. Tout dépend de notre attitude. L'empereur a ordonné de mobiliser cent mille hommes, y compris le corps auxiliaire. En ajoutant trente mille hommes à ce corps, nous irions au-delà des obligations de notre traité, et nous autoriserions la Russie à refuser notre intervention. Jusqu'ici la guerre n'est pas *autrichienne* : si elle le devient dans la suite, ce n'est pas avec trente mille hommes, *mais avec toutes les forces de la monarchie, que nous attaquerons les Russes.*

L'Autriche continue de tenir le même langage, soit à Paris, soit à Vienne. Napoléon ne pouvait qu'approuver; aussi les dépêches de M. de Bubna donnent-elles toujours lieu à des compliments, à des protestations et à des promesses de la part du ministère autrichien.

Jamais la France n'avait été plus fondée à croire à la fidélité de l'Autriche et à ses bonnes intentions. M. de Metternich disait à l'ambassadeur de France : « Votre alliance avec la Russie était » monstrueuse..... La nôtre se fonde sur les rap- » ports et les intérêts les plus naturels, les plus » permanents, les plus essentiellement salutaires ; » *elle doit être éternelle ,* comme les besoins qui » l'ont fait naître. C'est nous *qui l'avons recher-* » *chée,* et nous avons bien réfléchi avant que de » la conclure. Si nous avions à la refaire, nous » ne voudrions pas la minuter autrement qu'elle » n'est : nous la voulons tout entière ; elle nous » mènera à la paix, elle servira dans la suite » à la consolider...... Le prince de Schwartzen- » berg, arrivé de l'armée, va partir de suite pour » Paris, dans le double objet de faire connaître à » sa majesté la position actuelle des choses, et » de donner à l'Europe une preuve éclatante des » dispositions de l'Autriche, *en faisant paraître* » *à la cour de France le commandant du corps* » *auxiliaire, se rendant près de son chef pour* » *prendre ses ordres.* »

Cependant l'Autriche a mobilisé soixante-dix mille hommes en Gallicie et dans la Buckowine ;

elle s'occupe du recrutement de toutes ses armées. Un ordre du cabinet a paru à ce sujet; mais le ministre rassure la France sur cet armement, et démontre qu'il produira un très bon effet en Russie et en Angleterre. Revenant ensuite à l'alliance, M. de Metternich dit qu'elle est inébranlable, qu'il ne cherchait qu'à établir de plus en plus une confiance et un accord complets entre les deux cabinets; il donne des explications sur l'idée d'une *médiation armée* que MM. de Bubna et Floret avaient pu mettre en avant; qu'on leur avait défendu d'employer ce mot de *médiation*, dont on connaissait parfaitement la valeur dans le cabinet de Vienne, mais qui n'y avait jamais été prononcé; qu'il ne s'agissait au contraire que d'une *intervention*, de l'intervention d'un allié qui, fatigué des embarras de la guerre, aspire à en accélérer le terme; que l'idée d'une médiation armée serait entièrement vide de sens à l'égard de l'Angleterre.

« M. de Metternich revient encore sur l'alliance, et répète, pour la centième fois, que cette alliance est tellement nécessaire, que si la France la rompait aujourd'hui, l'Autriche proposerait demain de la rétablir absolument dans les mêmes conditions. *Nous voulons être utiles à la France dans ce moment*, ajoute-t-il, *parceque dans un autre temps elle pourra nous rendre le même service.* »

Enfin M. de Metternich a reçu les dépêches de l'empereur Alexandre. « La Russie accepte non seulement le plénipotentiaire de l'Autriche, mais *encore son intervention pour la paix*. L'empereur de Russie regrette que l'Autriche n'ait pas voulu profiter de cette circonstance favorable pour recouvrer ses pertes, mais il respecte ses motifs; il n'a d'autre but que le rétablissement de la tranquillité de l'Europe et la conclusion d'une paix générale. Le système politique de l'Autriche étant définitivement fixé, la Russie ne se permettra aucune démarche pour l'en détourner. »

Les paroles de M. de Metternich à l'ambassadeur de France à Vienne sont répétées par M. Bubna et par le prince de Schwartzenberg, à Paris, au ministre des relations extérieures et à l'empereur Napoléon lui-même.

L'Autriche persiste dans son alliance avec la France, sa fidélité est inébranlable. Napoléon veut la paix, l'Autriche la veut aussi. Napoléon fait part de ses vues à son beau-père; il le charge de l'intervention. L'empereur François accepte avec empressement; il trouve les propositions de Napoléon *généreuses*; il va s'occuper de la pacification, seul; il ne veut pas que la France paraisse, il prend tout sur sa responsabilité. Il se hâte d'envoyer à Londres, à l'empereur de Russie, à la Prusse même, lorsqu'elle s'est jetée dans les rangs alliés. Le corps auxiliaire autrichien sera toujours aux ordres de Napoléon. Le commandant de ce corps se rend à Paris pour prendre les ordres de son chef. L'Autriche arme, mais c'est pour donner plus de poids à son intervention, car la guerre n'est pas autrichienne; et si elle le devenait, ce serait contre les Russes que marcheraient toutes les forces de la monarchie. Telle fut l'attitude de l'Autriche jusqu'à la fin du mois d'avril 1813.

Cependant le corps auxiliaire autrichien a laissé aux Russes le duché de Varsovie, et s'est retiré sur la Bohême: les Polonais ont été obligés de faire leur retraite.

L'Autriche était déjà réunie *de principes avec les puissances alliées avant même que les traités eussent consacré leur union*[1].

Ainsi tandis que l'Autriche protestait de son attachement à l'alliance et à la cause de la France, elle était unie de principes avec les ennemis de la France et faisait tous ses efforts pour entraîner

[1] Expression de sa déclaration de guerre.

avec elle les autres princes de l'Allemagne, et pour se ménager des points d'appui même au milieu de l'armée française. C'est de la sorte qu'elle parvint, dans un moment de crise, à obtenir du roi de Saxe que la place de Torgau ne serait pas laissée à la disposition des Français.

Toutes les forces de la monarchie ne marcheront plus contre les Russes; il n'est plus question des cent mille hommes mobilisés, ni de l'armée de Gallicie qui devait soutenir les Français; le contingent même ne sera plus fourni: et c'est le 20 avril que cet étrange aveu est fait à l'ambassadeur de France, à Vienne, tandis que le 22 encore, M. de Schwartzenberg assurait, à Paris, que l'alliance était plus affermie que jamais. L'Autriche avait donc brusquement changé de système? Non, elle était depuis long-temps d'accord avec les alliés; seulement elle s'était laissé pénétrer: alors elle devait avouer ce qu'elle pensait que l'on pouvait deviner, mais elle avait garde d'aller au-delà.

Ainsi l'Autriche retire son contingent; elle renonce à *l'intervention*, elle prend l'attitude d'une *médiation armée*, et désormais elle ne peut participer à la guerre dans la qualité de *puissance simplement auxiliaire*, c'est-à-dire qu'elle marchera avec toutes ses forces, non pas contre les Russes, comme on pourrait le penser, mais contre les Français. Cependant l'Autriche charge son ambassadeur d'ajouter à sa déclaration, *que cette démarche ne préjugeait en rien les bases de l'alliance avec la France.*

DEUXIÈME ÉPOQUE.

L'évacuation du duché de Varsovie, et la retraite forcée du corps polonais, laissaient l'aile gauche de l'armée alliée libre de tous ses mouvements, et devait ainsi augmenter ses forces sur le champ de bataille de plus de soixante mille hommes.

Après la victoire de Lutzen, la retraite des Russes devait se faire sur Berlin; mais ils s'appuyèrent sur les frontières de la Bohême, ce qui était une preuve de leur intelligence avec l'Autriche : car, malgré le corps de Barclay de Tolly qui arrivait dans cette direction, ils devaient être anéantis si l'Autriche se fût jointe à la France, ou seulement fût restée neutre.

Le roi de Saxe, rentré à Dresde, donna des inquiétudes sur les dispositions du cabinet autrichien; mais il n'apprit rien de nouveau. L'on savait déjà que l'Autriche avait fait des démarches directes près des différents princes de l'Allemagne pour les détacher de l'alliance de la France, qu'elle s'était même adressée à la Westphalie et à Naples; l'on savait qu'il y avait eu des négociations entamées avec M. de Stakelberg, envoyé de Russie à Vienne; que les engagements réciproques étaient pris, et l'on attendait d'un moment à l'autre la nouvelle de sa défection. Mais comme rien d'officiel n'avait encore paru, la bataille de Lutzen arrêta l'Autriche, elle reprit son allure accoutumée.

Une nouvelle négociation est entamée.

M. de Bubna est envoyé à l'empereur Napoléon, et M. de Stadion au quartier-général des alliés.

M. de Bubna était de l'ambassade de M. de Schwartzenberg, à Paris: revenu tout récemment à Vienne, il eut ordre de se rendre de nouveau auprès de l'empereur Napoléon. Il assura que sa cour était disposée à passer un acte qui, en établissant la validité du traité de Paris (l'alliance), renfermerait une réserve sur les stipulations qui se trouveraient n'être pas applicables aux circonstances; mais lorsqu'on lui demanda s'il était autorisé à négocier une telle convention, il répondit qu'il n'avait pas d'instructions. Il se rendit auprès de sa cour pour en chercher, et à son retour à

Dresde, il déclara encore être sans autorisation et sans pouvoirs.

Il avait une autre mission à remplir. Avant son départ pour Vienne, M. de Bubna avait eu connaissance des sacrifices que l'empereur Napoléon était décidé à faire pour la paix; il en rendit compte à sa cour, *qui en éprouva une véritable satisfaction;* elle le chargea d'instruire l'empereur Napoléon, « que la médiation de l'Autriche » avait été acceptée par les cours de Russie et de » Prusse, et *que l'Autriche s'empresserait de por-* » *ter à la connaissance de S. M. l'empereur des* » *Français les bases de la pacification prononcée* » *par ces puissances, en même temps qu'elle dé-* » *sirait être informée des bases que croirait de-* » *voir mettre en avant sa majesté impériale de* » *France, pour en faire le plus utile usage près* » *des cours alliées.* »

Mais le ministre de France fit observer qu'avant d'entrer en négociation, il importait de savoir si l'alliance existait toujours, parceque, dans ce cas, l'Autriche garante de l'intégrité du territoire actuel de la France, est à son égard dans une position déterminée, tandis que, dans le cas contraire, on ne sait pas dans quelle situation se trouvaient respectivement les deux puissances.

Le ministre de France demande en conséquence que la cour de Vienne fasse connaître si le traité d'alliance est encore existant; dans le cas de l'affirmation, qu'elle donne des pouvoirs pour négocier la nouvelle convention, qui doit suppléer les articles considérés par elle comme n'étant pas applicables à la conjoncture actuelle; enfin, que la cour de Vienne charge une personne de ses instructions et de ses pouvoirs, pour négocier, conclure et signer une convention relative à la médiation qu'elle a offerte.

Le cabinet de Vienne répondit : « que l'Au- » triche n'avait cessé de porter ses regards sur le » rétablissement le plus prompt de la paix; que » pour rendre ce vœu plus efficace, sa majesté » saisit le moment où, après une première cam- » pagne, il se présentait un intervalle suffisant » pour s'expliquer avec les puissances. Elle offrit » son intervention..... Toutes les puissances, à » l'exception de l'Angleterre, accueillirent l'in- » tervention de l'Autriche. Bientôt cependant il » ne fut que trop constaté qu'une négociation » uniquement appuyée des bons offices de la » cour de Vienne ne suffirait pas pour rappro- » cher des puissances séparées par une grande » division d'intérêts. L'Autriche ne se décou- » ragea point; elle ne tarda pas à se mettre en » mesure de soutenir ses paroles de paix, en or-

» ganisant des forces respectables; et c'est avec
» satisfaction que l'empereur François vit qu'à
» cet égard son opinion était partagée par l'em-
» pereur Napoléon [1]. L'Autriche déclara qu'elle
» élèverait sa simple intervention à une média-
» tion, et que désormais elle paraîtrait en scène
» comme partie principale. Dès lors l'Autriche ne
» pouvait pas agir à la fois comme puissance
» principale et prêter un secours limité : le corps
» auxiliaire autrichien reçut l'ordre de ne plus
» risquer le sort des armes sur le territoire étran-
» ger, et de rentrer dans les frontières de l'em-
» pire. L'empereur déclara en même temps au
» gouvernement français que sa médiation ne
» devait aucunement préjudicier à la base de l'al-
» liance avec la France, les deux hautes parties
» contractantes pouvant, d'un commun accord,
» placer sous une réserve les stipulations du
» traité du 14 mars 1812 (le traité d'alliance),
» qui ne se concilieraient pas avec l'attitude com-
» mandée par le besoin du rétablissement de la
» paix..... S. M. l'empereur des Français désirant
» en outre que l'effet et l'acceptation de la mé-
» diation autrichienne soient également consignés

---

[1] Oui, pour marcher contre les alliés avec la France, et non avec les alliés contre la France.

» dans un acte diplomatique, l'empereur d'Au-
» triche n'a aucune difficulté de se prêter à cette
» demande. Le ministre déclare en conséquence :
» 1° qu'ayant la persuasion qu'il n'y avait pas
» opposition entre le traité du 14 mars et la mé-
» diation de l'Autriche, il est autorisé à convenir
» avec le gouvernement français d'une réserve
» expresse, à l'égard de celles de ces stipulations
» qui s'en trouveraient affectées ; 2° que l'Au-
» triche ne se refuse aucunement à passer une
» convention relativement à l'offre et à l'accepta-
» tion de la médiation autrichienne ; 3° qu'il est
» chargé et muni des pleins-pouvoirs nécessaires. »

L'accord paraissant ainsi fait sur l'alliance, le ministre de France s'occupe de la médiation. Il dit à M. de Metternich : « Sa majesté l'empereur et roi n'a pas cessé d'exprimer le vœu de la paix, soit avant de recommencer les opérations militaires, soit depuis que les évènements de la guerre ont été favorables à ses armes......

» Son vœu est pour la paix générale, parceque, tant qu'elle ne sera pas conclue, aucune des puissances qui ont des intérêts maritimes ne pourra jouir de ses droits, et des avantages auxquels cette paix seule permettrait d'aspirer......

» Lorsque sa majesté proposa à Dresde, par l'organe de M. le comte de Bubna, l'établissement d'un congrès où toutes les parties intéressées à la paix générale seraient appelées, et où on poserait des bases pour concilier toutes les prétentions, elle pensa qu'il était convenable que les États-Unis d'Amérique et les insurgés espagnols y prissent part, parceque tous les pouvoirs maritimes avaient des intérêts à discuter. L'intervention des États-Unis paraissait d'autant plus naturelle que l'Angleterre venait de refuser de négocier sur la médiation proposée par la Russie, pour arranger les différents élevés entre l'Amérique et la Grande-Bretagne.

» Il y a un mois que sa majesté a exprimé aussi fortement son vœu pour l'ouverture d'un congrès. Déjà dix jours se sont écoulés depuis que l'armistice[1] a heureusement suspendu l'effusion du sang, et aucune communication n'a encore fait

---

[1] Avant la bataille de Bautzen, l'empereur Napoléon fit proposer un armistice : on ne lui répondit pas. Après la bataille les alliés le sollicitèrent : Napoléon l'accorda.

Cet armistice fut signé à Plesswitz le 4 juin 1813, et devait durer jusqu'au 20 juillet. Il fut ensuite prorogé jusqu'au 10 août. Les hostilités ne devaient recommencer que six jours après la dénonciation qui en serait faite. Blucher ne se fit pas de scrupule de marcher avant les délais, et il fut imité par les Autrichiens qui venaient de passer de notre alliance dans celle de l'ennemi.

connaître les dispositions des puissances belligérantes.

» Sa majesté imputerait à regret la perte d'un temps si précieux, et les lenteurs apportées à ces objets d'un si grand intérêt pour l'humanité, à des prétentions dont elle trouve cependant l'indice dans la note à M. de Bubna. Il semblerait en effet résulter de cette note que les puissances belligérantes doivent traiter et communiquer entre elles par l'organe de la cour de Vienne.

» Sa majesté n'hésiterait point à manifester son opinion sur cette prétention : elle ne peut traiter de la paix sans la négocier; elle ne peut négocier que dans les formes consacrées par l'usage de toutes les nations, et par des plénipotentiaires qui, réunis à ceux des puissances belligérantes, et après l'échange des pleins-pouvoirs respectifs, entreront en explication.

» Vouloir que sa majesté renonce au droit inhérent à l'indépendance des souverains de faire traiter ses intérêts par ses plénipotentiaires, en se conformant aux règles dont il n'y a pas d'exemple dans l'histoire qu'on se soit jamais écarté, ce serait élever une prétention que repousserait tout état conservant le sentiment de sa dignité. Sa majesté n'y consentira pas pour elle; elle n'aurait pas le droit d'y consentir pour ses alliés.

» Sa majesté, lors de la négociation de l'armistice, a déjà fait déclarer à la Prusse et à la Russie qu'elle était prête à traiter sur des bases honorables à toutes les parties ; elle insista de nouveau sur l'ouverture immédiate, dans un lieu intermédiaire du séjour des diverses cours belligérantes, d'un congrès pour la paix générale (et, dans le cas où l'Angleterre aurait refusé ou refuserait d'y adhérer, pour la paix continentale), et a fait la déclaration réitérée qu'aussitôt que les ennemis et leurs alliés auront nommé leurs plénipotentiaires, et que le lieu de leur réunion en congrès aura été désigné, elle y enverra les siens, et invitera tous ses alliés à y envoyer les leurs. »

L'empereur Napoléon voulait replacer sur ses bases l'Europe ébranlée par trente années de guerre, et substituer à des paix partielles une paix générale négociée, non dans le cabinet, mais devant tous les peuples et en face de tous les peuples, ainsi qu'il en fut usé à Munster, à Nimègue, à Ryswick, à Utrecht, etc.

M. de Metternich répondit à M. de Bassano : « L'empereur a fait parvenir, dans le mois de » février, aux principales puissances belligérantes » l'offre de son *intervention* pour le rétablisse- » ment de la paix. Convaincue que, sans un juste

»équilibre politique, le repos si nécessaire à
» l'Europe ne pouvait être complètement assuré,
» et non moins convaincue que cet équilibre est
» directement lié à la paix maritime, les vœux
» de sa majesté impériale durent nécessairement
» porter sur cette paix. Elle eut la satisfaction de
» voir son intervention acceptée par les puissan-
» ces auxquelles elle l'avait offerte : *l'Angleterre*
» *seule déclina.*

» La marche des évènements conduisit l'Au-
» triche à étendre son *intervention* à une vérita-
» ble *médiation*. L'empereur en adressa l'offre aux
» principales puissances belligérantes. Toutefois
» sa majesté impériale a cru devoir attendre l'é-
» poque où la médiation serait formellement ac-
» ceptée, pour faire une nouvelle démarche vis-
» à-vis du gouvernement britannique. Cette dé-
» marche a lieu dans ce moment.

» L'armistice a un terme prochain, et des ar-
» mées en présence s'opposent trop directement
» à la prolongation d'un simple armistice pour
» que l'empereur puisse admettre comme possi-
» ble la réunion immédiate d'un congrès, auquel
» seraient appelées toutes les puissances de l'Eu-
» rope, y compris les plénipotentiaires de la ré-
» gence de Cadix et des États-Unis d'Amérique....

» Dans cet état de choses, l'empereur s'est atta-

» ché à concilier les démarches en faveur d'une
» pacification générale avec la conjoncture ac-
» tuelle. Sa majesté impériale a proposé qu'il fût
» négocié, sous sa médiation, une paix entre les
» principales puissances du continent, qui, elle-
» même, servirait de base à la paix générale. Cette
» paix première replacera les puissances dans une
» attitude qui leur permettra d'attendre la réu-
» nion d'un congrès général ; elle conduira direc-
» tement à la paix maritime.....

 » Et comme le château de Gitschin, en Bo-
» hême, se présente à la fois comme le lieu le
» plus rapproché et le plus central entre les deux
» quartiers-généraux, sa majesté impériale n'hé-
» site pas à proposer à S. M. l'empereur Napo-
» léon d'envoyer un négociateur de sa part audit
» château de Gitschin.... La même demande vient
» d'être adressée à S. M. l'empereur de Russie et
» à S. M. le roi de Prusse.

 » Il suffit sans doute d'avoir énoncé le but de
» cette invitation pour que S. M. l'empereur des
» Français ne puisse plus conserver le moindre
» doute qu'il n'entre aucunement dans les vues de
» l'empereur d'Autriche de confondre sa média-
» tion, librement acceptée par les puissances,
» avec des formes qui emporteraient l'exclusion
» des négociateurs chargés de défendre directe-

» ment les intérêts des hautes parties intervenan-
» tes. Sa majesté impériale s'est toujours montrée
» défenseur trop zélé des droits des souverains et
» du principe de l'indépendance des puissances,
» pour qu'elle croie avoir besoin d'assurer qu'elle
» respécte les uns et les autres jusque dans leurs
» moindres nuances. »

Ce respect pour les droits des souverains et pour le principe de l'indépendance des puissances fera bientôt place à un autre sentiment ; les ambassadeurs de France ne pourront pas parler au congrès de Prague, et c'est par des mémoires qu'ils devront défendre leur cause.

Malgré aussi son respect pour l'alliance avec la France, l'Autriche a voulu tant faire de changements, mettre tant d'articles en réserve, que le traité n'aurait plus eu de signification ni d'objet. Ennuyé de ces chicanes, l'empereur Napoléon fit déclarer par M. le duc de Bassano que « le traité du 14 mars 1812 avait été conclu dans
» l'opinion qu'il était favorable à toutes les par-
» ties. Sa majesté, qui ne veut pas rendre son
» alliance onéreuse à ses amis, ne fait aucune dif-
» ficulté de renoncer à celle qui la liait avec l'Au-
» triche, si tel est le vœu de S. M. l'empereur
» François ; il ajoute que ces changements dans les
» rapports de la France et de l'Autriche n'altère-

» ront en rien l'amitié et la bonne intelligence
» résultant des derniers traités qui ont rétabli la
» paix entre les deux puissances. »

La difficulté qui résultait de l'alliance étant levée, MM. de Metternich et de Bassano signèrent les articles suivants à Dresde, le 30 juin 1813 :

1° S. M. l'empereur d'Autriche offre sa médiation pour la paix générale et continentale.

2° S. M. l'empereur des Français accepte ladite médiation.

3° Les plénipotentiaires français, russes et prussiens se réuniront, avant le 15 juillet, dans la ville de Prague.

4° Vu l'insuffisance du temps qui reste à courir jusqu'au 20 juillet, terme fixé pour l'expiration de l'armistice par la convention signée à Pleiswitz, le 4 juin, S. M. l'empereur des Français s'engage à ne pas dénoncer ledit armistice avant le 10 août, et S. M. l'empereur d'Autriche se réserve de faire agréer le même engagement à la Russie et à la Prusse.

5° La présente convention ne sera pas rendue publique.

L'empereur Napoléon était à Dresde, l'empereur d'Autriche à Brandeiss, et l'empereur de Russie et le roi de Prusse à Trachenberg. L'empereur d'Autriche avait demandé que le congrès se réunît au château de Gitschin ; mais Napoléon ayant fait observer qu'il serait plus convenablement placé à Vienne ou à Prague, cette dernière ville fut définitivement choisie. Il ne s'agissait plus que d'y faire arriver les plénipotentiaires. La Prusse désigna M. de Humboldt, et la Russie M. Danstett. Ce choix de la Russie n'annonçait pas un grand désir de traiter ; car, indépendamment de l'infériorité du négociateur, M. Danstett était Français, et sa présence dans les rangs ennemis et au lieu des conférences était réprouvée par nos lois. Napoléon montra une répugnance extrême à entrer en relations avec un tel négociateur; mais il céda, et choisit pour ses représentants M. le duc de Vicence et M. de Narbonne, son ambassadeur à la cour d'Autriche.

TROISIÈME ÉPOQUE.

Le premier acte du congrès de Prague fut une lettre du ministre médiateur, M. de Metternich, en date du 29 juillet 1813.

Il invita les plénipotentiaires à se concerter avec lui sur le mode à adopter pour les négociations.

D'après ce qui avait été solennellement déclaré

par S. M. l'empereur d'Autriche, on devait croire qu'il ne serait pas nécessaire de délibérer sur un pareil sujet, et que les droits des souverains et l'indépendance des puissances ne pouvaient admettre que la voie des conférences; mais le ministre médiateur avait hâte de jeter sur le tapis une pomme de discorde qu'il avait sans doute reçue de Trachenberg.

« Deux modes de négociations se présentent, » dit M. de Metternich: celui des conférences, et » celui des transactions par écrit. Le premier, » où les négociateurs s'assemblent en séances ré- » glées, retarde, par les embarras d'étiquette, par » la longueur inséparable des discussions ver- » bales, par la rédaction et la confrontation des » procès-verbaux et autres difficultés, la conclu- » sion bien au-delà du temps nécessaire. L'autre, » qui a été suivie au congrès de Teschen, d'après » lequel chacune des cours belligérantes adresse » ses projets et propositions, en forme de note, » au plénipotentiaire de la puissance médiatrice, » qui les communique à la partie adverse, et » transmet de même, et dans la même forme, la » réponse à ces projets et propositions évite tous » ces inconvénients.

» Sans préjuger les instructions que leurs ex- » cellences les plénipotentiaires de France peu-

» vent avoir reçues sur un objet sur lequel l'Au-
» triche a déjà fixé *l'attention de leur cour*, M. de
» Metternich propose de son côté ce mode, par
» le double motif de l'avantage énoncé plus haut
» de la brièveté du temps fixé pour la durée des
» négociations. La cour médiatrice se trouve sur-
» tout portée à préférer cette voie abrégée, par la
» considération que les hautes puissances actuel-
» lement en négociation sont les mêmes dont les
» plénipotentiaires ont été réunis pour le congrès
» de Teschen, et elle se plaît à voir dans l'heu-
» reuse issue des transactions d'alors, le gage
» d'un résultat satisfaisant pour le présent [1].

Lors du congrès de Teschen en 1779, « l'in-
» struction des plénipotentiaires des puissances
» belligérantes, connue des ministres médiateurs,
» portait de traiter de la paix sans aucun appa-
» reil de congrès, sans aucune formalité ou éti-
» quette quelconque, en se renfermant dans les
» procédés et les usages ordinaires de la société.
» Au moment de leur réunion, les envoyés se lé-
» gitimèrent près du médiateur; et le ministre
» médiateur se légitima vis-à-vis d'eux.

» Les plénipotentiaires des puissances belligé-

---

[1] A Teschen il y avait deux médiateurs, ce qui était bien différent.

» rantes adressèrent dès lors leurs projets de paix
» au médiateur, et c'est par son canal qu'ils reçu-
» rent les réponses et les contre-projets de la
» partie adverse.

» Les plénipotentiaires n'ont, pendant toute
» la durée du congrès, tenu aucune conférence
» générale; ils furent cependant en contact jour-
» nalier entre eux.

» Ce ne fut que le jour de la signature du traité
» de paix, que les plénipotentiaires des puissan-
» ces belligérantes s'assemblèrent pour la pre-
» mière et pour la dernière fois avec le médiateur
» en séance générale, pour échanger les pleins-
» pouvoirs respectifs et les traités signés. »

Cette prétention de l'Autriche, si étrange et si contradictoire avec ce qu'elle avait précédemment déclaré, ne pouvait être admise par les plénipotentiaires français. Ils en référèrent à leur cour. MM. d'Anstett et de Humboldt se décidèrent pour les formes suivies à Teschen : c'était tout simple, leur marche était tracée d'avance d'accord avec la puissance médiatrice, car à quoi attribuer le changement subit de l'Autriche, dans la forme des négociations, si ce n'est à son intelligence avec les cours alliées.

Les plénipotentiaires français, ayant reçu les ordres de leur cour, répondirent au ministre médiateur : « que la convention du 30 juin, par laquelle la France accepte la médiation de l'Autriche, avait été signée après que l'on fut convenu des deux points suivants : 1° que le médiateur serait impartial; qu'il n'avait conclu et ne conclurait aucune convention, même éventuelle, avec une puissance belligérante, pendant tout le temps que dureraient les négociations; 2° que le médiateur ne se présenterait pas comme arbitre, mais comme conciliateur, pour arranger les différents et rapprocher les parties.

» La forme des négociations fut en même temps l'objet d'une explication entre M. le comte de Metternich et M. le duc de Bassano. Il fut jugé convenable de s'entendre d'avance à cet égard, parceque, dès la négociation de l'armistice du 4 juin, la Russie avait manifesté ses intentions et donné à connaître qu'elle voulait ouvrir des négociations, non dans le but de la paix, mais dans la vue de compromettre l'Autriche, et d'étendre les malheurs de la guerre. On s'arrêta à la forme des conférences.

» Les plénipotentiaires de France ne peuvent que témoigner leur étonnement et leurs regrets de ce que, depuis plusieurs jours qu'ils sont à Prague, ils n'ont pas encore vu les ministres russe et prussien, et que les conférences n'ont pas encore été ouvertes par l'échange des pouvoirs respectifs, et enfin, de ce qu'un temps précieux a été employé à discuter des idées aussi imprévues qu'incompatibles avec le but de la réunion d'un congrès, puisqu'elles tendent à établir que les plénipotentiaires doivent négocier sans se connaître, sans se voir, sans se parler.

» La question posée par le plénipotentiaire du médiateur, dans la note du 29 juillet, lorsqu'il invita les plénipotentiaires de France à se conconcerter avec lui sur le mode à adopter pour la négociation, soit celui des conférences, soit celui des transactions par écrit, a été résolue d'avance par les explications qui ont accompagné la convention du 30 juin.

» Toutefois, voulant, en tant que cela dépend d'eux, lever toutes les difficultés, et concilier les prétentions même les moins fondées, les plénipotentiaires français proposent au plénipotentiaire du médiateur de n'exclure ni l'un ni l'autre mode de négociations, et de les adopter concurremment tous les deux.

» A cet effet on traiterait dans des conférences régulières qui auraient lieu, une ou deux fois par jour, soit par des notes remises en séance, soit par des explications verbales qui seraient ou ne seraient pas insérées au protocole, selon la demande ou la réquisition des plénipotentiaires respectifs. Par ce moyen l'usage de tous les temps serait suivi, et si le plénipotentiaire russe persistait à vouloir négocier la paix sans parler, il en serait le maître et pourrait faire connaître par des notes les intentions de sa cour. »

M. de Metternich ayant transmis la note des plénipotentiaires français aux plénipotentiaires russe et prussien, M. d'Anstett répondit : « La » Russie sait ce qu'elle se doit à elle-même, et son » plénipotentiaire ne relèvera ni les fausses asser- » tions, ni les formes de la pièce française, dont » chaque paragraphe est ou une inculpation con- » tre la puissance médiatrice, ou une injure con- » tre la Russie, ou un faux-fuyant. Cependant il » faut que l'Europe sache d'où sont venus les ob- » stacles qui ont empêché l'accomplissement » d'une œuvre aussi salutaire que celle qui devait » s'achever à Prague.

» Quant à l'accusation que la Russie n'a cher- » ché dans les négociations qu'à compromettre » l'Autriche, personne ne sait mieux que le mi- » nistre de sa majesté impériale et royale aposto- » lique, par qui l'armistice fut proposé, et com- » ment il a été accepté [1], de sorte que l'on ne voit

[1] La Russie avait refusé cet armistice avant Bautzen; elle ne le proposa ensuite que parcequ'elle avait été battue.

» pas qui l'injure touche de plus près, si ce n'est
» une cour sage, juste, éclairée, qui ne se serait
» pas aperçue d'un pareil stratagème, ou la
» Russie, qui a prouvé par des faits, depuis que
» ses armées ont passé la Vistule et l'Oder, qu'elle
» ne demandait pas mieux que de donner les
» mains à une paix raisonnable et solide, et
» de se prêter à tout arrangement qui aurait
» pour résultat le bonheur et la tranquillité des
» peuples...

» L'Autriche en avait préparé les éléments, en
» se chargeant de la médiation. Mais il paraît qu'il
» n'était pas dans les intentions de S. M. l'empe-
» reur des Français d'en permettre les dévelop-
» pements. Ces vérités n'ont pas besoin de dé-
» monstration; et le plénipotentiaire de Russie se
» bornera d'avoir l'honneur de répéter officiel-
» lement à son excellence M. l'ambassadeur mé-
» diateur, ce qui a déjà fait le sujet de ses offres
» précédentes; qu'étant convenu du mode de négo-
» ciation qui est sévèrement conforme, quoi qu'en
» puissent dire les plénipotentiaires français, à ce
» qui s'est fait au congrès de Teschen, et l'ayant
» solennellement accepté, il y persiste. Il deman-
» dera en même temps, pour détruire par une
» seule remarque le vain et sophistique étalage
» de la note française, quel est le parti qui vou-

» lait la paix, et quel est celui qui ne la voulait » pas? Dès le 12 juillet, le plénipotentiaire de » Russie s'est trouvé à Prague et s'est doublement » légitimé sur ses pouvoirs, et c'est le 6 août, » c'est-à-dire quatre jours avant le terme final, » que les plénipotentiaires français ouvrent les » négociations actives, et cela pour établir des » formes contradictoires par elles-mêmes, afin » d'écarter de fait le grand objet qui semblait les » avoir conduits à Prague [1]. »

La réponse de M. de Humboldt n'étant, à quelques termes près, que la copie de celle de M. d'Anstett, il devient inutile de la rapporter.

Au ton qui règne dans ces réponses, il est aisé de voir que les diplomates alliés comptaient sur une grande réunion de forces et sur le succès de la campagne. L'espérance seule de la victoire portait leur exaltation au dernier degré. Ce serait le cas d'appliquer le mot de M. de Metternich à M. de Stakelberg, « qu'*il ressemblait à un homme*

---

[1] Les plénipotentiaires français se sont rendus à Prague aussitôt que les difficultés sur la prolongation de l'armistice ont été levées. Il est juste de dire que Napoléon délibéra s'il n'enverrait pas un diplomate du troisième ordre, comme M. d'Anstett, et que ce n'est que par déférence pour son beau-père qu'il nomma pour ses représentants MM. de Vicence et de Narbonne.

qui voyait le jour pour la première fois, après avoir été long-temps enfermé dans une chambre obscure. Ce n'est pas de la sorte qu'ont agi les ministres de France après Austerlitz et après Friedland. Aussi la postérité jugera de quel côté se trouvait la grandeur d'âme, la bonne foi, et le désir de donner la paix à l'Europe.

Le ministre de la cour médiatrice ne laissa pas non plus passer la note des plénipotentiaires français sans y joindre son mot, et ce mot dit de quel côté il voulait faire pencher la balance.

« Le ministre d'état et des affaires étrangères
» de sa majesté impériale et royale apostolique,
» négociateur de la convention du 30 juin, » dit
M. de Metternich, « n'a jamais consenti aux deux
» points antérieurs à la signature de l'acte dont
» fait mention la note des plénipotentiaires fran-
» çais[1] : il suffit, pour démontrer l'erreur qui
» a dicté cette assertion, de l'assurance qu'il
» eut été contraire à la dignité de son auguste
» cour de prendre l'engagement d'être impar-
» tial, comme celui de ne se lier, durant la né-
» gociation, par aucune convention, même éven-
» tuelle ; et les rôles de médiateur et d'arbitre
» sont trop différents pour que l'Autriche, en se

---

[1] On peut juger cette assertion par ce qui précède.

» chargeant du premier, du consentement des
» puissances intéressées, ait pu songer à s'arro-
» ger les attributions de l'autre.

» Il ne saurait également pas admettre qu'il
» ait arrêté avec M. le duc de Bassano la forme
» des conférences à adopter pour les négocia-
» tions. Les égards particuliers que les deux cours
» de Russie et de Prusse pouvaient, en raison de
» leur attitude politique, se trouver portées à
» observer, relativement au choix de telle ou
» telle forme de négociations, ont à la vérité fait
» le sujet de plusieurs entretiens entre M. de
» Metternich et M. de Bassano; mais la forme
» d'une négociation ne pouvant pas être unila-
» téralement réglée par le médiateur et par une
» des puissances prenant part à la négociation [1],
» avec exclusion des autres parties; et l'arri-
» vée de MM. les plénipotentiaires français ayant
» éprouvé des retards, le mode de négociation
» fut touché par M. le comte de Bubna, et le
» pourparler à cet égard ne conduisit à aucun ré-
» sultat [2].

[1] Pourquoi avoir proposé le double mode? Pourquoi n'a-
voir pas suivi la marche établie dans les traités qui s'étaient
faits depuis vingt-cinq ans.

[2] M. de Metternich oublie ici la déclaration formelle, qu'il

» Il proteste formellement contre l'assertion
» que le prétendu concert établi à ce sujet ait
» été motivé par la manifestation des intentions
» de la Russie d'ouvrir des négociations dans la
» vue de compromettre l'Autriche ; S. M. l'empe-
» reur ne s'est chargé de la médiation entre les
» cours belligérantes que par sa confiance dans
» leur bonne foi réciproque, et sa pénétration ne
» pouvait pas être plus surprise que son impar-
» tiale loyauté.

» Les formes de la négociation proposée ne
» pouvaient être imprévues, puisqu'elles ont été
» articulées dans les ouvertures faites à cet égard
» par M. le comte de Bubna, et elles sont si peu
» inusitées dans des transactions semblables à la
» présente, qu'elles ont été admises comme bases
» dans les négociations de Teschen. . . . . M. de
» Metternich renouvelle aux plénipotentiaires
» français son invitation d'y adhérer. »

Il faut remarquer ici que, dans ces discussions préliminaires, le médiateur suivait précisément les formes de Teschen. M. de Metternich com-

---

n'entrait pas dans les vues de l'empereur d'Autriche de confondre sa médiation avec des formes qui emporteraient l'exclusion des négociateurs chargés de défendre directement les intérêts des hautes parties contractantes.

mença par adresser une lettre aux différents plénipotentiaires ; il reçut leur réponse, et la leur transmit respectivement.

Les plénipotentiaires français savaient ou ne savaient pas que leur première note serait communiquée dans tout son contenu aux ministres de Russie et de Prusse. Dans les deux cas, ils devaient s'abstenir de réflexions qui pouvaient blesser la susceptibilité de qui que ce soit. S'ils avaient pressenti les intentions des cours alliées, ils devaient en donner connaissance au ministre médiateur de vive-voix, et non par écrit. Par cette précaution diplomatique, ils auraient évité l'aigreur qui s'est glissée dans les premières relations, et les reproches qui leur ont été adressés.

Les plénipotentiaires français fournirent une note en réponse à celle de MM. d'Anstett et de Humboldt. Ils disent : « C'est avec autant de sur-
» prise que de regret que les plénipotentiaires
» français ont vu que les notes des plénipotentiai-
» res russe et prussien avaient pour but de re-
» jeter une proposition qui leur avait paru et qui
» est en effet la seule propre à concilier la diver-
» sité d'opinions qui s'est élevée sur la forme
» des négociations.

» Dans cet état de choses, ils s'adressent avec
» confiance au médiateur, pour lui représenter

ce qu'il est impossible de ne pas reconnaître, que la seule ouverture qui ait tendu réellement à entamer la négociation a été faite par eux. En effet, le dissentiment des deux parties laissant la question indécise, et l'opinion du médiateur, quelque poids que lui donnent sa sagesse et ses lumières, n'ayant pas pu la décider, les plénipotentiaires français, autant par déférence pour le médiateur que par le désir d'aplanir toutes les difficultés, ont consenti à adopter entièrement le mode qu'il avait proposé, en demandant simplement qu'on admît aussi leur proposition.

» C'était donc un pas de fait, car il serait injuste de ne regarder comme tel en négociation que le sacrifice total de ses prétentions qu'une des parties ferait à l'autre; ils devaient donc espérer qu'après cette démarche de leur part, faite dans la forme que le médiateur avait désirée, il se déciderait enfin à faire valoir les motifs non moins fondés sur la raison que sur l'usage, dont ils ont appuyé leurs propositions dans les fréquentes conférences officielles qu'ils ont eues à ce sujet avec M. le comte de Metternich. Cependant ils voient que les plénipotentiaires alliés, sans combattre cette proposition, sans répondre aux considérations qui l'ont dictée, sans alléguer même d'autre raison que leur seule volonté, persistent dans leur prétention, et que le plénipotentiaire de la cour médiatrice se range entièrement de leur avis, quoiqu'on ne puisse se dissimuler que le seul motif qu'il ait fait valoir pour justifier cette préférence ne se trouve plus fondé depuis que les plénipotentiaires français ont admis la forme qu'il proposait.

» Toutes les objections que l'on peut faire contre le mode qu'ils ont indiqué dans leur note du 6 août tombent d'elles-mêmes, si l'on réfléchit qu'il concilie toutes les prétentions, qu'il réunit tous les avantages des différentes formes, l'authenticité de la négociation par écrit, et la facilité et la célérité de la négociation verbale.

» Il serait superflu de s'attacher à relever l'étrange assertion que ce mode est inusité, puisque le plus simple examen des faits suffit pour la détruire. Personne n'ignore que dans les principaux congrès dont l'histoire fait mention, dans ceux où, comme à présent, on a eu à débattre des intérêts aussi compliqués que variés, à Munster, à Nimègue, à Riswick, cette double forme a toujours été employée. S'y refuser, n'est-ce pas évidemment montrer que le but pacifique qu'on met tant de soin à annoncer n'est pas celui qu'on se propose réellement? On affecte de nommer Teschen, de prendre pour règle ce qui a été une exception; et d'invoquer à l'appui le résultat de cette négociation, comme si celles qui viennent d'être citées en avaient eu un moins heureux, comme si elles n'avaient pas également réglé les intérêts des souverains et assuré la tranquillité des états. Quel peut être, on le demande encore, le motif qui fait préférer une forme qu'on a suivie seulement dans une circonstance où il n'y avait qu'un objet à traiter, et où les bases étaient même posées d'avance?

» Il est facile de juger, par l'état actuel de la question, qui l'on doit accuser des retards apportés à la négociation, ou ceux qui, élevant une prétention opposée à l'usage, repoussent une proposition qui leur assure tous les avantages qu'ils réclament, ou ceux qui, ayant pour eux l'usage universellement suivi, consentent à adopter en entier la forme choisie par leur partie adverse, et se bornent à demander qu'on n'exclue pas une manière de traiter qui, malgré toutes les allégations contraires, peut seule amener de prompts résultats.

» Les plénipotentiaires français pensent que ces considérations seront d'autant mieux senties par M. le comte de Metternich, qu'il n'aura pu lui échapper que si la forme exclusive des négociations par écrit offre quelque avantage, ce n'est pas, à en juger du moins par les notes qu'il a communiquées aux plénipotentiaires français, celui d'aider à concilier les esprits..... Ils renouvellent donc la proposition qu'ils n'ont cessé de faire, d'échanger leurs pouvoirs, afin d'ouvrir à l'instant les négociations selon la forme proposée par le médiateur, sans exclure néanmoins la forme des conférences, pour conserver les moyens de s'expliquer de vive voix. »

M. d'Anstett répondit à cette note. « Il n'a pas
» été surpris de voir que l'on cherche, le dernier
» jour des négociations, à rejeter tous les torts,
» et sur le médiateur, et sur les plénipotentiaires
» des puissances alliées. Cette marche n'est pas
» nouvelle : au reste tout ce que cette même
» pièce renferme aujourd'hui a été réfuté d'a-
» vance. Mais lorsque MM. les plénipotentiaires
» français, en parlant de la forme écrite, disent
» que nos offres ne sont pas de nature à concilier
» les esprits, il suffit de mettre à côté de l'insulte
» grave qui a été faite à la Russie, dans leur note
» du 6, la manière dont elle a été relevée, pour
» juger qui s'est écarté des usages reçus, lors
» même qu'il ne se serait point agi d'une œuvre à
» laquelle devait présider la dignité et le calme
» qui conviennent à des négociations de ce genre.
» C'est une nouvelle raison pour les plénipoten-

» tiaires des puissances alliées, de se convaincre
» que la forme écrite était la seule admissible,
» parcequ'on lira les pièces, et que d'injustes in-
» culpations retomberont sur leur auteur. »

La note de M. de Humboldt est, comme d'usage, calquée sur celle de M. d'Anstett.

« Les plénipotentiaires alliés, disent MM. de Caulaincourt et de Narbonne, fondent l'avantage de la forme qu'ils ont proposée, sur ce qu'on lira toutes les pièces de la négociation. Loin qu'on puisse accuser les plénipotentiaires français d'avoir voulu s'envelopper d'un voile, comme on semble l'indiquer, qui, plus qu'eux, a témoigné le désir de cette publicité, puisque non seulement ils ont adopté cette forme, mais encore, en demandant des conférences, pour y ajouter l'avantage de la discussion verbale, ils ont proposé qu'il fût tenu un protocole qui pût conserver jusqu'aux paroles de chacun des négociateurs?

» Le passage qui regarde la date des notes, et qui paraît préjuger l'époque à laquelle les négociations doivent être terminées, ne semble-t-il pas une nouvelle preuve de la crainte qu'ont toujours paru avoir les plénipotentiaires alliés de les voir s'ouvrir? Ces mots *dernier jour des négociations* amènent une réflexion bien douloureuse, en donnant à penser qu'on renonce dès à présent à toute idée de conciliation, tandis que la convention signée à Neumarck, en établissant un terme avant lequel il n'est pas permis de dénoncer l'armistice, n'en fait nullement une obligation, et n'annonce d'ailleurs en aucune manière que, ce terme arrivé, les négociations doivent cesser. Le médiateur ne regarde-t-il pas comme le plus saint des devoirs de concourir à faire rejeter une interprétation qui détruirait l'espoir d'un rapprochement ?

» Les réponses des plénipotentiaires alliés ne discutent point et réfutent encore moins les raisons présentées par les plénipotentiaires français dans leur note d'hier (9); ils croient devoir insister auprès du médiateur pour le prier d'intervenir enfin avec tous les moyens que lui donne le rôle dont il est chargé, pour engager les plénipotentiaires de Russie et de Prusse à discuter les questions, au lieu de les retrancher, et à adopter enfin la seule proposition qui puisse amener un heureux résultat, puisqu'elle n'exclut aucun moyen de conciliation, et assure à chaque partie tous les avantages qu'elle tient à conserver. »

Cette note est du 10 août. Le lendemain 11, MM. d'Anstett et de Humboldt répondirent que le terme final de la médiation et des négociations ouvertes à Prague étant révolu avec la journée du 10, *ils avaient l'ordre exprès de déclarer formellement que leurs pleins pouvoirs cessaient dès ce moment.*

Le même jour, l'Autriche fit sa déclaration de guerre à la France, et M. de Metternich la dénonça le 12 à l'ambassadeur, M. de Narbonne[1].

A qui faut-il s'en prendre, si les négociations sont rompues, et si la guerre va encore déployer ses fureurs? M. d'Anstett a dit, et M. de Humboldt a répété, qu'il fallait que l'Europe sût d'où sont venus les obstacles qui ont empêché l'ac-

---

[1] Napoléon a dit à Dresde : Metternich, combien l'Angleterre vous a-t-elle donné pour me faire la guerre? M. de Metternich se fâcha; il n'y avait pas de quoi cependant. Si l'Autriche n'avait pas encore reçu, elle était disposée à recevoir. Lord Castlereagh disait dans la séance du parlement du 14 novembre 1813, « Quant à l'Autriche, on croit
» peut-être que les *subsides* que nous lui avons payés ont été
» proportionnés à la grandeur des services qu'elle a rendus,
» en se déclarant pour la cause commune : mais les efforts
» que nous avions faits ne nous ont pas permis de rendre
» toute la justice à l'importance de la démarche de l'Autriche. La somme pour laquelle cette puissance doit être
» soutenue est d'un million sterling, avec cent mille fusils et
» différentes munitions; si la guerre se prolongeait au-delà
» du 1er mars 1814, une nouvelle convention serait arrêtée. »

Si à l'époque du congrès de Vienne Napoléon eût voulu sacrifier deux millions, le ministre d'une cour très influente eût négocié dans ses intérêts.

complissement d'une œuvre aussi salutaire que celle qui devait s'achever à Prague. Eh bien! pour le savoir, il ne s'agit que de jeter les yeux sur les pièces diplomatiques, et quelque disposé que l'on soit à abonder dans le sens de messieurs les plénipotentiaires alliés, la faute ne sera certainement pas imputée à la France.

Tout ce que l'on pourrait reprocher aux plénipotentiaires français, le voici : l'Autriche n'était point arbitre, dès lors elle ne pouvait trancher la difficulté; l'Autriche était médiatrice, et les fonctions du médiateur se bornaient à des bons offices propres à rapprocher les parties; mais les parties devaient se mettre d'accord elles-mêmes, et leurs explications devaient se faire par écrit. Les plénipotentiaires étaient donc les maîtres d'accepter ou de rejeter les propositions respectives. Il n'y avait aucun danger dans l'échange des notes diplomatiques; on ne courait pas risque de compromettre les intérêts de sa cour, on ne risquait que de ne pouvoir s'entendre; alors les plénipotentiaires français auraient pu sans inconvénient adopter la forme du congrès de Teschen. Mais en refusant d'accepter ce mode exclusif de négociations, les plénipotentiaires français ont fait toutes les concessions désirables; les plénipotentiaires alliés n'en ont fait aucune. Leur résolution était prise d'avance; ils ne voulaient pas la paix; et si les ministres de France eussent consenti aux seules formes de Teschen, le congrès n'aurait produit que des notes insignifiantes.

Si les plénipotentiaires alliés avaient été animés d'un désir bien fervent de faire la paix, ils eussent accepté la proposition des plénipotentiaires français, d'agir par la voie des notes écrites et par la voie des conférences. Ce double mode conciliait tout, et n'apportait d'ailleurs aucun changement aux dispositions des plénipotentiaires alliés; car ils auraient pu rendre vaines les conférences, en se bornant à répéter leurs propositions écrites. Tout rentrait donc pour eux dans le seul mode suivi à Teschen. Cette légère concession, ils n'ont pas voulu la faire, ils se sont tenus sèchement à leurs premières propositions, et n'ont rien fait pour résoudre cette difficulté préliminaire. Leurs notes ne contiennent que des récriminations contre une supposition faite maladroitement peut-être, mais qui ne devait pas empêcher de marcher au grand but de la paix.

Au surplus, des intérêts si majeurs ne se traitent pas à la course, il faut au moins le temps de se reconnaître et de préparer ses moyens d'attaque comme ses moyens de défense. Les plénipotentiaires français ont dû chercher à obtenir les formes les plus convenables à la dignité de leur cour, et les plus favorables à leurs desseins. Mais rien n'annonce que fatigués de la lutte ils ne se fussent pas rendus. On n'avait pas fixé de délai fatal, on n'avait pas dit que, si le 10 août l'accord n'était pas fait, le congrès serait rompu. Les plénipotentiaires alliés n'ont pas prévenu les plénipotentiaires français de ce point de leurs instructions; ce n'est que le 10 août même qu'ils ont dit être au dernier jour des négociations. Était-ce parceque l'armistice expirait le 10 août? Mais on n'avait pas annoncé que le congrès serait dissous le jour de l'expiration de l'armistice; mais les hostilités ne pouvaient recommencer que six jours après leur dénonciation. On avait donc jusqu'au 17. Les négociations continuent souvent tandis que les armées combattent, et ici on les a rompues, lorsque les armées avaient encore six jours d'inaction. Ce ne sont pas les plénipotentiaires français qui ont déserté le congrès, ce ne sont pas les plénipotentiaires français qui ont refusé de traiter de la paix, on ne peut donc accuser la France d'avoir voulu continuer la guerre.

La France voulait la paix, les alliés ne la voulaient pas.

Les alliés avaient besoin de l'armistice pour réparer leurs pertes, ils avaient besoin du congrès pour s'entendre avec l'Autriche, qui n'était encore d'accord avec eux que de principes [1]; ils se sont entendus, puisque l'Autriche a déclaré la guerre à la France le jour même de la rupture du congrès.

Les alliés ne délibéraient pas sur la paix au congrès de Prague, mais sur leurs affaires particulières; ils traitaient avec l'Autriche, et ébranlaient la fidélité des troupes de la confédération du Rhin, qui marchaient sous les drapeaux français. Les alliés récapitulaient leurs forces, et celles qui resteraient à Napoléon, après les défections déjà consommées, et celles qu'ils attendaient. Ils savaient que l'armée française serait réduite à moins de cent mille combattants, et qu'ils auraient de leur côté les deux cent mille hommes de la Russie, les deux cent mille Autrichiens que l'on venait de lever, cent cinquante mille Prussiens et cent cinquante mille Bavarois, Saxons, Suédois, etc., etc.

Voilà ce qu'ils attendaient et non une paix dont ils ne voulaient pas, tant qu'ils conservaient l'espoir de vaincre une poignée d'hommes échap-

---

[1] Expressions de la déclaration de guerre de l'Autriche.

pés à la fureur des éléments et aux trahisons. Mais les alliés auraient voulu la paix s'ils avaient été battus; ou si, vainqueurs, ils eussent pu dicter des conditions humiliantes à l'homme qui leur avait tant de fois rendu leurs états conquis par ses armes.

Puisque c'était la France qui demandait la paix, c'était aux puissances alliées à dire comment elles voulaient la faire; cependant ce n'est que trois jours avant celui qu'elles avaient fixé pour rompre les négociations, qu'elles firent connaître leurs-vœux, et Napoléon était à Dresde!.... M. de Metternich avait été chargé de demander « La » dislocation du duché de Varsovie, qui serait » partagé entre la Russie, l'Autriche et la Prusse; » l'indépendance des villes de Hambourg, Lubeck, » et la reconstruction de la Prusse avec une fron- » tière sur l'Elbe; la cession à l'Autriche de toutes » les provinces illyriennes, y compris Trieste; » l'indépendance de la Hollande et de l'Espagne; » mais, pour ces deux derniers objets, on ne pa- » raissait pas éloigné de remettre à s'entendre à la » paix générale. »

L'empereur Napoléon consentit à la disloca- tion du duché de Varsovie; mais il demanda que Dantzick restât ville libre. Il demanda une in- demnité pour le roi le Saxe; il consentit à la cession des provinces illyriennes à l'Autriche, avec le port de Fiume, mais non compris Trieste; enfin il demanda que la confédération s'étendît jusqu'à l'Oder, et que l'intégrité du territoire danois fût garantie.

La différence entre les prétentions de l'Autriche et les offres de Napoléon n'était pas grande, et ce n'était que le premier mot de Napoléon; l'on pouvait donc croire à la paix : mais le congrès était rompu depuis dix minutes, on ne voulut plus négocier! et les plénipotentiaires étaient encore en présence! et il ne leur fallait que quelques heures pour avoir de nouvelles autorisations de leurs cours!

Cependant quoique le congrès fût rompu, on avait encore l'espoir de s'entendre avec l'Autriche. M. le duc de Vicence eut ordre de renouer la négociation. Il vit M. de Metternich. Celui-ci persista à demander Trieste, puis l'indépendance de la confédération germanique et de la Suisse. Toutefois il déclara que les propositions de la France seraient communiquées à l'empereur Alexandre, qui était incessamment attendu à Brandeiss; mais Napoléon voulut d'un seul coup aplanir tous les obstacles, il consentit à tout. La paix est donc faite? Eh! non! Les souverains, qui pouvaient se réunir dans un jour, sont encore éloignés de quelques lieues; et, malgré que tout soit accordé, ils prolongent leur séparation pour avoir un prétexte de recommencer la guerre. La guerre n'avait rien d'inquiétant pour eux, ils savaient que quelle que soit la position dans laquelle se trouverait Napoléon, il serait toujours disposé à traiter de la paix. Ils ne risquaient donc rien personnellement, ils ne couraient que la chance de perdre une centaine de mille hommes; mais qu'est-ce que des hommes comparés à l'espoir de franchir le Rhin, et d'aller s'asseoir aux foyers parisiens?

QUATRIÈME ÉPOQUE.

L'empereur Napoléon n'eut pas plus tôt appris ce qui s'était passé à Prague, qu'il donna l'ordre à son ministre des relations extérieures de proposer un congrès où se réuniraient les plénipotentiaires de toutes les puissances pour traiter de la paix de l'Europe.

M. le duc de Bassano écrivit en conséquence à M. de Metternich une note qui est frappante de vérité.

« Le ministre des relations extérieures a mis sous les yeux de sa majesté l'empereur et roi la déclaration du 11 août, par laquelle l'Autriche dépose le rôle de médiateur, dont elle avait couvert ses desseins.

» Depuis le mois de février les dispositions hostiles du cabinet de Vienne envers la France étaient connues de toute l'Europe. Le Danemarck, la Saxe, la Bavière, le Wurtemberg, Naples et la Westphalie ont dans leurs archives les pièces qui prouvent combien l'Autriche, sous les fausses apparences de l'intérêt qu'elle prenait à son allié, et de l'amour de la paix, nourrissait de jalousie contre la France. Le ministre de France se refuse à retracer le système de protestations prodiguées d'un côté et d'insinuations répandues de l'autre, par lequel le cabinet de Vienne compromettait la dignité de son souverain, et qui dans son développement a prostitué ce qu'il y a de plus sacré parmi les hommes : un médiateur, un congrès et le nom de la paix !

» Si l'Autriche voulait faire la guerre, qu'avait-elle besoin de se parer d'un faux langage, et d'entourer la France de piéges mal tissus qui frappaient tous les regards ?

» Si le médiateur voulait la paix, aurait-il prétendu que des transactions si compliquées s'accomplissent en quinze ou vingt jours ? était-ce une volonté pacifique que celle qui consistait à dicter la paix à la France en moins de temps qu'il n'en faut pour conclure la capitulation d'une place assiégée? La paix de Teschen exigea plus de quatre mois de négociations. Plus de six semaines furent employées à Sistow, avant que la discussion même sur la forme fût terminée. La négociation de la paix de Vienne en 1809, lorsque la plus grande partie de la monarchie autrichienne était entre les mains de la France, a duré deux mois.

» Dans ces diverses transactions, les intérêts et le nombre des parties étaient circonscrits; et lorsqu'il s'agissait à Prague, de poser dans un congrès les bases de la pacification générale, de concilier les intérêts de la France, de l'Autriche, de la Russie, de la Prusse, du Danemarck, de la Saxe et de tant d'autres puissances; lorsqu'aux complications qui naissent de la multiplicité et de la diversité des intérêts se joignirent des difficultés résultant des prétentions ouvertes et cachées au médiateur, il était dérisoire de prétendre que tout fût terminé, montre en main, en quinze jours. Sans la funeste intervention de l'Autriche la paix entre la Russie, la France et la Prusse serait faite aujourd'hui.

« L'Autriche, ennemie de la France et couvrant son ambition du masque de médiatrice, compliquait tout et rendait toute conciliation impossible; mais l'Autriche, s'étant déclarée en état de guerre, est dans une position plus vraie et toute simple, l'Europe est aussi plus près de la paix : il y a une complication de moins.

» Le duc de Bassano a donc reçu l'ordre de proposer à l'Autriche de préparer dès aujourd'hui les moyens de parvenir à la paix, d'ouvrir un congrès où toutes les puissances, grandes et petites, seront appelées; où toutes les questions seront solennellement posées ; où l'on n'exigera point que cette œuvre, aussi difficile que salutaire, soit terminée, ni dans une semaine ni dans un mois; où l'on procèdera, avec la lenteur inséparable de toute opération de cette nature, avec la gravité qui appartient à un si grand but et à de si grands intérêts. Les négociations pourront être longues, elles doivent l'être. Est-ce en peu de jours que les traités d'Utrecht, de Nimègue, de Riswick, d'Aix-la-Chapelle, ont été conclus ?

» Dans la plupart des discussions mémorables, la question de la paix fut toujours indépendante de celle de la guerre ; on négociait sans savoir si l'on se battrait ou non ; et puisque les alliés fondent tant d'espérance sur les chances du combat, rien n'empêche de négocier aujourd'hui, comme alors, en se battant.

» Le duc de Bassano propose de neutraliser un point sur la frontière pour le lieu des conférences ; de réunir les plénipotentiaires de la France, de l'Autriche, de la Russie, de la Prusse, de la Saxe ; de convoquer tous ceux des puissances belligérantes, et de commencer dans cette auguste assemblée l'œuvre de la paix si vivement désirée par toute l'Europe. Les peuples éprouveront une consolation véritable en voyant les souverains s'occuper à mettre un terme aux calamités de la guerre, et confier à des hommes éclairés et sincères le soin de concilier les intérêts, de compenser les sacrifices, et de rendre la paix avantageuse et honorable à toutes les nations.... »

M. de Metternich répondit : « Ce n'est pas après
» que la guerre a éclaté entre l'Autriche et la
» France que le cabinet autrichien croit devoir
» relever les inculpations gratuites que renferme
» la note de M. le duc de Bassano. Forte de l'o-
» pinion générale, l'Autriche attend avec calme le
» jugement de l'Europe et celui de la postérité.

» . . . . La proposition de S. M. l'empereur
» des Français offrant encore à l'empereur une
» lueur d'espoir de parvenir à la pacification gé-
» nérale, sa majesté impériale a cru pouvoir la
» saisir. En conséquence elle a ordonné à M. de
» Metternich de porter à la connaissance des ca-

» binets russe et prussien la demande de l'ouver-
» ture d'un congrès qui, pendant la guerre même,
» s'occuperait des moyens d'arriver à une pacifi-
» cation générale. LL. MM. l'empereur Alexandre
» et le roi de Prusse, animés des mêmes senti-
» ments que leur auguste allié, ont autorisé M. de
» Metternich à déclarer à M. le duc de Bassano
» que ne pouvant point décider sur un objet d'un
» intérêt tout-à-fait commun, sans en avoir préa-
» lablement conféré avec les autres alliés, les trois
» cours vont porter incessamment à leur connais-
» sance la proposition de la France. » . . . . .

Cette dernière note est du 21 août.

Jusqu'ici les alliés n'avaient voulu appeler aucune autre puissance à délibérer sur la paix. Aujourd'hui qu'ils n'ont pas d'autre cause de rejeter la proposition qui leur est faite, ils demandent à consulter *les autres alliés*. C'est un moyen captieux d'avoir du temps pendant lequel ils obtiendront la défection des Saxons, des Wurtembergeois, des Bavarois, et de toutes les troupes de la confédération du Rhin; déjà l'on avait menacé de priver de leur couronne les princes qui ne prendraient pas part à la coalition; déjà le prince royal de Suède avait répandu des proclamations dans lesquelles il excitait à la désertion les soldats de l'armée française. L'évènement répondit à leur attente. Les Français trouvèrent des ennemis jusque dans leurs rangs. La journée de Leipsick fera époque, et sera pour tous les siècles un modèle inimitable de trahison.

Cependant les alliés sont à Francfort, mais tout étonnés d'avoir fait rétrograder l'armée française malgré tant de moyens de toute espèce. La barrière du Rhin les effraie, ils n'ont plus de secours à attendre; ils connaissent la valeur française, les ressources de l'empire et le génie de son chef. Ils se rappellent la dernière proposition de Napoléon. M. de Saint-Aignan se trouve sur les lieux, ils vont faire une réponse, c'est un moyen ménagé en cas de revers. Toutefois il ne s'agit plus des propositions de Prague, le succès enhardit, et les Anglais sont au camp, qui appuient sur les sacrifices de la France.

C'est le 8 octobre que M. de Saint-Aignan eut une entrevue avec M. de Metternich; M. de Metternich déclara que personne n'en voulait à la dynastie de l'empereur Napoléon, que l'Angleterre était bien plus modérée qu'on ne pensait; que jamais le moment n'avait été plus favorable pour traiter avec elle; que si l'empereur Napoléon voulait réellement faire une paix solide, il éviterait bien des maux à l'humanité et bien des dangers à la France, en ne retardant pas les négociations; qu'on était prêt à s'entendre; que les idées de paix que l'on concevait devaient donner de justes limites à la puissance de l'Angleterre, et à la France toute la liberté maritime qu'elle a droit de réclamer, ainsi que les autres puissances de l'Europe.

Le lendemain, M. de Saint-Aignan fut appelé à une réunion où se sont trouvés M. de Metternich, M. de Nesselrode, lord Aberdeen, et le prince de Schwartzenberg. M. de Saint-Aignan fut chargé de rapporter à sa majesté l'empereur Napoléon:

» Que les puissances coalisées étaient enga-
» gées par des liens indissolubles qui faisaient
» leur force, et dont elles ne dévieraient jamais.

» Que les engagements réciproques qu'elles
» avaient contractés leur avaient fait prendre la
» résolution de ne faire qu'une paix générale; que
» lors du congrès de Prague, on avait pu penser
» à une paix continentale, parceque les circon-
» stances n'auraient pas donné le temps de s'en-
» tendre pour traiter autrement; mais que, de-
» puis, les intentions de toutes les puissances et
» celles de l'Angleterre étaient connues; qu'ainsi
» il était inutile de penser, soit à un armistice,
» soit à une négociation qui n'eût pas pour pre-
» mier principe une paix générale.

» Que les souverains coalisés étaient unanime-
» ment d'accord sur la puissance et la prépondé-
» rance que la France doit conserver dans son
» intégrité, et en se renfermant dans ses limites
» naturelles, qui sont le Rhin, les Alpes et les
» Pyrénées ;

» Que le principe de l'indépendance de l'Alle-
» magne était une condition *sinè quâ non;*
» qu'ainsi la France devait renoncer, non pas
» à l'influence qu'un grand état exerce nécessai-
» rement sur un état de force inférieure, mais
» à toute souveraineté sur l'Allemagne; que d'ail-
» leurs c'était un principe que sa majesté avait
» posé elle-même, en disant qu'il était convena-
» ble que les grandes puissances fussent séparées
» par des états plus faibles ;

» Que du côté des Pyrénées l'indépendance de
» l'Espagne et le rétablissement de l'ancienne
» dynastie était également une condition *sinè*
» *quâ non;*

» Qu'en Italie l'Autriche devait avoir une fron-
» tière qui serait un objet de négociation; que le
» Piémont offrait plusieurs lignes qu'on pourrait
» discuter, ainsi que l'état de l'Italie, pourvu, tou-
» fois, qu'elle fût, comme l'Allemagne, gouver-
» née d'une manière indépendante de la France
» ou de toute autre puissance prépondérante;

» Que de même l'état de la Hollande serait un
» objet de négociation, en partant toujours du
» principe qu'elle devait être indépendante ;

» Que l'Angleterre était prête à faire les plus
» grands sacrifices pour la paix fondée sur ces
» bases, et à reconnaître la liberté du commerce
» et de la navigation, à laquelle la France a droit
» de prétendre.

» Que si ces principes d'une pacification géné-
» rale étaient agréés par sa majesté, on pourrait
» neutraliser sur la rive droite du Rhin tel lieu
» qu'on jugerait convenable, où les plénipoten-
» tiaires de toutes les puissances belligérantes se
» rendraient sur-le-champ, sans cependant que
» les négociations suspendissent le cours des opé-
» rations militaires. »

Ces propositions des alliés n'étaient pas seulement la réponse à la dernière note de M. de Bassano à M. de Metternich, mais encore aux offres que Napoléon fit faire par M. de Merfeldt. Le général Merfeldt avait été fait prisonnier le 16 octobre devant Leipsick ; Napoléon lui rendit la liberté, et le chargea de dire à sa cour qu'il renonçait à la Pologne, à l'Illyrie, à la confédération du Rhin ; qu'il consentait à rendre l'indépendance à l'Espagne, à la Hollande, aux villes Anséatiques et à l'Italie ; qu'il offrait pour prix d'un armistice à conclure dans les vingt-quatre heures d'évacuer l'Allemagne sur-le-champ, et de se retirer sur le Rhin. L'empereur Napoléon ajouta : « Général Merfeldt, lorsque de ma part » vous parlerez d'armistice aux deux empereurs, » je ne doute pas que la voix qui frappera leurs » oreilles ne soit pour eux bien éloquente en » souvenirs ! »

Après la défaite de ses armées en Italie, pendant la campagne de l'an V (1797), l'Autriche envoya les généraux Bellegarde et Merfeldt au quartier général de l'armée française pour entamer une négociation. Ils arrivèrent à Judembourg le 7 avril, et proposèrent d'abord un armistice. Le général Bonaparte l'accorda. Il arrêta ainsi son armée victorieuse qu'aucun obstacle alors ne pouvait empêcher d'aller à Vienne. M. de Merfeldt fut un des plénipotentiaires de l'empereur d'Autriche au traité de Campo-Formio. Ce traité ne fut signé que le 17 octobre : dans ce temps-là on négociait au moins ; mais les Autrichiens étaient battus, aujourd'hui c'est différent.

Ce fut encore le général Merfeldt qui parla le premier d'armistice après la mémorable bataille d'Austerlitz : Napoléon ne fit aucune difficulté de l'accorder ; mais l'empereur d'Autriche vint lui-même le trouver : Napoléon le reçut à son bivouac, et lui dit : « Je vous reçois dans le » seul palais que j'habite depuis deux mois. — « Vous tirez si bon parti de votre habitation, » qu'elle doit vous plaire, » répondit en souriant l'empereur François. Il fut question de l'armistice et de la paix. L'empereur d'Autriche demanda une trêve pour les débris de l'armée russe ; Napoléon fit observer que cette armée était entièrement cernée, mais il ajouta, *pour faire une chose agréable à mon frère l'empereur Alexandre, je consens à arrêter la marche de mes colonnes, et à laisser passer ses troupes......*

Lorsque l'empereur d'Autriche fut parti, Napoléon dit, « Cet homme m'a fait faire une faute, car j'aurais pu suivre ma victoire, et prendre toute l'armée russe et autrichienne. Mais enfin quelques larmes de moins seront versées. » Il envoya le général Savary auprès de l'empereur Alexandre, pour savoir s'il ratifiait l'armistice, et si, ainsi qu'il avait été convenu avec l'empereur d'Autriche, l'armée russe retournerait en Russie et évacuerait l'Allemagne et la Pologne. Alexandre s'adressant au général Savary : « Dites à votre maître qu'il a fait des miracles ; que la journée du 2 a accru mon admiration pour lui ; que je le regarde comme un prédestiné, et qu'il faut à mon armée cent ans pour égaler la sienne. Mais puis-je me retirer avec sûreté? — Oui, sire, répliqua le général Savary, si votre majesté ratifie ce que les deux empereurs de France et d'Autriche viennent d'arrêter.—Qu'est-ce?— Que votre majesté se retirera avec son armée par journée d'étape, etc. — Quelle garantie faut-il pour cela? — *Sire, votre parole.* » Voilà de la modération et de la grandeur d'âme!

D'après les communications faites à M. de Saint-Aignan, M. le duc de Bassano eut ordre de demander la neutralisation de la ville de Manheim, pour la tenue des conférences; M. de Metternich répondit que les alliés ne voyaient pas d'obstacles à ce que Manheim fût neutralisé, mais qu'avant d'y envoyer des négociateurs ils désiraient savoir si l'empereur des Français admettait les bases générales et sommaires qui avaient été indiquées à M. de Saint-Aignan. Cette note de M. de Metternich est de la fin de novembre. Or il faut se rappeler que les conférences diplomatiques ne devaient pas interrompre les opérations militaires, que l'on devait négocier tout en se battant. L'on sait à quoi se trouvait réduite l'armée française, et quelle était l'énorme masse de l'armée alliée, qui se grossissait encore chaque jour par des levées.

Napoléon demanda au sénat la mise en activité de trois cent mille conscrits. Les alliés lui en firent un reproche!..... On ne le croirait certainement pas, si l'on n'avait à offrir pour preuves des pièces officielles. La déclaration des alliés est datée de Francfort, le 1er décembre 1813. Ils disent : « *Le gouvernement français vient d'arrêter une nouvelle levée de trois cent mille conscrits. Les motifs du sénatus-consulte renferment une provocation aux puissances alliées !....* » Quelle est donc cette provocation, et où se trouve-t-elle ?

Voyons le sénatus-consulte.

Du 15 novembre 1813.

Napoléon, par la grâce de Dieu et les constitutions, empereur des Français, roi d'Italie, protecteur de la confédération du Rhin, médiateur de la confédération suisse, etc., etc.

Le sénat, après avoir entendu les orateurs du conseil d'état, a décrété et nous ordonnons ce qui suit :

Extrait des registres du sénat conservateur.

Sénatus-consulte du lundi 15 novembre 1813.

Le sénat conservateur, réuni au nombre de membres prescrit par l'article 90 de l'acte des constitutions du 13 décembre 1799 :

« *Considérant que l'ennemi a envahi les fron-*
» *tières de l'empire, du côté des Pyrénées et du*
» *Nord; que celles du Rhin et d'au-delà des Al-*
» *pes sont menacées;*

» Vu le projet de sénatus-consulte, rédigé en la
» forme prescrite par l'article 57 de l'acte des con-
» stitutions du 4 août 1802;

» Après avoir entendu, sur les motifs dudit pro-
» jet, les orateurs du conseil d'état et le rapport de
» la commission spéciale, nommée dans la séance
» du 12 de ce mois;

» L'adoption ayant été délibérée au nombre de
» voix prescrit par l'article 56 de l'acte des con-
» stitutions du 4 août 1802, décrète :

» ART. 1er. Trois cent mille conscrits.... sont mis
» à la disposition du ministre de la guerre, etc. »

Voilà tout ce décret!

La provocation n'est pas dans les titres pris par l'empereur Napoléon; il ne devait pas renoncer à ces titres avant le traité de paix, et l'on ne pouvait lui faire un crime de les prendre encore; pas plus qu'il n'avait fait un crime à l'empereur d'Autriche d'avoir pris le titre de roi des Romains dans le traité de Campo-Formio. C'est dans les motifs du décret que les alliés ont trouvé la provocation? Sans doute qu'il ne fallait pas dire à la France pourquoi on lui demandait de nouveaux sacrifices, ni lui apprendre que les frontières étaient menacées. Jamais décret ne fut plus simple, jamais motifs ne furent plus pacifiquement développés. La provocation n'a existé que dans l'esprit des alliés, et la déclaration de Francfort n'avait pour but que de tromper l'Europe.

C'est pourtant de cette fausse allégation que partent les puissances alliées pour déclarer « qu'elles se trouvent de nouveau appelées à » promulguer à la face du monde les vues qui » les guident dans la guerre, les principes qui » font la base de leur conduite, leurs vœux et » leurs déterminations.

» Les puissances alliées ne font point la guerre » à la France, mais à sa prépondérance.

» Le premier usage que leurs majestés impé» riales et royales ont fait de la victoire a été » d'offrir la paix à S. M. l'empereur des Français [1].

» Une attitude renforcée par l'accession de tous » les souverains de l'Allemagne n'a pas eu d'in» fluence sur les conditions de la paix [2].

---

[1] Si toutes les pièces diplomatiques étaient brûlées, on pourrait croire que c'était Napoléon qui ne voulait pas la paix.

[2] C'est sans doute en raison de cette attitude qu'il ne fallait pas que Napoléon recrutât son armée.

» Les souverains alliés désirent que la France
» soit grande, forte et heureuse, parceque la puis-
» sance française grande et forte est une des bases
» de l'édifice social..... Les puissances confirment
» à l'empire français une étendue de territoire que
» n'a jamais connue la France sous ses rois, par-
» cequ'une nation valeureuse ne déchoit pas
» pour avoir à son tour des revers [1]. »

Cependant Napoléon a désigné son plénipotentiaire ; c'est encore le duc de Vicence, son ministre des relations extérieures. Le duc de Vicence se hâte de lever les dernières objections de M. de Metternich, en lui annonçant que l'empereur adhère aux bases générales et sommaires qui ont été communiquées à M. de Saint-Aignan, quels que soient les sacrifices qu'elles commandent [2].

La lettre de M. le duc de Vicence parvint à M. de Metternich à Francfort. Le ministre autrichien répondit, le 6 décembre, que leurs majestés ont reconnu avec satisfaction que S. M. l'empereur des Français avait adopté les bases essentielles au rétablissement d'un état d'équi-

---

[1] C'est d'après ce principe que les alliés demandèrent que la France rentrât dans ses anciennes limites.
[2] La lettre de M. le duc de Vicence est du 2 décembre.

libre, et à la tranquillité future de l'Europe; *qu'elles ont voulu que cette pièce fût portée sans délai à la connaissance de leurs alliés; et que leurs majestés impériales et royales ne doutent point qu'immédiatement après la réception des réponses les négociations ne puissent s'ouvrir.*

C'est toujours le même système. Tantôt l'empereur Alexandre ne peut rien faire sans consulter l'Angleterre, tantôt l'empereur d'Autriche ne veut rien décider sans avoir l'avis de l'empereur de Russie; une autre fois, il faut que l'empereur de Russie, l'empereur d'Autriche et le roi de Prusse se réunissent. Aujourd'hui ils sont tous ensemble, mais il faut qu'ils consultent les autres alliés. Ils ont proposé des conditions que l'on accepte, tout devrait être dit; s'ils avaient fait la proposition sans consulter leurs alliés, c'est qu'ils croyaient pouvoir se passer d'eux; s'ils les avaient consultés, ils étaient autorisés : dans les deux cas, ils pouvaient conclure; mais ce n'est pas de cela qu'il s'agissait, les alliés ne voulaient pas encore faire la paix, mais ils ne voulaient pas non plus que l'Europe crût qu'ils étaient les continuateurs de la guerre.

M. le duc de Vicence était déjà à Lunéville le 6 janvier 1814. Il le fit savoir à M. de Metternich, en lui demandant des passe-ports pour traverser l'armée alliée. M. de Vicence se plaint de n'avoir pas encore reçu la réponse annoncée dans la note de M. de Metternich du 10 décembre; il ne peut croire que lord Aberdeen ait eu des pouvoirs pour proposer des bases, sans en avoir pour négocier[1].

La réponse de M. de Metternich arrive enfin ; elle est du 8 janvier. Le ministre autrichien rejette le retard sur l'obligation où se sont trouvées leurs majestés de porter à la connaissance de leurs alliés les ouvertures officielles de la part de la France ; il annonce que la cour de Londres vient de faire partir pour le continent le secrétaire d'état ayant le département des affaires étrangères ; que l'empereur de Russie se trouve maintenant éloigné; que lord Castlereagh est attendu d'un moment à l'autre, et que l'empereur d'Autriche et le roi de Prusse le chargent lui, M. de Metternich, de prévenir M. de Vicence qu'il recevra le plus tôt possible une réponse à sa proposition de se rendre au quartier général des souverains alliés.

Les alliés étaient occupés de tout autre soin

---

[1] Le défaut de pouvoirs de lord Aberdeen était le motif dont s'était servi M. de Metternich pour retarder l'ouverture du congrès.

que de celui de prendre l'avis des autres souverains : il s'agissait pour eux de franchir le Rhin ; mais, n'osant pas le tenter devant l'armée française, la neutralité de la Suisse fut violée, et les alliés se glissèrent à travers ses montagnes sur le territoire français.

Le lieu de rendez-vous des plénipotentiaires devait être changé : c'est maintenant à Châtillon-sur-Seine que M. de Metternich prie M. de Vicence de se rendre, en lui disant qu'il ne doute pas qu'à son arrivée il apprendra le jour et le lieu où les négociateurs pourront se réunir.

M. de Vicence se dirigea donc sur Châtillon. Il y fut le 21 janvier. Il en informa M. de Metternich, qui lui répondit que les plénipotentiaires alliés s'y rendraient le 3 février. De nouvelles conférences vont s'ouvrir ; mais si les propositions de Francfort n'étaient plus celles de Prague, les propositions de Châtillon ne sont plus celles de Francfort : les alliés usent de la situation de la France, ils en abusent.

Cependant Napoléon avait donné au duc de Vicence des instructions qu'il lui renouvela par sa lettre du 21 janvier. « Je pense, dit l'empereur qu'il est douteux que les alliés soient de bonne foi et que l'Angleterre veuille la paix. Moi je la veux, mais solide, honorable. La France, sans ses limites naturelles, sans Ostende, sans Anvers, ne serait plus en rapport avec les autres états de l'Europe. L'Angleterre et toutes les puissances ont reconnu ces limites à Francfort. Les conquêtes de la France en-deçà du Rhin et des Alpes ne peuvent compenser ce que l'Autriche, la Russie, la Prusse, ont acquis en Pologne, en Finlande, ce que l'Angleterre a envahi en Asie. La politique de l'Angleterre, la haine de l'empereur de Russie entraîneront l'Autriche. J'ai accepté les bases de Francfort ; mais il est plus que probable que les alliés ont d'autres idées : leurs propositions n'ont été qu'un masque. Les négociations une fois placées sous l'influence des évènements militaires, on ne peut prévoir les conséquences d'un tel système ; il faut tout écouter, tout observer : il n'est pas certain qu'on vous reçoive au quartier-général ; les Russes et les Anglais vondront écarter tous les moyens de conciliation et d'explication avec l'empereur d'Autriche [1]. Il faut tâcher de connaître les vues des alliés, et me faire connaître jour par jour ce que vous apprendrez, afin de me mettre dans le cas de vous donner des instructions, que je ne

---

[1] Ce que Napoléon prévoit ici est arrivé. Le duc de Vicence, au lieu de recevoir la permission de venir au quartier-général, a reçu l'avis de se rendre à Châtillon.

saurais sur quoi baser aujourd'hui. Veut-on réduire la France à ses anciennes limites?..... c'est l'avilir . . . .

. . . . . On se trompe si on croit que les malheurs de la guerre puissent faire désirer à la nation une telle paix; *il n'est pas un cœur français qui n'en sentît l'opprobre au bout de six mois, et qui ne la reprochât au gouvernement assez lâche pour la signer.*

» Si la nation me seconde, l'ennemi marche à sa perte. Si la fortune me trahit, mon parti est pris, je ne tiens pas au trône. Je n'avilirai ni la nation ni moi en souscrivant à des conditions honteuses, etc., etc. »

M. de la Besnadière, qui était momentanément chargé du portefeuille des affaires étrangères, écrivit, le 19 janvier, à M. le duc de Vicence, d'après les ordres de Napoléon, et lui dit : « S. M. m'a fait l'honneur de m'entretenir fort long-temps de la paix future . . . . La chose sur laquelle S. M. a le plus insisté et est revenue le plus souvent, c'est la nécessité que la France conserve ses limites naturelles ; c'était là, m'a-t-elle dit, une condition *sine quâ non*. Toutes les puissances, et l'Angleterre même, avaient reconnu ces limites à Francfort. La France, réduite à ses limites anciennes, n'aurait pas aujourd'hui les deux tiers de la puissance qu'elle avait il y a vingt ans; ce qu'elle a acquis du côté des Alpes et du Rhin ne compense point ce que la Russie, la Prusse et l'Autriche ont acquis par le seul démembrement de la Pologne. Tous ces états se sont agrandis. Vouloir ramener la France à son état ancien, ce serait la faire déchoir et l'avilir. La France, sans les départements du Rhin, sans la Belgique, sans Ostende, sans Anvers, ne serait rien. Le système de ramener la France à ses anciennes frontières est inséparable du rétablissement des Bourbons, parcequ'eux seuls pourraient offrir une garantie du maintien de ce système, et l'Angleterre le sentait bien: avec tout autre la paix sur une telle base serait impossible et ne pourrait durer. Ni l'empereur, ni la république, si des bouleversements la faisaient renaître, ne souscriraient jamais à une telle condition. Pour ce qui est de S. M. sa résolution était bien prise, elle était immuable : elle ne laisserait pas la France moins grande qu'elle ne l'avait reçue. Si donc les alliés voulaient changer les bases acceptées, et proposer les limites anciennes, elle ne voyait que trois partis : ou combattre et vaincre, ou combattre et mourir glorieusement, ou enfin, si la nation ne la soutenait pas, abdiquer. Elle ne tenait pas aux grandeurs, elle n'en achèterait jamais la conservation par l'avilissement. Les Anglais pouvaient désirer de lui ôter Anvers; mais ce n'était pas l'intérêt du continent, car la paix ainsi faite ne durerait pas trois ans. Elle sentait que les circonstances étaient critiques, mais elle n'accepterait jamais une paix honteuse. En acceptant les bases proposées, elle avait fait tous les sacrifices absolus qu'elle pouvait faire : s'il en fallait d'autres, ils ne pourraient porter que sur l'Italie et la Hollande. Elle désirait sûrement exclure le stadhouder, mais la France conservant les limites naturelles tout pourrait s'arranger, rien ne ferait un obstacle insurmontable..... »

M. de la Besnardière finit en annonçant au duc de Vicence la défection du roi de Naples.

Enfin l'empereur Napoléon répondit, le 4 février, à M. le duc de Vicence qui demandait des pouvoirs : « Vous me demandez toujours des pouvoirs et des instructions, lorsqu'il est encore douteux si l'ennemi veut négocier. Les conditions sont, à ce qu'il paraît, arrêtées d'avance entre les alliés. C'était hier le 3 : vous ne me dites pas que les plénipotentiaires vous en aient dit un mot. Aussitôt qu'ils vous les auront communiquées, *vous êtes le maître de les accepter*, ou d'en référer à moi, dans les vingt-quatre heures. »

Mais déjà les hostilités avaient recommencé; l'armée prussienne s'était réunie à la grande armée autrichienne, et la bataille de Brienne avait eu lieu le 1er février. L'armée française avait passé la nuit sur le champ de bataille, mais, cédant à la supériorité numérique, elle s'était retirée sur Troies.

Tel était l'état des choses à l'époque de l'ouverture du congrès de Châtillon.

CINQUIÈME ÉPOQUE.

CONGRÈS DE CHATILLON.

PREMIÈRE PARTIE.

Les plénipotentiaires des puissances belligérantes se sont réciproquement acquittés des visites d'usage, dans la journée du 4 février, et sont convenus de se réunir en séance le lendemain.

La France était représentée par M. le duc de Vicence; M. le duc de Vicence avait auprès de lui M. de la Besnardière.

L'Autriche était représentée par M. le comte de Stadion;

La Russie, par M. le comte de Razoumowski;

L'Angleterre, par lord Aberdeen, lord Cathcart, et sir Charles Stewart;

Et la Prusse, par M. le baron de Humboldt.

A la séance du 5 février, « les plénipotentiaires
» des cours alliées ont déclaré qu'ils ne se pré-
» sentaient point aux conférences comme unique-
» ment envoyés par les quatre cours de la part
» desquelles ils sont munis de pleins-pouvoirs,
» mais comme se trouvant chargés de traiter de
» la paix avec la France au nom de l'Europe, ne
» formant qu'un seul tout, les quatre puissances
» répondant de l'accession de leurs alliés aux ar-
» rangements dont on sera convenu à l'époque de
» la paix même. »

M. le duc de Vicence a répondu que rien n'é-
tait plus conforme aux vues de sa cour, que ce
qui tendait à simplifier les négociations, et à en
rapprocher le terme.

« Après cette observation, les plénipotentiaires
» des cours alliées déclarent qu'ils sont tenus à
» ne traiter que conjointement, et à ne pas ad-
» mettre d'autres formes de négociations que
» celles des séances tenues avec protocole.

» Le plénipotentiaire français dit n'avoir rien
» à opposer à cette forme.

» Les plénipotentiaires des cours alliées décla-
» rent ensuite :

» Que les cours alliées adhèrent à la déclara-
» tion du gouvernement britannique portant :

»Que toute discussion sur le code maritime
» serait contraire aux usages observés jusqu'ici
» dans les négociations de la nature de la pré-
» sente; que la Grande-Bretagne ne demande aux
» autres nations ni ne leur accorde aucune con-
» cession relativement à des droits qu'elle re-
» garde comme réciproquement obligatoires et
» de nature à ne devoir être réglés que par le
» droit des gens, excepté là où les mêmes droits
» ont été modifiés par des conventions spéciales
» entre des états particuliers ;

» Qu'en conséquence, les cours alliées regar-
» deraient l'insistance de la France à ce sujet
» comme contraire à l'objet de la réunion des
» plénipotentiaires, et comme tendant à empê-
» cher le rétablissement de la paix ».

M. le duc de Vicence a répondu à cette communication que l'intention de la France n'a jamais été de demander rien de dérogatoire aux règles du droit des gens, et qu'il n'avait pas d'autres observations à faire.

« Les plénipotentiaires des cours alliées pren-
» nent acte de cette déclaration. »

M. le duc de Vicence a demandé que l'on entrât à l'instant même dans le fond de la négociation, protestant que la France n'avait d'autre désir que d'arriver à connaître l'ensemble des propositions qui pouvaient amener la cessation des malheurs de la guerre.

« Le comte de Razoumowski a dit qu'il n'a-
» vait point encore l'expédition signée de ses in-
» structions. »

Le duc de Vicence a observé qu'après le temps qui s'était écoulé, M. de Razoumowski étant si près de son souverain, on ne pouvait s'attendre à cet empêchement, et il a proposé de passer outre.

« Mais les plénipotentiaires des cours alliées,
» ayant dit qu'ils avaient pensé que la première
» conférence serait uniquement consacrée aux
» objets rappelés ci-dessus, et sur l'observation
» qui a été faite que les instructions de M. le
» comte Razoumowski arriveraient très proba-
» blement dans le jour, la conférence a été ajour-
» née au lendemain. »

Il faut se rappeler que M. le duc de Vicence avait demandé des pouvoirs, et que dès le début de la campagne avait eu lieu l'affaire de Brienne et que l'armée française s'était retirée sur Troies.

Le 4 février, M. le duc de Bassano envoya à M. le duc de Vicence ses pleins-pouvoirs, qui étaient l'instrument de chancellerie ou lettre de créance sur parchemin, nécessaire pour accréditer le plénipotentiaire au congrès.

Le 5 février, M. le duc de Bassano écrivit de Troies à M. le duc de Vicence, et lui dit : «Au moment où S. M. va quitter cette ville, elle me charge de vous expédier un courrier et de vous faire connaître en *propres termes, que S. M. vous donne carte blanche pour conduire les négociations à une heureuse fin, sauver la capitale et éviter une bataille, où sont les dernières espérances de la nation.* Les conférences doivent avoir commencé hier. *S. M. n'a pas voulu attendre que vous lui eussiez donné connaissance des premières ouvertures, de crainte d'occasioner le moindre retard.*

» Je suis donc chargé, M. le duc, de vous faire connaître que l'intention de l'empereur est *que vous vous regardiez comme investi de tous les pouvoirs nécessaires dans ces circonstances importantes, pour prendre le parti le plus convenable, afin d'arrêter les progrès de l'ennemi et sauver la capitale,* etc. »

M. le duc de Vicence, qui se plaignait de n'avoir pas de pouvoirs, va maintenant se plaindre que ses pouvoirs sont trop étendus.

Il écrit le 6 février à l'empereur :

« Un courrier parti de Troies le 5 février m'a
» apporté une dépêche chiffrée de M. le duc de
» Bassano, laquelle, tout en me commettant, au

» nom de votre majesté, les pouvoirs les plus
» étendus, me jette et me retient dans la plus
» embarrassante perplexité.

» Je me retrouve ici placé vis-à-vis de quatre
» négociateurs, en ne comptant les trois plénipo-
» tentiaires anglais que pour un seul. Ces quatre
» négociateurs n'ont qu'une seule et même in-
» struction, dressée par les ministres d'état des
» quatre cours. Leur langage leur a été dicté d'a-
» vance, les déclarations qu'ils remettent leur
» ont été données toutes faites : ils ne font pas
» un pas, ils ne disent pas un mot sans s'être
» concertés d'avance ; ils veulent qu'il y ait un
» protocole, et si je veux moi-même y insérer les
» observations les plus simples sur les faits les
» plus constants, les expressions les plus modé-
» rées deviennent un sujet de difficultés, et je
» dois céder, pour ne pas consumer le temps en
» vaines discussions. Je sens combien les mo-
» ments sont précieux ; je sens, d'un autre cô-
» té, qu'en précipitant tout on perdrait tout :
» je presse, mais avec la mesure que me prescrit
» le besoin de ne pas compromettre les grands
» intérêts dont je suis chargé ; je presse, autant
» que je puis le faire, sans me jeter à la tête de
» ces gens-ci, et sans me mettre à leur merci.

» C'est dans cette situation que je reçois une

» lettre pleine d'alarmes. J'étais parti les mains
» presque liées, et je reçois des pouvoirs illimi-
» tés; on me retenait, et l'on m'aiguillonne :
» cependant on me laisse ignorer les motifs de ce
» changement; on me fait entrevoir des dangers,
» mais sans me dire quel en est le degré, s'ils
» viennent d'un seul côté ou de plusieurs. Votre
» majesté d'abord et l'armée qu'elle commande,
» Paris, la Bretagne, l'Espagne, l'Italie, se pré-
» sentent tour à tour et tout à la fois à mon es-
» prit; mon imagination se porte de l'une à l'au-
» tre, sans pouvoir former d'opinion fixe. Igno-
» rant la vraie situation des choses, je ne peux
» juger ce qu'elle exige et ce qu'elle permet; si
» elle est telle que je doive consentir à tout aveu-
» glément, sans discussion et sans retard, ou si
» j'ai pour discuter, du moins les points les plus
» essentiels, plusieurs jours devant moi ; si je
» n'en ai qu'un seul, ou si je n'ai pas un moment.
» Cet état d'anxiété aurait pu m'être épargné par
» des informations que la lettre de M. de Bassano
» ne contient pas.

» Dans l'ignorance où elle me laisse, je mar-
» cherai avec précaution, comme on doit le faire
» entre deux écueils; mais, à toute extrémité, je
» ferai tout ce que me paraîtront exiger la sûreté
» de votre majesté et le salut de mon pays. »

M. le duc de Vicence est embarrassé; il demande des pouvoirs, et quand il les a, il ne sait quel usage il doit en faire : il voudrait avoir des instructions précises, il voudrait que chaque cas fût prévu, et sa leçon tellement faite qu'il n'eût plus qu'à la réciter; mais pour que cela eût été possible, il aurait fallu que l'empereur eût pu à toute minute être instruit de ce qui se passait au congrès. Les évènements militaires ne le permirent pas. Le début de la campagne même ne fut pas heureux. L'empereur a dû laisser de côté tout ce qui avait été précédemment dit et écrit à son plénipotentiaire. Il le revêt de pouvoirs illimités, il le charge de tout faire pour sauver la capitale et éviter une bataille où sont les dernières espérances de la nation. Or, de telles instructions, de tels pouvoirs de la part de Napoléon qui avait toujours compté sur son épée, étaient un aveu positif qu'il jugeait le danger imminent. Le plénipotentiaire devait prendre les choses au pire, et négocier en conséquence. Peu lui importait où était le danger, puisque ce danger lui était présenté d'une manière indubitable. M. le duc de Vicence n'a rien voulu prendre sur sa propre responsabilité. Cependant un ministre chargé de si grands intérêts doit savoir prendre un parti, et quand il a carte blanche rien ne doit plus l'arrêter; car lui donner *carte blanche*, c'est lui dire : Finissez-en à tout prix.

C'est donc muni des pleins-pouvoirs de l'empereur Napoléon, avec sa carte blanche, que le plénipotentiaire français se présente à la séance du 7 février.

« Les plénipotentiaires des cours alliées consi-
» gnent au protocole ce qui suit :

» Les puissances alliées réunissant le point de
» vue de la sûreté et de l'indépendance future de
» l'Europe avec le désir de voir la France dans
» un état de possession analogue au rang qu'elle a
» toujours occupé dans le système politique ; et
» considérant la situation dans laquelle l'Europe
» se trouve placée, à l'égard de la France, à la
» suite des succès obtenus par leurs armes, les
» plénipotentiaires des cours alliées ont ordre de
» demander :

» Que la France rentre dans les limites qu'elle
» avait avant la révolution, sauf des arrangements
» d'une convenance réciproque, sur des portions
» de territoire au-delà des limites de part et d'au-
» tre, et sauf des restitutions que l'Angleterre est
» prête à faire pour l'intérêt général de l'Europe,
» contre les rétrocessions ci-dessus demandées à
» la France, lesquelles restitutions seront prises
» sur les conquêtes que l'Angleterre a faites pen-

» dant la guerre ; qu'en conséquence la France
» abandonne toute influence directe hors de ses
» limites futures, et que la renonciation à tous
» les titres qui ressortent des rapports de souve-
» raineté et de protectorat sur l'Italie, l'Allemagne
» et la Suisse, soit une suite immédiate de cet
» arrangement. »

M. le duc de Vicence fit observer que la proposition était de trop grande importance pour pouvoir y répondre immédiatement ; il a désiré à cet effet que la séance fût suspendue.

Les plénipotentiaires des cours alliées ayant déféré à ce désir, la séance a été remise à huit heures du soir.

D'après les premières instructions données à M. de Caulaincourt, la France devait conserver ses limites naturelles. Napoléon avait dit que le système de ramener la France à ses anciennes frontières était inséparable du rétablissement des Bourbons, mais que lui ne voulait pas laisser la France moins grande qu'il ne l'avait reçue. Or, si Napoléon eût persisté dans ces dispositions, il n'avait plus rien à dire à M. le duc de Vicence ; mais il donne carte blanche ; dès lors il n'était plus question de tenir aux limites naturelles : de ces limites aux anciennes il n'y avait qu'un pas, et ce pas se trouvait fait du moment que Napoléon, abandonnant les premières instructions qui avaient pour objet les limites naturelles, donnait un plein pouvoir, une carte blanche qui ne pouvait avoir en vue que les anciennes frontières. M. le duc de Vicence n'a pas saisi cette différence; il n'a pas vu qu'on lui disait de faire la paix, même en acceptant l'ancienne France, ou plutôt il est resté frappé de ces mots de la première lettre de Napoléon : *Il n'est pas un cœur français qui ne sentît l'opprobre d'une telle paix au bout de six mois.* Mais ces mots s'étaient échappés avec les premières résolutions; il n'en était plus question dans les dernières, et M. le duc de Vicence savait bien qu'en politique et en diplomatie, il est des transactions, et que tout ce qui se dit n'est pas d'un sens rigoureux.

La séance fut reprise le 7 février au soir. M. le duc de Vicence pouvait faire la paix ou mettre les cours alliées dans l'impossibilité de la refuser en acceptant leurs conditions, ou les convaincre de mauvaise foi à la face du monde; mais M. le duc de Vicence aima mieux discuter.

« La France a pris, dit son excellence, l'engagement de faire pour la paix les plus grands sacrifices. Quelque éloignée que la demande faite dans la séance d'aujourd'hui, au nom des puissances alliées, soit des bases proposées par elles à Francfort, et fondées sur ce que les alliés eux-mêmes ont appelé les limites naturelles de la France, quelque éloignée qu'elle soit des déclarations que toutes les cours n'ont cessé de faire à la face de l'Europe, quelque éloignée que soit même leur proposition d'un état de possession analogue au rang que la France a toujours occupé dans le système politique, bases que les plénipotentiaires des puissances alliées rappellent encore dans leur proposition de ce jour ; enfin quoique le résultat de cette proposition soit d'appliquer à la France seule un principe que les puissances alliées ne parlent point d'adopter pour elles-mêmes, et dont cependant l'application ne peut être juste si elle n'est point réciproque et impartiale, le plénipotentiaire français n'hésiterait pas à s'expliquer sans retard, de la manière la plus positive, sur cette demande, si chaque sacrifice qui peut être fait, et le degré dans lequel il peut l'être, ne dépendaient pas nécessairement de l'espèce et du nombre de ceux qui seront demandés, comme la somme des sacrifices dépend aussi nécessairement de celle des compensations.

»Toutes les questions d'une telle négociation sont tellement liées et subordonnées les unes aux autres, qu'on ne peut prendre de parti sur aucune, avant de les connaître toutes. Il ne peut être indifférent à celui à qui on demande des sacrifices de savoir au profit de qui il les fait, et quel emploi on veut en faire; enfin si en les faisant on peut mettre tout de suite un terme aux malheurs de la guerre. Un projet qui développerait les vues des alliés dans leur ensemble remplirait ce but.

» Le plénipotentiaire renouvelle donc de la manière la plus instante la demande que les plénipotentiaires des cours alliées veuillent bien s'expliquer positivement sur tous les points précités.

« Les plénipotentiaires des cours alliées se » bornent à déclarer qu'ils prennent la réponse » de M. le duc de Vicence *ad referendum*, et la » séance est levée. »

S'il y avait eu un armistice, et deux mois pour s'entendre, la demande de M. le duc de Vicence pourrait paraître toute simple, mais dans la position des choses elle étonne. M. le duc de Vicence attendait-il la réponse à sa lettre à l'empereur, du 6 février? Ne voulait-il que gagner du temps? Mais le moindre délai pouvait *compromettre la capitale et amener une bataille où se trouvaient les dernières espérances de la nation.* Usant de sa carte blanche, le plénipotentiaire français pouvait accepter les propositions des alliés, ou au moins présenter un contre-projet sur lequel on serait entré en discussion; mais, sans adopter, sans rejeter, il veut savoir au profit de qui seront les sacrifices demandés à la France, comme si, dans les conjonctures actuelles, il pouvait lui importer que ces sacrifices profitassent à tel ou tel. Il demande enfin si en faisant ces sacrifices on peut mettre tout de suite un terme aux malheurs de la guerre? Sans doute, puisque faire ces sacrifices était adopter le projet des cours alliées, et qu'adopter ce projet c'était faire la paix : or, quand la paix est faite, la guerre est finie.

M. le duc de Vicence entretenait une correspondance particulière avec le prince de Metternich; cette correspondance était toute de confiance; mais on a tant abusé de la confiance! M. le duc de Vicence écrit, le 9 février, à M. le prince de Metternich, qui était à Langres, une lettre dans laquelle il lui dit : « Je me propose de demander aux plénipotentiaires des cours alliées si la France, en consentant, ainsi qu'ils l'ont demandé, à rentrer dans ses anciennes limites, obtiendrait immédiatement un armistice. Si par un tel sacrifice un armistice peut être sur-le-champ obtenu, je serai prêt à le faire : je serai prêt encore, dans cette supposition, à remettre sur-le-champ une partie des places que ce sacrifice devra nous faire perdre.

» J'ignore si les plénipotentiaires des cours alliées sont autorisés à répondre affirmativement à cette question, et s'ils ont des pouvoirs pour conclure cet armistice. S'ils n'en ont pas, personne ne peut autant que votre excellence contribuer à leur en faire donner. Les raisons qui me portent à l'en prier ne me semblent pas tellement particulières à la France qu'elles ne doivent intéresser qu'elle seule. Je supplie votre excellence de mettre ma lettre sous les yeux du père de l'impératrice : qu'il voie le sacrifice que nous sommes prêts à faire, et qu'il décide. »

La lecture de cette lettre affecte douloureusement. M. le duc de Vicence demande un armistice, et pour l'obtenir il offre tout ce qu'on lui demandait pour la paix. Mais ce n'est point aux plénipotentiaires alliés qu'il s'adresse, c'est au ministre autrichien qui n'est pas sur les lieux. M. le duc de Vicence use inutilement de ses pleins-pouvoirs; il en use pour nuire à sa cause. Si dans la séance du 7 février il eût fait cette offre aux plénipotentiaires des cours alliées, ils l'eussent acceptée. Ils étaient réunis, et en présence de M. le duc de Vicence, ils n'eussent point eu le temps de délibérer sur une proposition qui rentrait entièrement dans leurs vues. Demander un armistice, en rentrant dans les anciennes limites, c'était consentir à la paix, qui n'avait pour but que de faire rentrer la France dans ses anciennes frontières. La signature de cet armistice eût été la signature de la paix. Aucun des plénipotentiaires alliés n'eût osé refuser. Les ministres anglais surtout risquaient leur tête, si, après avoir rejeté une telle proposition, les armées alliées eussent éprouvé des revers.

Mais il paraît que la lettre de M. le duc de Vicence fut, avant de sortir de Châtillon, communiquée à M. de Stadion; que M. de Stadion en fit part à M. Razoumowski, et que ces messieurs se réunirent aux plénipotentiaires anglais. On craignit que M. le duc de Vicence ne se présentât à la prochaine séance avec l'intention d'accepter les bases proposées, et pour ne pas se donner le tort de refuser la paix fondée sur ses propres demandes, l'on profita de la lettre du duc de Vicence pour feindre de demander de nouvelles instructions aux souverains, et pour ne pas se trouver engagé, l'on supposa des ordres pour la suspension des conférences.

Le même jour, 9 février, les plénipotentiaires des cours alliées signèrent une note où ils disent « qu'ils viennent de recevoir de son excellence

» M. le plénipotentiaire de Russie une commu-
» nication portant :

» Que sa majesté l'empereur de Russie ayant
» jugé à propos de se concerter avec les souve-
» rains ses alliés sur l'objet des conférences de
» Châtillon, S. M. a donné ordre à son plénipo-
» tentiaire de déclarer qu'elle désire que les con-
» férences soient suspendues jusqu'à ce qu'elle
» lui ait fait parvenir des instructions ulté-
» rieures. »

Cette note fut remise à M. le duc de Vicence le 10 février.

Ce même jour, M. le duc de Vicence répond aux plénipotentiaires des cours alliées que son étonnement a été extrême en apprenant que le seul désir d'une seule des quatre cours alliées leur parût à tous une cause suffisante pour suspendre les négociations.

Il écrit à l'empereur Napoléon : « Le peu que je sais sur tout ce qui s'est passé hier, et même avant-hier au soir, prouverait que les plénipotentiaires alliés sont peu d'accord, qu'il y a eu de grandes difficultés, et que ce n'est que ce matin qu'ils ont tous consenti à faire remettre cette note, le plénipotentiaire de Russie ayant déclaré qu'il ne pouvait continuer à négocier, et les autres ne voulant pas avoir l'air de se séparer de lui. Si l'Autriche a un but raisonnable, cette circonstance l'obligera à se prononcer, s'il en est encore temps. Ma lettre d'hier, 9, à M. de Metternich ne lui laisse pas de prétexte pour ne pas le faire. Le voyage de lord Castlereagh peut même lui donner les moyens de s'expliquer franchement et sans retard; car il paraît que ce qui se passe depuis quarante-huit heures tient à un motif auquel on n'était pas préparé. Au reste cela ne peut tarder à s'éclaircir : la force des évènements prend un tel empire, que la sagesse et la prévoyance humaine ne peuvent plus rien.

» S'il n'y a de salut que dans les armes, je prie V. M. de me compter au nombre de ceux qui tiennent à l'honneur de mourir pour leur prince. »

Le même jour, 10 encore, M. le duc de Vicence écrit au prince de Metternich, et lui dit, « que la note des plénipotentiaires alliés annonce trop clairement tout ce qu'on se propose contre nous, pour qu'il y ajoute aucune réflexion. » C'était un motif de plus pour M. le duc de Vicence de saisir la première occasion qui se présenterait pour signer la paix.

Le 15 février, le prince de Metternich fait savoir à M. le duc de Vicence que l'empereur d'Autriche l'ayant autorisé à faire usage de sa lettre près des cabinets alliés, les plénipotentiaires réunis à Châtillon ont reçu l'ordre d'entrer en pourparlers sur la proposition que renferme cette lettre.

Par une seconde lettre, ce prince dit au duc de Vicence : « Nous venons de mettre en train
» vos négociations, et je réponds à votre excel-
» lence que ce n'est pas chose facile que d'être le
» ministre de la coalition. Ce que vous m'avez
» dit de flatteur sur vos regrets de ne pas me
» voir à Châtillon ne peut porter que sur des
» sentiments personnels desquels vous m'avez
» donné tant de preuves. Croyez que, sous le rap-
» port des affaires, je suis plus utile ici que chez
» vous. Je vous ai déjà recommandé M. le comte
» de Stadion, croyez-moi sur parole. Milord
» Castlereagh est également un homme de la
» meilleure trempe, droit, loyal, sans passions,
» et par conséquent sans préjugés. Il fallait une
» composition d'hommes comme le sont les mi-
» nistres anglais du moment pour rendre pos-
» sible la grande œuvre à laquelle vous travaillez,
» et qui, je m'en flatte, sera couronnée de succès.
» Votre excellence ne doit pas regretter d'avoir
» accepté le ministère ; il n'est beau que dans des
» temps difficiles.

» Le comte de Stadion vous parlera de la ligne

» de vos courriers........ Si vous en avez de très
» pressés, et que la direction du quartier-géné-
» ral de votre empereur y prête, envoyez-moi
» des dépêches chiffrées, je les ferai passer, par
» la route la plus directe, par les avant-postes...
» Nous ne pouvons pas, avec la meilleure volonté,
» répondre de nos hordes de troupes légères...
» C'est une vilaine chose, mon cher duc, que la
» guerre, et surtout quand on la fait avec cin-
» quante mille Cosaques ou Baskirs. »

DEUXIÈME PARTIE.

Les conférences sont reprises le 17 février.

Les plénipotentiaires des cours alliées ouvrent la séance en disant qu'il ne s'agit pas de faire des rapprochements entre les déclarations antérieures et leurs propositions actuelles.

« Ils déclarent que le ministre des affaires
» étrangères de S. M. l'empereur d'Autriche a porté
» à la connaissance des cours alliées l'ouverture
» faite par le plénipotentiaire de France d'un ar-
» mistice, et que ces cours estiment qu'un traité
» préliminaire qui serait fondé sur ce principe,
» que la France rentrerait dans ses anciennes li-
» mites, *et qui aurait pour résultat immédiat la*

» *cessation des hostilités sur terre et sur mer*, en
» mettant par là un terme également prompt aux
» maux de la guerre, atteindrait mieux, et plus
» convenablement qu'un armistice, au but géné-
» ralement désiré; et que, pour abréger davan-
» tage la négociation, les cours alliées ont trans-
» mis à leurs plénipotentiaires le projet d'un traité
» préliminaire, dont il allait être donné lecture. »

« M. le duc de Vicence observa qu'en faisant au prince de Metternich la demande confidentielle qui lui a été adressée pour un armistice, il était loin de s'attendre que les séances seraient suspendues aussi inopinément, et la négociation interrompue pendant neuf jours; ce qui avait changé l'état de la question, et l'objet qu'il se proposait; que des préliminaires exigeant une discussion plus ou moins longue, n'arrêteraient pas au moment même, comme un armistice, l'effusion du sang. »

On accepte pour la paix, car un traité préliminaire basé sur ce principe, que la France rentrera dans ses anciennes limites, doit devenir un traité définitif; on accepte, dis-je, pour la paix, ce que M. le duc de Vicence avait offert pour un armistice, et il s'y refuse. Il dit que des préliminaires exigeant une discussion, n'arrêteraient pas, comme un armistice, l'effusion du sang: et le projet de traité porte la cessation immédiate des hostilités sur terre et sur mer! La position de M. le duc de Vicence avait-elle changé depuis sa proposition de l'armistice? Non; elle était toujours la même, il n'avait point reçu de nouveaux ordres, sa carte blanche était encore dans toute sa plénitude. Que voulait-il donc? S'imaginait-il qu'il faudrait moins de sacrifices pour obtenir la paix que pour obtenir un armistice? Croyait-il que la France rentrant dans ses anciennes limites pour un armistice, le traité de paix l'en ferait ressortir? C'était une erreur, une erreur très grande. D'abord, les cours alliées avaient positivement déclaré, à la séance du 7 février, que la paix ne pouvait être basée que sur ce principe, que la France rentrerait dans ses anciennes limites. Ensuite, M. le duc de Vicence ayant offert ces limites pour un simple armistice, il n'était pas présumable, il n'était pas possible que les puissances alliées consentissent à donner une plus grande étendue de territoire à la France. Dans la position actuelle des choses, il n'y avait plus de négociations possibles. La question de la paix ou de la guerre tenait à un seul mot, et ce seul mot, M. le duc de Vicence pouvait le prononcer; il ne l'a pas fait. Si M. le duc de Vicence ne voulait pas faire usage de sa carte blanche, s'il ne voulait rien prendre sur lui, pourquoi donc alors a-t-il offert pour l'armistice tout ce qu'on lui demandait pour la paix? Ceci est inexplicable.

Cependant le plénipotentiaire autrichien fait lecture du projet de traité. Il est ainsi conçu :

Art. 1. Il y aura paix et amitié entre LL. MM. II. d'Autriche et de Russie, S. M. le roi du royaume uni de la Grande-Bretagne et de l'Irlande, et S. M. le roi de Prusse, agissant en même temps au nom de tous leurs alliés, et S. M. l'empereur des Français, leurs héritiers et successeurs, à perpétuité.

Les hautes parties contractantes s'engagent à apporter tous leurs soins à maintenir, pour le bonheur futur de l'Europe, la bonne harmonie si heureusement rétablie entre elles.

2. S. M. l'empereur des Français renonce, pour lui et ses successeurs, à la totalité des acquisitions, réunions ou incorporations de territoire faites par la France depuis le commencement de la guerre de 1792.

S. M. renonce également à toute l'influence constitutionnelle, directe ou indirecte, hors des anciennes limites de la France, telles qu'elles se trouvaient établies avant la guerre de 1792, et aux titres qui en dérivent, et nommément à ceux de roi d'Italie, roi de Rome, protecteur de la confédération du Rhin, et médiateur de la confédération suisse.

3. Les hautes parties contractantes reconnaissent formellement et souverainement le principe de la souveraineté et indépendance de tous les états de l'Europe, tels qu'ils seront constitués à la paix définitive.

4. S. M. l'empereur des Français reconnaît formellement la reconstruction suivante des pays limitrophes de la France :

1° L'Allemagne composée d'états indépendants unis par un lien fédératif;

2° L'Italie divisée en états indépendants, placés entre les possessions autrichiennes en Italie et la France ;

3° La Hollande sous la souveraineté de la maison d'Orange, avec un accroissement de territoire ;

4° La Suisse, état libre, indépendant, replacé dans ses anciennes limites, sous la garantie de toutes les grandes puissances, la France y comprise ;

5° L'Espagne, sous la domination de Ferdinand VII, dans ses anciennes limites.

S. M. l'empereur des Français reconnaît de plus le droit des puissances alliées de déterminer, d'après les traités existant entre les puissances, les limites et rapports, tant des pays cédés par la France, que de leurs états entre eux, sans que la France puisse aucunement y intervenir.

5. Par contre, S. M. britannique consent à restituer à la France, à l'exception des îles nommées les Saintes, toutes les conquêtes qui ont été faites par elle sur la France pendant la guerre, et qui se trouvent à présent au pouvoir de S. M. britannique, dans les Indes orientales, en Afrique et en Amérique.

L'île de Tabago, conformément à l'article 2 du présent traité, restera à la Grande-Bretagne, et les alliés promettent d'employer leurs bons offices pour engager LL. MM. suédoise et portugaise à ne point mettre d'obstacle à la restitution de la Guadeloupe et de Cayenne à la France.

Tous les établissements et toutes les factoreries conquises sur la France, à l'est du cap de Bonne-Espérance, à l'exception des îles Maurice (Ile de France), de Bourbon et de leurs dépendances, lui seront restitués. La France ne rentrera dans ceux des susdits établissements et factoreries qui sont situés dans le continent des Indes et dans les limites des possessions britanniques, que sous la condition qu'elle les possédera uniquement à titre d'établissements commerciaux; et elle promet en conséquence de n'y point faire construire de fortifications, et de n'y point entretenir de garnisons ni forces militaires quelconques, au-delà de ce qui est nécessaire pour maintenir la police dans lesdits établissements.

Les restitutions ci-dessus mentionnées, en Asie, en Afrique et en Amérique, ne s'étendront à aucune possession qui n'était point effectivement au pouvoir de la France avant le commencement de la guerre de 1792.

Le gouvernement français s'engage à prohiber l'importation des esclaves dans toutes les colonies et possessions restituées par le présent traité, et à défendre à ses sujets, de la manière la plus efficace, le trafic des nègres en général.

L'île de Malte, avec ses dépendances, restera en pleine souveraineté à S. M. britannique.

6. S. M. l'empereur des Français remettra, aussitôt la ratification du présent traité préliminaire, les forteresses et forts des pays cédés, et ceux qui sont encore occupés par ses troupes en Allemagne, sans exception, et notamment la place de Mayence, dans six jours; celles de Hambourg, Anvers, Berg-op-Zoom, dans l'espace de six

jours; Mantoue, Palma-Nova, Venise et Peschiera, les places de l'Oder et de l'Elbe, dans quinze jours, et les autres places et forts dans le plus court délai possible, qui ne pourra excéder celui de quinze jours. Ces places et forts seront remis dans l'état où ils se trouvent présentement, avec toute leur artillerie, munitions de guerre et de bouche, archives, etc., etc. Les garnisons françaises de ces places sortiront avec armes, bagages, et avec leurs propriétés particulières.

S. M. l'empereur des Français fera également remettre, dans l'espace de quatre jours, aux armées alliées les places de Besançon, Belfort et Huningue, qui resteront en dépôt jusqu'à la ratification de la paix définitive, et qui seront remises dans l'état dans lequel elles auront été cédées, à mesure que les armées alliées évacueront le territoire français.

7. Les généraux commandant en chef nommeront sans délai des commissaires chargés de déterminer la ligne de démarcation entre les armées réciproques.

8. Aussitôt que le présent traité préliminaire aura été accepté et ratifié de part et d'autre, les hostilités cesseront sur terre et sur mer.

Le présent traité préliminaire sera suivi dans

le plus court délai possible, par la signature d'un traité de paix définitif.

Les ratifications du traité préliminaire seront échangées dans quatre jours, ou plus tôt, si faire se peut.

Cette lecture achevée, le plénipotentiaire de France fait observer que le projet confond le titre de roi d'Italie avec ceux de médiateur et de protecteur, qui en diffèrent essentiellement; que le premier est un titre de souveraineté, ce que les deux autres ne sont pas; qu'il est attaché à la possession d'un état; que cet état est indépendant de la France, que les renonciations de celle-ci n'entraîneraient nullement une renonciation à la couronne d'Italie, à laquelle l'empereur des Français ne pourrait pas renoncer comme empereur, mais uniquement en sa qualité de roi.

Les plénipotentiaires des cours alliées répondirent que leur intention était que l'empereur Napoléon renonçât à la possession du royaume d'Italie.

M. le duc de Vicence, continuant ses observations, a demandé si le roi de Saxe était compris dans les arrangements que les alliés projetaient pour l'Allemagne, et serait rétabli dans la pleine possession de son royaume.

Si le roi de Westphalie, reconnu par toutes

les puissances du continent, recouvrerait son royaume, ou obtiendrait une indemnité.

Enfin, si les droits du vice-roi, comme héritier du royaume d'Italie, étaient reconnus pour le cas où le roi d'Italie renoncerait à la couronne de ce royaume.

Les plénipotentiaires des cours alliées ayant déclaré s'en tenir pour le moment à leur projet, M. le plénipotentiaire français s'est réservé de proposer une conférence ultérieure, lorsqu'il sera dans le cas d'entrer en discussion sur ce projet, qui était d'une trop haute importance pour qu'il pût y faire à l'instant même une réponse quelconque.

Dans toute autre position, le plénipotentiaire français aurait pu réclamer pour des princes possessionnés dans des pays conquis; mais ce n'était pas le cas lorsqu'on lui avait donné carte blanche pour sauver Paris et éviter une bataille. C'était bien mal connaître la nature de son mandat, que de stipuler pour le roi de Saxe, pour Jérôme, et même pour Eugène, quoiqu'il eût refusé la couronne d'Italie qu'on lui avait offerte pour prix de sa défection.

Dans trois jours, M. le duc de Vicence ne pourra plus arrêter l'effusion du sang, ni faire la paix. Napoléon avait ressaisi la victoire.

Il écrivit le 17 février à M. le duc de Vicence.

« Je vous ai donné carte blanche pour sauver Paris et éviter une bataille, qui était la dernière espérance de la nation. La bataille a eu lieu : la providence a béni nos armes. J'ai fait trente à quarante mille prisonniers; j'ai pris deux cents pièces de canon, un grand nombre de généraux, et détruit plusieurs armées sans presque coup férir. J'ai entamé hier l'armée du prince de Schwartzenberg, que j'espère détruire avant qu'elle ait repassé nos frontières. Votre attitude doit être la même, vous devez tout faire pour la paix; mais mon intention est que vous ne signiez rien sans mon ordre, parceque seul je connais ma position. En général je ne désire qu'une paix solide et honorable, et elle ne peut être telle que sur les bases proposées à Francfort. Si les alliés eussent accepté vos propositions le 9, il n'y aurait pas eu de bataille; je n'aurais pas couru les chances de la fortune, dans le moment où le moindre insuccès perdait la France; enfin, je n'aurais pas connu le secret de leur faiblesse. Il est juste qu'en retour j'aie les avantages des chances qui ont tourné pour moi. Je veux la paix; mais ce n'en serait pas une, que celle qui imposerait à la France des conditions plus humiliantes que les bases de Francfort. Ma position est certainement plus avantageuse qu'à l'époque où les alliés étaient à Francfort : ils pouvaient me braver, je n'avais obtenu aucun avantage sur eux, et ils étaient loin de mon territoire. Aujourd'hui c'est tout différent : j'ai eu d'immenses avantages sur eux, et des avantages tels qu'une carrière militaire de vingt années, et de quelque illustration, n'en présente pas de pareils. Je suis prêt à cesser les hostilités, et à laisser les ennemis rentrer tranquilles chez eux, s'ils signent les préliminaires basés sur les propositions de Francfort. La mauvaise foi de l'ennemi et la violation des engagements les plus sacrés mettent seuls des délais entre nous ; et nous sommes si près, que, si l'ennemi vous laisse correspondre avec moi directement, en vingt-quatre heures on peut avoir réponse aux dépêches ; d'ailleurs, je vais me rapprocher davantage. »

Après une interruption de onze jours, les conférences continuent le 28 février. Les plénipotentiaires des cours alliées se plaignent de ce que le plénipotentiaire français n'a fait aucune réponse, ni dans la forme d'une acceptation, ni dans celle d'une modification du projet ; ils demandent une déclaration distincte et explicite, et pensent qu'il y a d'autant moins de motifs de délais de la part du gouvernement français, à l'égard d'une décision sur les préliminaires proposés, que leur projet était basé en substance sur l'offre faite par M. le plénipotentiaire français dans sa lettre au prince de Metternich. Ils demandent qu'un délai soit fixé par M. le plénipotentiaire français, pour pouvoir communiquer avec son gouvernement, et ils disent qu'ils ont ordre de déclarer que si, à l'expiration de ce délai, il n'était pas arrivé une réponse qui fût en substance d'accord avec les bases établies dans le projet des alliés, la négociation serait regardée comme terminée, et que les plénipotentiaires des cours alliées retourneraient au quartier-général.

Le plénipotentiaire autrichien, au nom de ses collègues, ajoute verbalement qu'ils sont prêts à discuter dans un esprit de conciliation, toute modification que le plénipotentiaire français pourrait être autorisé à proposer; mais que les cours alliées ne sauraient écouter aucune proposition qui différât essentiellement du sens de l'offre déjà faite par M. le plénipotentiaire de France, et que si pareille prétention était mise en avant par la France, les alliés seraient obligés dans ce cas, quoique à regret, de remettre la décision au sort des armes.

M. le duc de Vicence se plaint du retard qu'éprouvent les courriers chargés des dépêches du gouvernement français, par les détours qu'on leur fait faire, et, venant à son offre au prince de Metternich, il répète que cette offre était subordonnée à la demande d'un armistice immédiat, lequel a été refusé, et qu'on ne pouvait par conséquent s'en prévaloir. A l'égard du délai que veulent fixer les plénipotentiaires alliés, il répond que, dans une affaire aussi grave, on ne peut imposer ni prendre l'obligation de répondre à jour fixe.

La séance est levée.

Maintenant que M. le duc de Vicence n'a plus de carte blanche, qu'il n'est plus le maître de faire la paix, il presse l'empereur de faire la paix. Il lui écrit le 5 mars :

« Si votre ministre vous répète sans cesse le mot de *paix*, c'est parcequ'il la croit indispensable, et même pressante, pour ne pas tout perdre ; c'est quand il n'y a pas de tiers entre votre majesté et lui qu'il lui parle franchement...... Personne ne voudrait plus que moi consoler votre majesté, adoucir tout ce que les circonstances et les sacrifices qu'elles exigeront auront de pénible pour elle ; mais l'intérêt de la France, celui de votre dynastie me commandent, avant tout, d'être prévoyant et vrai. D'un instant à l'autre, tout peut être compromis par ces ménagements, qui ajournent la détermination qu'exigent les grandes et difficiles circonstances où nous sommes. Est-ce ma faute si je suis le seul qui tiens ce langage de dévouement à votre majesté? si ceux qui l'entourent et qui pensent comme moi, craignant de lui déplaire et voulant la ménager quand elle a déjà tant de sujets de contrariétés, n'osent lui répéter ce qu'il est de mon devoir de lui dire? Quelle gloire, quel avantage peut-il y avoir pour moi à prêcher, à signer même cette paix, si toutefois on parvient à la faire? Cette paix, ou plutôt ces sacrifices ne seront-ils pas pour votre majesté un éternel grief contre son plénipotentiaire? *Bien des gens en France, qui en sentent aujourd'hui la nécessité, ne me la reprocheront-ils pas six mois après qu'elle aura sauvé votre trône?* Comme je ne me fais pas plus illusion sur ma position que sur celle de votre majesté, elle peut m'en croire; je vois les choses ce qu'elles sont et les conséquences ce qu'elles peuvent devenir. . . . . . . »

M. le duc de Vicence écrivit de nouveau à l'empereur le 6 mars : « La question qui va se décider est si importante, elle peut d'un instant à l'autre avoir tant de fatales conséquences, que je regarde comme un devoir de revenir encore, au risque de lui déplaire, sur ce que j'ai mandé si souvent à votre majesté. Il n'y a pas de faiblesse dans mon opinion, sire; mais je vois tous les dangers qui menacent la France et le trône de votre majesté, je la conjure de les prévenir : il faut des sacrifices; il faut les faire à temps. Comme à Prague, si nous n'y prenons garde, l'occasion va nous échapper. La circonstance actuelle a plus de ressemblance avec celle-là que votre majesté ne le pense peut-être : à Prague, la paix n'a pas été faite, et l'Autriche s'est déclarée contre nous parcequ'on n'a pas voulu croire que le terme fixé fût de rigueur. Ici les négociations vont se rompre, parceque l'on ne se persuade point qu'une question d'une aussi grande importance puisse tenir à telle ou telle réponse que nous ferons, et à ce que cette réponse soit faite avant tel ou tel jour. Cependant plus je considère ce qui se passe, plus je suis convaincu que si nous ne remettons pas le contre-projet [1] demandé, et qu'il ne contienne pas des modifications aux bases de Francfort, tout est fini. J'ose le dire comme je le pense, sire, ni la puissance de la France ni la gloire de votre majesté ne tiennent à posséder Anvers, ou tel autre point des nouvelles frontières . . . . »

[1] Pourquoi M. le duc de Vicence n'a-t-il pas remis le contre-projet lorsqu'il avait carte blanche ?

M. le duc de Vicence avait raison de presser l'empereur Napoléon de faire la paix; mais encore une fois, pourquoi donc M. le duc de Vicence ne l'a-t-il pas signée, cette paix, quand il en avait les pouvoirs, et qu'elle lui était offerte? Assurément lorsque Napoléon lui donna carte blanche, il était disposé aux plus grands sacrifices, il eût accepté même les anciennes limites de la France. Cela résultait des pleins-pouvoirs, cela résulte encore de la lettre du 17 février: « Je vous ai donné carte blanche, dit l'empereur, pour sauver Paris et éviter une bataille où étaient les dernières espérances de la nation......... La bataille a eu lieu...................... J'ai fait quarante mille prisonniers........... Votre attitude doit être la même; vous devez tout faire pour la paix............ Mais mon intention est que vous ne signiez rien sans mon ordre.. .'......... *Je ne désire qu'une paix solide, et elle ne peut être telle que sur les bases proposées à Francfort.* Avant cette lettre, le ministre pouvait donc signer sans les ordres de Napoléon. Depuis sa victoire Napoléon ne veut plus d'une paix qui ne serait pas basée sur les propositions de Francfort: avant sa victoire, il consentait donc à d'autres bases, il consentait donc aux anciennes limites. M. le duc de Vicence devait donc accepter la paix à cette condition, et s'il ne le voulait pas de prime abord, il pouvait présenter un contre-projet tenant le milieu entre les bases de Francfort et celles de Châtillon, et entrer en discussion sur ces propositions, comme l'avait offert le ministre autrichien. Mais M. le duc de Vicence ne voulut rien faire du tout.

« Pendant plus de quinze jours, si les alliés
» l'eussent voulu, la paix aurait été conclue et
» signée à Châtillon, sans que le plénipotentiaire
» français eût été dans le cas de prendre de nou-
» veau les ordres de Napoléon, qui n'aurait pas
» été assez fort alors contre la situation des cho-
» ses, et contre l'opinion pour refuser de ratifier
» un traité signé [1]........ » On n'entend sans doute pas ici une paix basée sur les propositions de Francfort, que Napoléon avait acceptées ; il ne peut être question que des propositions de Châtillon. Or pour savoir si les alliés voulaient réellement cette paix, il eût fallu que le plénipotentiaire français offrît de la signer, puisqu'elle lui était proposée.

Les plénipotentiaires se réunirent le 10 mars. M. le duc de Vicence est encore obligé de se

---

[1] Mémoires écrits à Sainte-Hélène par le comte de Montholon. Tom. II.

plaindre du retard que ses courriers éprouvent de la part des Russes et même des officiers généraux de cette nation, qui s'emparent des dépêches et ne les rendent qu'après les avoir gardées plusieurs jours. Ensuite M. le duc de Vicence demande l'insertion au protocole de ses observations sur le projet des alliés : « il rappelle que, d'après la déclaration de Francfort, les souverains alliés avaient demandé que la France se renfermât dans ses limites naturelles, formées par les Pyrénées, les Alpes, et le Rhin; que l'empereur y avait acquiescé, que la proposition même du 7 février reconnaissait ce principe, que la France devait conserver la même puissance relative qu'elle avait avant les guerres que cette paix devait finir.

» Que rien ne peut justifier la demande faite par les alliés dans la séance du 17 février, de faire rentrer la France dans ses anciennes limites; qu'on ne pouvait se prévaloir de l'offre faite au prince de Metternich, qui était subordonnée à la condition absolue d'un armistice immédiat.

»Que toutes les puissances du continent et l'Angleterre avaient acquis un agrandissement considérable de territoire depuis vingt ans. La France en rentrant dans ses anciennes limites ne conserverait pas sa puissance relative, elle n'aurait pas même le degré de puissance absolue qu'elle avait avant les conquêtes des autres puissances.

» Que pour évaluer la puissance relative des états, ce n'était pas assez de comparer leur force absolue ; qu'il fallait encore faire entrer dans le calcul l'emploi que leur situation géographique les contraignait ou leur permettait d'en faire ; que la France pouvant être attaquée par terre et par mer, sa puissance relative devait être considérée sous deux aspects distincts.

» Que les acquisitions que la France a faites en-deçà des Alpes et du Rhin, et consacrées par les traités de Luneville et d'Amiens, ne suffisent pas même pour rétablir entre elle et les grandes puissances de l'Europe l'équilibre que les changements survenus dans l'état de possession de ces puissances ont rompu.

» Que les puissances gardent un silence que rien n'a pu rompre sur les droits, consacrés par les traités, des princes de la dynastie française, possesseurs de couronnes ou de souverainetés étrangères ; que cependant en renonçant aux droits de ces princes, la France se trouverait avoir perdu de son ancienne puissance relative maritime et continentale. Que la restitution de ses colonies, qui ne ferait alors que la replacer dans son ancien état de grandeur absolue, ne serait point et ne saurait être une compensation de ses pertes; mais qu'il ne fallait pas compter sur Saint-Domingue, et qu'à l'égard de la Guadeloupe, la Guyane et l'île de France, au lieu de restitution, les alliés n'offrent que des bons offices pour cette restitution.

» Qu'après tant de sacrifices, il ne restait plus qu'à demander à la France son déshonneur; que le projet des alliés tendait à lui ôter le droit d'intervenir en faveur d'anciens alliés malheureux; qu'on n'avait pas répondu à la demande faite, si le roi de Saxe serait remis en possession de ses états.

» Que l'on ne veut pas que la France sache à qui, sous quel titres, et dans quelle proportion, appartiendra ce qu'elle aura cédé: on veut qu'elle ignore quels doivent être ses plus proches voisins.

» Que ce n'était point à de telles propositions qu'avait dû préparer le langage des souverains alliés, et celui du prince régent d'Angleterre, lorsqu'il disait au parlement britannique, qu'aucune disposition de sa part à demander à la France aucun sacrifice incompatible avec son intérêt comme nation, ou avec son honneur, ne ferait un obstacle à la paix. »

Les plénipotentiaires des cours alliées répondent, que les observations du plénipotentiaire français ne contiennent pas une déclaration distincte et explicite sur le projet présenté par eux à la séance du 17 février. Alors M. le duc de Vicence déclare verbalement que l'empereur des Français est prêt:

« A renoncer, par le traité à conclure, à tout titre exprimant des rapports de souveraineté, de suprématie, protection ou influence constitutionnelle avec les pays hors des limites de la France;

» Et à reconnaître,

» L'indépendance de l'Espagne dans ses anciennes limites, sous la souveraineté de Ferdinand VII;

» L'indépendance de l'Italie, l'indépendance de la Suisse, sous la garantie des grandes puissances;

» L'indépendance de l'Allemagne,

» Et l'indépendance de la Hollande, sous la souveraineté du prince d'Orange.

» Il déclare encore que si, pour écarter des causes de mésintelligence, rendre l'amitié plus étroite et la paix plus durable entre la France et l'Angleterre, des concessions, de la part de la France, au-delà des mers, peuvent être jugées nécessaires, la France sera prête à les faire, moyennant une équivalent raisonnable. »

Le 8 mars, l'empereur avait fait dire au duc de Vicence : « Il s'agit, pour arriver à la paix, de faire des sacrifices....... Ces sacrifices portent sur des portions de territoire, la Belgique et la rive gauche du Rhin, dont la réunion a été faite constitutionnellement, et a été reconnue par de nombreux traités. L'empereur ne peut pas, dans cette situation, *proposer* la cession d'une partie de ce territoire. *Il peut consentir* à des concessions, s'il n'est que ce moyen de parvenir à la paix; mais, pour qu'il y consente, il faut qu'elles lui soient demandées. Elles lui ont été demandées en masse par le projet que les alliés vous ont remis; mais ce projet est leur premier mot, et ce premier mot ne saurait être leur *ultimatum*. Vous leur répondrez par l'acceptation des propositions qu'il ont faites à Francfort; et cette réponse, qui est également votre premier mot, n'est pas votre *ultimatum*.

« L'empereur connaît mieux que personne la situation des affaires ; il sent donc mieux que personne combien la paix lui est nécessaire; mais S. M. ne veut pas la faire à des conditions plus onéreuses que celles auxquelles les alliés seraient véritablement disposés à consentir..... Vous savez la pensée de S. M. sur les propositions qu'elle pourrait accorder, le Brabant hollandais, Wesel, Cassel, Kell, Mayence.....; et si les alliés s'en contentent, rien n'empêche que nous terminions. S'ils en veulent d'autres, vous aurez à les discuter pour arriver à les faire modifier. Vous irez verbalement aussi avant que vous le jugerez convenable; et, quand vous serez parvenu à avoir un *ultimatum* positif, vous vous trouverez dans le cas d'en référer à votre gouvernement, pour recevoir ses derniers ordres. » L'on verra, à la séance du 15 mars, quel est l'usage que M. le duc de Vicence a fait de ces instructions.

Le 13 mars, les conférences sont continuées. Les plénipotentiaires des cours alliées annoncent qu'ils ont jugé le mémoire de M. le duc de Vicence, inséré au protocole du 10, de nature à ne pouvoir être mis en discussion sans entraver la marche de la négociation; qu'à l'égard de la déclaration verbale, comme elle ne contient que l'acceptation de quelques points du traité remis le 17 février, elle ne peut être regardée comme un contre-projet; qu'ils ont reçu de leurs cours l'instruction positive, précise et stricte de déclarer, ainsi qu'ils l'ont fait, que ces deux pièces ont été tenues insuffisantes, et d'insister sur une autre déclaration qui renfermât un refus de leur projet ou un contre-projet.

« Le plénipotentiaire de France rappelle que les plénipotentiaires des cours alliées, en déclarant eux-mêmes, dans la séance du 28 février, qu'ils étaient prêts à discuter les modifications qui seraient proposées, avaient prouvé par cela même que leur projet n'était pas un *ultimatum*; que pour se rapprocher et arriver à un résultat, une discussion était indispensable.

» M. le duc de Vicence ayant désiré que la séance fût reprise le soir, les plénipotentiaires des cours alliées y ont consenti, en lui disant qu'ils veulent le prévenir dès à présent, qu'ensuite de leurs instructions ils devront l'inviter (après avoir déclaré ce soir s'il veut remettre une acceptation ou un refus de leur projet, ou un contre-projet) à remplir cet engagement dans le terme de vingt-quatre heures, qui a été fixé péremptoirement par leurs cours. »

Cette séance du soir fut employée à presser le plénipotentiaire français de donner sa réponse.

Le 15, M. le duc de Vicence ouvrit la séance en faisant lecture d'un projet dont les principales dispositions vont être rapportées :

Art. 1. A compter de ce jour, il y aura paix, amitié sincère et bonne intelligence entre l'empereur des Français, roi d'Italie, protecteur de la confédération du Rhin, médiateur de la confédération suisse, d'une part; et l'empereur d'Autriche....., l'empereur de Russie....., le roi d'Angleterre....., le roi de Prusse..... et leurs alliés....., d'autre part.

2. S. M. l'empereur des Français renonce, pour lui et ses successeurs, à tous titres quelconques, autres que ceux tirés des possessions qui, en conséquence du présent traité de paix, seront soumis à sa souveraineté.

3. S. M. l'empereur des Français renonce, pour lui et ses successeurs, à tous droits de souveraineté et de possession sur les provinces Illyriennes, et sur les territoires formant les départements français au-delà des Alpes (l'île d'Elbe exceptée), et les départements français au-delà du Rhin.

4. S. M. l'empereur des Français, comme roi d'Italie, renonce à la couronne d'Italie *en faveur de son héritier désigné, le prince Eugène Napoléon, et de ses descendants, à perpétuité.*

L'Adige formera la limite entre le royaume d'Italie et l'empire d'Autriche.

5. Les hautes parties contractantes reconnaissent solennellement, et de la manière la plus formelle, l'indépendance absolue et la pleine

souveraineté de tous les états de l'Europe, dans les limites qu'ils se trouveront avoir en conséquence du présent traité.....

6. S. M. l'empereur des Français reconnaît :

1° L'indépendance de la Hollande, sous la souveraineté de la maison d'Orange.

La Hollande recevra un accroissement de territoire.

Le titre et l'exercice de la souveraineté en Hollande ne pourront, dans aucun cas, appartenir à un prince portant ou appelé à porter une couronne étrangère.

2° L'indépendance de l'Allemagne et de chacun de ses états, lesquels pourront être unis entre eux par un lien fédératif.

3° L'indépendance de la Suisse, se gouvernant elle-même, sous la garantie de toutes les grandes puissances.

4° L'indépendance de l'Italie, et de chacun des princes entre chacun desquels elle est ou se trouvera divisée.

5° L'indépendance et l'intégrité de l'Espagne, sous la domination de Ferdinand VII.

7° Le pape sera remis immédiatement en possession de ses états tels qu'ils étaient en conséquence du traité de Tolentino, *le duché de Bénévent excepté.*

8° *S. A. I. la princesse Elisa conservera pour elle et ses descendants en toute propriété et souveraineté Lucques et Piombino.*

9° *La principauté de Neufchâtel demeurera en toute propriété et souveraineté au prince qu la possède et à ses descendants.*

10° *Sa majesté le roi de Saxe sera rétabli dans la pleine et entière possession de son grand-duché ;*

11° *S. A. R. le grand-duc de Berg sera pareillement remis en possession de son grand-duché.*

12° Les villes de Brême, Hambourg, Lubeck, Dantzick et Raguse seront des villes libres.

13° *Les îles Ioniennes appartiendront en toute souveraineté au royaume d'Italie.*

14° L'île de Malte et ses dépendances appartiendront en toute souveraineté et propriété à sa majesté britannique.

Les autres articles de ce projet sont relatifs aux colonies, pêcheries, comptoirs et autres établissements que la France possédait avant la guerre, aux dispositions à faire des territoires auxquels renonce l'empereur, aux dettes de ces pays, à l'oubli des divisions qui ont agité l'Europe, à la remise des places fortes, des prisonniers, etc., etc.

M. le duc de Vicence avait reçu de sa cour une note pour un contre-projet, mais on ne lui disait pas de stipuler pour Eugène, pour Élisa, pour Berthier, et surtout pour M. de Talleyrand; M. le duc de Vicence embarrassait évidemment la négociation; il allait au-delà de ses instructions pour demander même ce que les victoires de l'empereur ne permettaient pas d'obtenir; il n'a pas usé de sa carte blanche : lorsqu'elle lui est retirée, il reproche à l'empereur de ne vouloir pas faire la paix, il lui dit qu'il faut céder, et puis il demande beaucoup plus que ne voulait l'empereur. C'est une fatalité.

Si M. le duc de Vicence était éclairé sur les projets des alliés, il avait raison de prêcher la paix; mais il avait tort, pour faire cette paix, de voir d'autres pays que la France, d'autres princes que l'empereur.

Dès le 8 mars, M. de Metternich écrivait au duc de Vicence : « Que l'empereur se convainque » bien qu'il n'aura rien fait, s'il n'arrive à la » paix générale : des années de troubles succè- » deraient à des années de calamités. Je ne doute » pas que vous êtes journellement dans le cas de » vous convaincre, M. le duc, que l'Angleterre » va rondement en besogne; le ministère actuel » est assez fort pour vouloir la paix. Si elle ne se

»fait pas dans ce moment, nulle autre occasion
»ne se présentera plus dans laquelle il puisse
»être permis à un ministre anglais de proposer
»même une négociation : le triomphe des parti-
»sans de la guerre à extinction contre l'empe-
»pereur des Français sera assuré ; le monde sera
»bouleversé et la France sera la proie de ces
»évènements. »

Le 18, le prince de Metternich écrivit deux lettres à M. le duc de Vicence ; dans la première, il lui dit : « Nous ne poserons pas les armes sans
» avoir atteint le seul fruit de la guerre que nous
» croyons digne de notre ambition, la certitude
» de jouir d'un état de repos qui ne vous est pas
» moins nécessaire qu'à nous. Nous ne croyons
» pas que la pièce que vous avez été dans le cas
» de présenter le 15 mars soit l'*ultimatum* de votre
» cour. Pourquoi dans cette supposition, et dans
» un moment où chaque jour coûte des sacrifices
» énormes à la France, ne vous a-t-on pas mis
» dans le cas de suivre la marche la plus con-
» forme à vos intérêts ? Pourquoi ne vous a-t-on
» pas donné des explications franches et précises,
» les seules qui pouvaient vous mener au but dans
» le plus court délai possible ? Si les conditions
» du contre-projet sont l'*ultimatum* de l'empe-
» reur, je dirai plus, si l'esprit qui règne dans

» cette pièce est celui qui préside encore à vos
» conseils, toute paix est impossible. »

« Il serait difficile, monsieur le duc, que je
» vous retraçasse les pénibles sensations qu'é-
» prouve l'empereur mon maître. Il aime sa fille,
» et il la voit exposée à de nouvelles inquiétudes;
» et elles ne pourront qu'augmenter. Plus les
» questions politiques se compliqueront, plus
» elles deviendront personnelles. L'empereur
» Napoléon a bien mal reconnu les intentions
» que l'empereur François n'a cessé de lui indi-
» quer si clairement. »

Dans sa seconde lettre M. de Metternich dit :

« Les affaires tournent bien mal, M. le duc;
» le jour où on sera tout-à-fait décidé pour la
» paix avec les sacrifices indispensables, venez
» pour la faire, mais non pour être l'interprète
» de projets inadmissibles...... Que risquent les
» alliés ? en dernier résultat, après de grands re-
» vers, on peut être obligé à quitter le territoire
» de la vieille France...... Vous devez connaître
» nos vues, nos principes, nos vœux. Les pre-
» mières sont toutes européennes et par consé-
» quent toutes françaises; les seconds portent à
» avoir l'Autriche comme intéressée au bien-être
» de la France; les troisièmes sont en faveur

» d'une dynastie si intimement liée à la sienne[1]. »

Ces lettres parvenues à M. le duc de Vicence avant son départ de Châtillon devaient lui paraître écrites de bonne foi. Comment ne l'ont-elles pas déterminé à réduire son projet ? comment n'y a-t-il pas puisé la force de faire la paix, même aux conditions imposées par les alliés ?

Les conférences sont continuées le 18 mars : les plénipotentiaires alliés ont porté à la connaissance de leurs cours le contre-projet français ; ils ont reçu l'ordre de déclarer :

« Que l'Europe alliée contre le gouvernement
» français ne vise qu'au rétablissement de la paix
» générale, continentale et maritime. Cette paix
» ne peut exister sans une juste répartition de
» forces entre les puissances.

» Qu'aucune vue d'ambition n'a dicté le projet
» remis par les puissances alliées. La France, en

---

[1] Il y aurait loin de ces sentiments de l'empereur d'Autriche avec la réponse qu'il fit au sénat, que depuis vingt ans il était armé contre les principes qui venaient de succomber ; et avec la révélation de M. de Pradt, que le prince de Schwartzenberg et M. de Metternich pensaient que la continuation de l'existence souveraine de Napoléon en France était incompatible avec le repos de l'Europe, et que, Napoléon vivant, il n'y avait rien de mieux à faire que de se fixer au retour de l'ancienne dynastie en France.

»rentrant dans les dimensions qu'elle avait en
»1792, reste par la centralité de sa position, sa
»population, la richesse de son sol, la nature de
»ses frontières, le nombre et la distribution de
»ses places de guerre sur la ligne des puissances
»les plus fortes du continent. L'Angleterre lui
»rend ses colonies, et avec elles son commerce
»et sa marine. Elle fait plus, loin de prétendre à
»une domination exclusive des mers, incompati-
»ble avec un système d'équilibre politique, elle
»se dépouille de la presque totalité de ses con-
»quêtes.

»Que le contre-projet présenté par M. le plé-
»nipotentiaire français part d'un point de vue
»entièrement opposé : la France, d'après ses con-
»ditions, garderait une force territoriale infini-
»ment plus grande que le comporte l'équilibre
»de l'Europe. Elle conserverait des positions of-
»fensives et des points d'attaque au moyen des-
»quels son gouvernement a déjà effectué tant de
»bouleversements[1]. Les cessions qu'elle ferait ne
»seraient qu'apparentes. Les principes annoncés
»à la face de l'Europe par le souverain actuel de
»la France, et l'expérience de plusieurs années,
»ont prouvé que des états intermédiaires, sous

[1] Qui les a provoqués ?

» des membres de la famille régnante en France,
» ne sont indépendants que de nom....

» Que le contre-projet ne s'éloigne pas seule-
» ment des bases de paix proposées, mais qu'il est
» essentiellement opposé à leur esprit, et qu'ainsi
» il ne remplit aucune des conditions prises par
» les alliés à la prolongation des conférences de
» Châtillon.

» Que les cours alliées ne peuvent reconnaître
» dans la marche suivie par le gouvernement
» français, que le désir de traîner en longueur des
» négociations aussi inutiles que compromet-
» tantes.

» Qu'en conformité de leur déclaration anté-
» rieure, les puissances alliées regardent les né-
» gociations entamées à Châtillon comme *termi-
» nées par le gouvernement français*, et que les
» plénipotentiaires ont ordre d'ajouter à cette dé-
» claration, que les puissances alliées *ne font pas
» la guerre à la France*, qu'elles regardent les
» justes dimensions de cet empire comme une
» des premières conditions d'un état d'équilibre
» politique, mais qu'elles ne poseront pas les
» armes avant que leurs principes aient été re-
» connus et admis par son gouvernement. »

La séance continuée au 19 mars, le plénipotentiaire de France a répondu :

» Que la France, sur qui pèsent tous les maux de la double guerre continentale et maritime, doit désirer et désire plus que qui que ce soit la double paix qui doit la finir, et que son vœu, sur ce point, ne peut être l'objet d'un doute.

» Que la volonté de la France de concourir à l'établissement d'un juste équilibre en Europe est prouvée par la grandeur des sacrifices auxquels elle a déjà consenti; qu'elle ne s'est pas bornée à invoquer ou à reconnaître le principe, mais qu'elle agit en conformité.

» Que le projet des alliés ne parle que des sacrifices demandés à la France, nullement de l'emploi de ces sacrifices; qu'il ne donne aucuns moyens de connaître quelle sera la répartition des forces entre les puissances, et qu'il a même été rédigé dans le dessein formel que la France ignorât cette répartition.

» Que, sans taxer d'ambition aucune des cours alliées, il ne peut cependant s'empêcher de remarquer que la plus grande partie des sacrifices que la France aura faits devra tourner à l'accroissement individuel du plus grand nombre d'entre elles, sinon de toutes.

» Que si, pour donner une preuve de plus de son esprit de conciliation, et pour arriver plus promptement à la paix, la France consentait à ce que les quatre cours alliées négociassent tant pour elles-mêmes que pour l'universalité des états engagés avec elles dans la présente guerre, elle ne peut néanmoins admettre, ni de fait ni de droit, que la volonté de ces quatre cours soit la volonté de toute l'Europe.

» Que les observations remises dans la séance du 10 mars embrassant l'ensemble et tous les détails du projet des alliés, examinant le principe sur lequel ils reposent et leur application, étaient une véritable réponse à ce projet, réponse pleine de modération et d'égards, et qu'il était d'autant plus nécessaire de discuter que ce n'est qu'après être demeuré d'accord sur les principes qu'on peut s'accorder sur les conséquences.

» Que la note verbale du même jour touchait si bien au fond des arrangements des alliés qu'elle était un consentement à plus des six septièmes des sacrifices qu'ils demandaient.

» Que la déclaration de ce jour dit et répète que l'Angleterre rend à la France ses colonies; mais que, par le projet du 17 février, l'Angleterre garde et ne rend point les seules qui aient quelque valeur.

» Qu'en affirmant que la France veut garder une étendue de territoire plus grande que ne le comporte l'équilibre de l'Europe, on pose en fait ce qui est en question, et l'on affirme sans preuve le contraire de ce que les observations du 10 mars établissent et prouvent, par des faits et des raisonnements, qu'on a refusé de discuter, et contraires encore à ce que les souverains alliés pensaient et déclaraient au mois de novembre dernier.

» Que, si l'Angleterre prouve sa modération par la restitution qu'elle promet à la Hollande, la France ne prouve pas moins son désir sincère de la paix, en promettant aussi pour la Hollande un accroissement de territoire.

» Qu'on a sûrement oublié que le prince vice-roi, en faveur de qui l'empereur des Français renonce à un royaume indépendant de la France, appartient par des liens de famille à l'Allemagne autant qu'à la France.

» Que le grand-duché de Berg appartient tout entier au système fédératif de l'Allemagne, proposé par les alliés, et que, quant à Lucques et Piombino, on peut à peine leur donner le nom d'états.

» Qu'ainsi loin d'être essentiellement opposé à l'esprit du projet des cours alliées le contre-projet français est plus conforme à cet esprit qu'il n'était peut-être naturel de le penser, lorsqu'il ne s'agissait encore que d'un premier pas vers le but de la négociation.

« Qu'en effet le projet des cours alliées et le contre-projet français n'ont pu être considérés autrement que comme établissant, de part et d'autre, des points de départ pour arriver de là au but qu'on se propose réciproquement d'atteindre par une gradation de demandes et de concessions, alternatives et mutuelles, soumises à une discussion amiable, sans laquelle il n'existe point de véritable négociation.

» Qu'une preuve du désir bien sincère qu'a la France d'arriver à la paix, c'est que, par le contre-projet du 15 mars, elle s'est d'elle-même placée, du premier mot, bien en-deçà de ce que les bases proposées par les cours alliées il y a quatre mois, et qu'elles déclaraient alors être celles qui convenaient à l'équilibre de l'Europe, l'autorisaient à demander.

» Qu'il s'attendait à voir, dans la séance de ce jour, commencer cette discussion qu'il n'a cessé d'offrir ou de réclamer, et qu'au lieu de cela on lui annonce une rupture, comme pour prévenir toute discussion.

» Il déclare en conséquence que, bien loin que la rupture puisse être imputée à son gouvernement, il ne peut encore considérer sa mission de paix comme terminée ; qu'il doit attendre les ordres de sa cour, et qu'il est, comme il l'a précédemment déclaré, prêt à discuter dans un esprit de conciliation et de paix, toute modification des projets respectifs qui serait proposée ou demandée par MM. les plénipotentiaires des cours alliées ; qu'il espère qu'ils voudront bien en rendre compte à leurs cabinets, et que pour donner un témoignage de leurs dispositions personnelles, pour arriver à une paix qui est le vœu du monde, ils attendront les réponses de leurs cours respectives. Il déclare en outre que son gouvernement est toujours prêt à continuer la négociation ou à la reprendre de la manière et sous la forme qui pourra amener le plus promptement possible la cessation de la guerre. »

MM. les plénipotentiaires des cours alliées observent que, par une faute du copiste, il y a dans la déclaration qu'ils ont dictée hier, au protocole, une omission des deux paragraphes suivants, dont ils demandent l'insertion au protocole, pour compléter la pièce précitée.

1° Après ces mots, de la part du gouvernement français, ils y ont ajouté verbalement « qu'ils étaient prêts à discuter, dans un esprit de conciliation, toute modification que M. le plénipotentiaire français pourrait être autorisé à proposer, et qui ne serait pas opposée à l'esprit des propositions faites par les cours alliées ; le terme du 10 mars ayant été, etc., etc. »

2° Après les mots, quelle place dans la balance de la paix, « ces principes paraissent avoir été trouvés justes par le gouvernement français, à l'époque où il croyait sa capitale menacée par les armées alliées, à la suite de la bataille de Brienne...... »

Ils ajoutent : « Le plénipotentiaire français n'admit pas seulement, par une démarche confidentielle, les limites de la France, telles qu'elles avaient été en 1792, comme bases de pacification ; il offrit même la remise immédiate de places, dans les pays cédés comme gages de sécurité pour les alliés, dans le cas que les puissances voulussent accéder sur-le-champ à un armistice.

» Les puissances donnèrent une preuve de leur désir de voir l'Europe pacifiée dans le plus court délai possible, en se prononçant pour une signature immédiate des préliminaires de la paix.

» Mais il avait suffi de quelques succès apparents, pour faire changer les dispositions du gouvernement français. »

« Le plénipotentiaire de France observe qu'il paraît au moins extraordinaire qu'on ait oublié deux paragraphes dans une pièce préparée depuis plusieurs jours par les cabinets, et il répond ensuite à la nouvelle déclaration qui lui est faite,

Quant au premier point :

« Qu'il doit regretter vivement que la conduite de MM. les plénipotentiaires des cours alliées, en refusant constamment, malgré ses instances réitérées, d'entrer en discussion avec lui, tant sur leur propre projet que sur le contre-projet qu'il leur a remis, ait été jusqu'à ce moment même si complètement en opposition avec la déclaration qu'ils relatent.

Quant au second :

« Que ce qui y est dit, relativement à la démarche *confidentielle* faite par lui, le 9 février, a été suffisamment réfuté ; quant au fait, dans les précédentes conférences ; et quant aux nouvelles réflexions qui sont mises en avant, que l'Europe jugera qui de son gouvernement ou des souverains alliés l'on peut, à juste titre, accuser d'avoir manqué de modération. En suspendant, sans cause avouée, la négociation à l'époque même dont il est question, en rejetant avec la condition qui y était émise la proposition, les puissances alliées n'ont-elles pas prouvé que, dans cette circonstance, comme dans tout ce qui a suivi le jour où les bases d'une négociation ont été posées à Francfort par leurs ministres, elles ont placé constamment leurs vues sous l'influence illimitée des évènements, loin de tendre, comme elles le disent, avec justice et modération, au rétablissement d'un véritable équilibre de l'Europe. »

Après cette réponse, dont copie a été remise à MM. les plénipotentiaires des cours alliées, ceux-ci ont déclaré que leurs pouvoirs étaient éteints, et qu'ils avaient ordre de retourner aux quartiers-généraux de leurs souverains.

Enfin, par une dernière note, les plénipotentiaires alliés demandèrent que le pape fût rendu à l'indépendance; et comme l'on pourrait croire que cette demande a eu de l'influence sur le départ du saint-père, il faut déclarer ici, pour réduire à sa juste valeur la sollicitude des alliés, que le pape était déjà parti, et que les alliés et leurs plépotentiaires étaient parfaitement instruits de cet évènement.

Les conférences terminées, M. le duc de Vicence quitta Châtillon, mais presque aux portes de la ville il reçut un courrier qui lui portait de nouveaux ordres de l'empereur. S. M. avait écrit le 17 mars de Reims à son plénipotentiaire :

« Je vous donne directement l'autorisation de faire les concessions qui seraient indispensables pour maintenir l'activité des négociations, et arriver enfin à connaître l'*ultimatum* des alliés....

Bien entendu que le traité aurait pour résultat l'évacuation de notre territoire et le renvoi de part et d'autre de tous les prisonniers. »

M. le duc de Vicence continua sa route.

Arrivé à Joigny le 21 mars, il écrivit au prince de Metternich pour lui dire que les lettres qu'il avait reçues en chemin augmentaient tous ses regrets, qu'elles ne lui laissaient pas de doute sur la possibilité qu'on aurait eue de s'entendre à Châtillon. Il est fâcheux qu'après avoir reçu ces lettres, M. le duc de Vicence n'ait pas rebroussé chemin.

Enfin M. le duc de Vicence, rendu au quartier-général de l'empereur, reçoit de nouveaux pouvoirs pour négocier et signer la paix avec les ministres alliés. Il prévient le prince de Metternich, par sa lettre du 25 mars, qu'il est prêt à se rendre au quartier-général des alliés, et qu'il attendra la réponse du prince aux avant-postes.

Cette dernière démarche fut infructueuse : les alliés n'ont jamais voulu la paix que lorsqu'ils doutaient du succès de leurs armes ; on a vu leur conduite dans les négociations, on a vu le respect qu'ils ont eu pour leurs propres conditions. Ils posent des bases à Dresde, Napoléon les admet ; les alliés ne répondent pas : Napoléon accepte les propositions de Francfort, les alliés les retirent; ils en font d'autres à Châtillon. Les conférences se rompent; mais Napoléon donne des pouvoirs pour les reprendre et signer la paix. Les alliés gardent le silence: alors ils comptaient sur leurs masses; ils comptaient sur les conspirateurs, sur les défections.

Mais pendant quelques jours les alliés auraient signé cette paix à Châtillon, parcequ'elle réduisait la France à une force moindre que celle des grandes puissances, parcequ'alors leurs armées étaient battues, et qu'ils se croyaient moins près de Paris que de l'Allemagne.

Napoléon devait accepter cette paix, ou plutôt on devait l'accepter pour lui. Il est vrai que bien des gens en France en eussent fait le texte de leurs déclamations: mais une paix faite avec l'Europe aux portes de Paris consolidait la dynastie impériale; mais une constitution libérale, offerte aux peuples, aurait calmé des passions mal éteintes. Alors Napoléon pouvait tout attendre du temps, les Alpes et le Rhin se seraient rapprochés de la France.

Déclaration de Francfort.

Francfort, le 1ᵉʳ décembre 1813.

Le gouvernement français vient d'arrêter une nouvelle levée de trois cent mille conscrits. Les motifs du sénatus-consulte renferment une provocation aux puissances alliées. Elles se trouvent appelées à promulguer de nouveau à la face du monde les vues qui les guident dans la présente guerre, les principes qui font la base de leur conduite, leurs vœux et leurs déterminations.

Les puissances alliées ne font point la guerre à la France, mais à cette prépondérance hautement annoncée, à cette prépondérance que, pour le malheur de l'Europe et de la France, l'empereur Napoléon a trop long-temps exercée hors des limites de son empire.

La victoire a conduit les armées alliées sur le Rhin. Le premier usage que LL. MM. II. et RR. en ont fait a été d'offrir la paix à S. M. l'empereur des Français. Une attitude renforcée par l'accession de tous les souverains et princes d'Allemagne n'a pas eu d'influence sur les conditions de la paix. Ces conditions sont fondées sur l'indépendance de l'empire français comme sur l'indépendance des autres états de l'Europe. Les vues des puissances sont justes dans leur objet, généreuses et libérales dans leur application, rassurantes pour tous, honorables pour chacun.

Les souverains alliés désirent que la France soit grande, forte et heureuse, parceque la puissance française, grande et forte, est une des bases fondamentales de l'édifice social. Ils désirent que la France soit heureuse, que le commerce français renaisse, que les arts, ces bienfaits de la paix, refleurissent, parcequ'un grand peuple ne saurait être tranquille qu'autant qu'il est heureux. Les puissances confirment à l'empire français une étendue de territoire que n'a jamais connue la France sous ses rois, parcequ'une nation valeureuse ne déchoit pas pour avoir à son tour éprouvé des revers dans une lutte opiniâtre et sanglante où elle a combattu avec son audace accoutumée.

Mais les puissances aussi veulent être libres, heureuses et tranquilles. Elles veulent un état de paix qui, par une sage répartition des forces, par un juste équilibre, préserve désormais les peuples des calamités sans nombre qui depuis vingt ans ont pesé sur l'Europe.

Les puissances alliées ne poseront point les armes sans avoir atteint ce grand et bienfaisant résultat, ce noble objet de leurs efforts. Elles ne poseront pas les armes avant que l'état politique de l'Europe ne soit de nouveau raffermi, avant que des principes immuables n'aient repris leurs droits sur de vaines prétentions, avant que la sainteté des traités n'ait enfin assuré une paix véritable à l'Europe.

Déclaration de Châtillon.

Châtillon-sur-Seine, 16 mars 1814.

Les puissances alliées se doivent à elles-mêmes, à leurs peuples et à la France, d'annoncer publiquement, dans le moment de la rupture des conférences de Châtillon, les motifs qui les ont portées à entamer une négociation avec le gouvernement français, et les causes de la rupture de cette négociation.

Des évènements militaires, tels que l'histoire aura peine à en recueillir dans d'autres temps, renversèrent, au mois d'octobre dernier, l'édifice monstrueux compris sous la dénomination d'empire français ; édifice politique fondé sur les ruines d'états jadis indépendants et heureux, agrandi par des provinces arrachées à d'antiques monarchies, soutenu au prix du sang, de la fortune et du bien-être d'une génération entière. Conduits sur le Rhin par la victoire, les souverains alliés crurent devoir exposer de nouveau à l'Europe les principes qui forment la base de leur alliance, leurs vœux et leur détermination. Éloignés de toute vue d'ambition et de conquête, animés du seul désir de voir l'Europe reconstruite sur une juste échelle de proportion entre les puissances, décidés à ne pas poser les armes avant d'avoir atteint le noble but de leurs efforts, ils manifestèrent la constance de leurs intentions par un acte public, et ils n'hésitèrent pas à s'expliquer vis-à-vis du gouvernement ennemi, dans un sens conforme à leur immuable résolution. Le gouvernement français se prévalut des explications franches des cours alliées pour témoigner des dispositions pacifiques. Il avait besoin, sans doute, d'en emprunter les apparences pour justifier aux yeux de ses peuples les nouveaux efforts qu'il ne cessait de leur demander. Tout, cependant, prouvait aux cabinets alliés qu'il ne voulait que tirer parti d'une négociation apparente, dans l'intention de disposer l'opinion publique en sa faveur, et que la paix de l'Europe était loin encore de sa pensée. Les puissances, pénétrant ses vues secrètes, se décidèrent à aller conquérir en France même cette paix tant désirée. Des armées nombreuses passèrent le Rhin ; à peine eurent-elles franchi les premières barrières, que le ministre des relations extérieures de la France se présenta aux avant-postes.

Toutes les démarches du gouvernement français n'eurent dès lors plus d'autre but que de donner le change à l'opinion, de fasciner les yeux du peuple français, et de chercher à rejeter sur les alliés l'odieux des malheurs de cette guerre d'invasion.

La marche des évènements avait donné à cette époque aux cours alliées le sentiment de toute la force de la ligue européenne. Les principes qui présidaient aux conseils des souverains, dès leur première réunion pour le salut commun, avaient reçu tout leur développement; rien n'empêchait plus qu'ils n'exprimassent les conditions nécessaires à la reconstruction de l'édifice social: ces conditions ne devaient plus, à la suite de tant de victoires, former un obstacle à la paix. La seule puissance appelée à placer dans la balance des compensations pour la France, l'Angleterre, pouvait énoncer avec détail les sacrifices qu'elle était prête à porter à la pacification générale. Les souverains alliés pouvaient espérer enfin que l'expérience des derniers temps aurait influé sur un conquérant en butte aux reproches d'une grande nation, et témoin pour la première fois, dans sa capitale même, des maux qu'il a attirés sur la France. Cette expérience pouvait l'avoir conduit au sentiment que la conservation des trônes se lie essentiellement à la modération et à la justice. Toutefois, les souverains alliés, convaincus que l'essai qu'ils feraient ne devait pas compromettre la marche des opérations militaires, convinrent que ces opérations continueraient pendant la négociation : l'histoire du passé et de funestes souvenirs leur avaient démontré la nécessité de cette démarche. Leurs plénipotentiaires se réunirent avec celui du gouvernement français.

Bientôt les armées victorieuses s'avancèrent jusqu'aux portes de la capitale. Le gouvernement ne songea, dans ce moment, qu'à la sauver d'une occupation ennemie. Le plénipotentiaire de France reçut l'ordre de proposer un armistice fondé sur des bases conformes à celles que les cours alliées jugeaient elles-mêmes nécessaires au rétablissement de la paix générale. Il offrit la remise immédiate des places fortes dans les pays que la France céderait, le tout à la condition d'une suspension militaire. Les cours alliées, convaincues par vingt années d'expérience que, dans les négociations avec le cabinet français, les apparences doivent être soigneusement distinguées des intentions, substituèrent à cette proposition celle de signer sur-le-champ les préliminaires de la paix. Cette signature avait pour la France tous les avantages d'un armistice, sans entraîner pour les alliés les dangers d'une suspension d'armes. Quelques succès partiels venaient cependant de marquer les premiers pas d'une armée formée sous les murs de Paris, de l'élite de la génération actuelle, dernière espérance de la nation, et des débris d'un million de braves qui avaient péri sur les champs de bataille, ou qui avaient été abandonnés sur les grandes routes, depuis Lisbonne jusqu'à Moscou, sacrifiés à des intérêts étrangers à la France. Aussitôt les conférences de Châtillon changèrent de caractère : le plénipotentiaire français demeura sans instructions, et fut hors d'état de répondre aux propositions des cours alliées. Elles chargèrent leurs plénipotentiaires de remettre un projet de traité préliminaire, renfermant toutes les bases qu'elles jugeaient nécessaires pour le rétablissement de l'équilibre politique, et qui, peu de jours avant, avaient été offertes par le gouvernement français lui-même, dans un moment où il croyait sans doute son existence compromise. Les principes de la reconstruction de l'Europe se trouvaient établis dans ce projet.

La France, rendue aux dimensions que des siècles de gloire et de prospérité, sous la domination de ses rois, lui avaient assurées, devait partager avec l'Europe les bienfaits de sa liberté, de l'indépendance nationale et de la paix. Il ne dépendait que de son gouvernement de mettre, par un seul mot, un terme aux souffrances de la nation, de lui rendre, avec la paix, ses colonies, son commerce et le libre exercice de son industrie. Voulait-il plus? Les puissances s'étaient offertes à discuter, dans un esprit de conciliation, ses vœux sur des objets de possession d'une mutuelle convenance, qui dépasseraient les limites de la France avant les guerres de la révolution. Quinze jours se passèrent sans réponse de la part du gouvernement français. Les plénipotentiaires alliés insistèrent sur un terme péremptoire pour l'acceptation ou le refus des conditions de la paix. On laissa au plénipotentiaire français la latitude de présenter un contre-projet, pourvu que ce contre-projet répondît à l'esprit et à la substance des conditions proposées par les cours alliées. Le terme du 10 mars fut fixé d'un commun accord. Le plénipotentiaire français ne produisit, à l'échéance du terme, que des pièces dont la discussion, loin de rapprocher du but, n'eût fait que prolonger de stériles négociations. Un nouveau terme de peu de jours fut accordé à la demande du plénipotentiaire de France. Le 15 mars, enfin, ce plénipotentiaire remit un contre-projet qui ne laissa plus de doute que les malheurs de la France n'avaient pas encore changé les vues de son gouvernement. Revenant sur ce qu'il avait proposé lui-même, le gouvernement français demanda, dans un nouveau projet, que des peuples étrangers à l'esprit français, des peuples que des siècles de domination ne fondraient pas dans la nation française, devaient continuer à en faire partie. La France devait conserver des dimensions incompatibles avec l'établissement d'un système d'équilibre, et hors de proportion avec les autres grands corps politiques en Europe; elle devait garder les positions et les points offensifs au moyen desquels son gouvernement avait, pour le malheur de l'Europe et de la France, amené la chute de tant de trônes, et opéré tant de bouleversements; des membres de la famille régnante en France devaient être replacés sur des trônes étrangers; le gouvernement français, enfin, ce gouvernement qui depuis tant d'années n'a pas moins cherché à régner sur l'Europe par la discorde que par la force des armes, devait rester l'arbitre des rapports intérieurs et du sort des puissances de l'Europe.

Les cours alliées, en continuant la négociation sous de tels auspices, eussent manqué à tout ce qu'elles se doivent à elles-mêmes ; elles eussent dès ce moment renoncé au but glorieux qu'elles se proposent; leurs efforts n'eussent plus tourné que contre leurs peuples. En signant un traité sur les bases du contre-projet français, les puissances eussent déposé les armes entre les mains de l'ennemi commun ; elles eussent trompé l'attente des nations et la confiance de leurs alliés.

C'est dans un moment aussi décisif pour le salut du monde, que les souverains alliés renouvellent l'engagement solennel qu'ils ne poseront pas les armes avant d'avoir atteint le grand objet de leur alliance. La France ne peut s'en prendre qu'à son gouvernement des maux qu'elle souffre. La paix seule pourra fermer les plaies qu'un esprit de domination universelle et sans exemple dans les annales du monde, lui a portées. Cette paix sera celle de l'Europe ; toute autre est inadmissible. Il est temps enfin que les princes puissent, sans influence étrangère, veiller au bien-être de leurs peuples ; que les nations respectent leur indépendance réciproque ; que les institutions sociales soient à l'abri de bouleversements journaliers, les propriétés assurées et le commerce libre. L'Europe entière ne forme qu'un vœu, celui de faire participer à ces bienfaits de la paix, la France, dont les puissances alliées elles-mêmes ne désirent, ne veulent et ne souffriront pas le démembrement. La foi de leurs promesses est dans les principes pour lesquels elles combattent. Mais par où les souverains pourront-ils juger que la France veut les partager, ces principes qui doivent fonder le bonheur du monde, aussi long-temps qu'ils verraient que la même ambition qui a répandu tant de maux sur l'Europe est encore le seul mobile du gouvernement; que, prodigue du sang français et le versant à flots, l'intérêt public est toujours immolé à l'intérêt personnel ? sous de tels rapports, où serait la garantie de l'avenir, si un système aussi destructeur ne trouvait pas un terme dans la volonté générale de la nation ? Dès lors la paix de l'Europe est assurée, et rien ne saurait la troubler à l'avenir.

LIVRE TROISIÈME.

CHAPITRE I.

Le secret était si bien gardé sous l'empire qu'à l'exception de quelques uns les Français ignoraient quel avait été le sort des princes de la maison de Bourbon, absents depuis plus de vingt ans.

Le comte d'Artois arriva à Paris le 12 avril 1814, et le sénat, qui se perpétuait dans son usurpation, osa lui déférer le gouvernement de la France, sous le titre de *lieutenant-général du royaume*. Ce qui mérite d'être remarqué, c'est que le prince, qui, d'après les principes de la légitimité, ne devait tenir de pouvoir que de sa naissance ou du roi, accepta le titre qui lui était donné par une assemblée sans mandat.

Le premier soin de son altesse fut d'ordonner la restitution de tous les objets à l'usage du saint-père, qui se trouvaient à Paris ou dans d'autres lieux du royaume, et d'envoyer des commissaires dans chaque division militaire, à l'effet de répandre dans le pays une connaissance exacte des évènements qui ont rendu la France à ses souverains légitimes.

On lui fit signer une convention avec les puissances alliées, par laquelle il leur est fait remise de toutes les places fortes, occupées par l'armée française, au dehors des limites qu'avait la France au 1ᵉʳ janvier 1792, avec tout le matériel, dépôts d'artillerie, munitions, etc., etc.[1].

Le comte de Provence, Monsieur, frère puîné de Louis XVI, et qui était appelé au trône, habitait Harthwell, en Angleterre; il se rendit en France lorsqu'il fut informé des évènements. Arrivé à Saint-Ouen, village près de Paris, il y fit une déclaration de ses intentions sur la forme de gouvernement qu'il entendait adopter, et, quelque temps après, il a *volontairement, et par le libre exercice de son autorité royale, accordé, fait concession et octroi à ses sujets, tant pour lui que pour ses successeurs et à toujours, d'une charte constitutionnelle qui établit le système représentatif.*

Après avoir fixé les bases de son gouvernement, le roi organisa sa maison militaire; il rétablit les gardes-du-corps, les cent-suisses, les mousquetaires gris et noirs, les gendarmes, les

---

[1] Voir sur ces actes le *Bulletin des lois* d'avril 1814.

chevau-légers, les gardes de la porte, etc., etc.[1].

La vieille garde ne fit plus le service près du souverain; ses différents corps reçurent une nouvelle dénomination, et furent envoyés en garnison dans l'intérieur.

Les régiments de ligne furent fondus ensemble, et les premiers désignés sous les noms de *régiment du Roi*, *régiment de la Reine*, *Dauphin*, *Monsieur*, *Angoulême*, *Berri*, *Orléans*, *Condé*, *Bourbon*, etc.

Une ordonnance rétablit les régiments du colonel-général, dont les enseignes devaient être saluées par les drapeaux et étendards des autres régiments. Ces enseignes avaient pour devises: celle de l'infanterie, *Præteriti exemplum, fidesque futuri*, et celle de la cavalerie, au milieu d'un soleil en broderie d'or, *Nec pluribus impar*[2].

L'ancien nom de *lieutenant-général* fut substitué à celui de *général de division*, et celui de *maréchal-de-camp* à *général de brigade*.

Tous les officiers de l'armée ne purent trouver de place dans la nouvelle composition des corps;

---

[1] Les gardes de la porte, les chevau-légers et les gendarmes avaient été supprimés en 1787. Les mousquetaires avaient été supprimés en 1775.

[2] C'était la devise de Louis XIV, sous l'emblème d'un soleil dardant ses rayons sur un globe.

ils furent renvoyés dans leurs foyers, en réforme ou en demi-solde, quoique jeunes encore et pleins de vie. En même temps, la maison militaire du roi se composait d'environ quatre mille hommes, qui tous avaient le rang d'officiers et en portaient les marques distinctives. Une foule de soldats, blanchis sous les armes, et qui avaient espéré de finir leurs jours au service, furent aussi remerciés.

Les administrations subirent des réformes, et de nouveaux employés remplacèrent les anciens.

En arrivant en France, le comte d'Artois avait dit : *Plus de droits réunis.* C'était plaire au peuple, car c'était ce qui le fatiguait le plus. Cependant l'état des finances ne permit pas de détruire une branche de produit, les droits réunis furent conservés; mais, confiant dans la parole du prince, le peuple se refusa d'abord à payer : il fallut que l'autorité s'en mêlât et que la puissance royale intervînt [1].

Il était naturel de penser que la chute de Napoléon et le rétablissement des Bourbons n'auraient pas lieu sans amener une division dans les opinions. Il s'en forma deux principales.

Les royalistes étaient composés de trop d'élé-

---

[1] Voir la proclamation du roi, du 10 mai 1814.

ments pour suivre une même marche; leur but aussi était différent, chacun voulant ce qui servait mieux ses intérêts.

Les nobles, les émigrés, qui se disaient les vrais royalistes, formèrent dans leur classe trois catégories bien distinctes, et leurs opinions, quoique les mêmes au fond, avaient pourtant des nuances différentes.

On distinguait dans les nobles ceux qui étaient restés en France d'avec ceux qui avaient émigré. Dans ces derniers, l'on distinguait les émigrés qui n'étaient rentrés qu'avec les princes d'avec les émigrés qui avaient profité de l'amnistie pour revenir dans leur patrie; et ceux-ci étaient encore divisés en deux séries, ceux qui avaient pris du service sous le régime impérial, et ceux qui n'en avaient pas sollicité ou qui n'avaient pu en obtenir.

Les hommes qui avaient abandonné la France prétendirent avoir suivi la ligne droite; c'est-à-dire que pour ces Français, la patrie était hors de France, que l'on n'avait pu servir son pays qu'en le quittant et en faisant la guerre à ceux qui le défendaient. Cette ligne droite avait été suivie plus ou moins rigoureusement, selon qu'on était resté plus ou moins de temps en émigration.

D'après ces idées, presque tous les Français avaient dévié de la ligne droite, autrement, il avaient manqué à leurs devoirs. Les moins coupables étaient ceux qui n'avaient rempli aucunes fonctions. Quant aux employés des divers gouvernements, surtout du gouvernement impérial, ils étaient frappés d'une espèce de réprobation.

Malgré les déclarations du roi, malgré la charte, on sema des craintes jusque dans les campagnes les plus reculées, sur la validité des actes des pouvoirs précédents. On inquiéta les possesseurs de biens nationaux, et l'on fit craindre au peuple le rétablissement des dîmes et des droits féodaux[1].

Cette charte, dont le préambule avait blessé certains esprits, mais que cependant les Français regardaient comme une ancre de salut, restait pour ainsi dire dans l'oubli. Le gouvernement, je veux dire le ministère, sans aucune connaissance de la France nouvelle, marchait comme s'il ne se fût rien passé depuis trente ans, et comme s'il eût ignoré qu'il y avait eu une révolution.

Il se conduisait comme au temps des états-

---

[1] « On a parlé dans ces derniers temps du rétablissement de la dîme et des droits féodaux. Cette fable, inventée par l'ennemi commun, n'a pas besoin d'être réfutée. » (Proclamation du roi, du 28 juin 1815.)

« Si les acquéreurs de domaines nationaux ont conçu des inquiétudes, la charte aurait dû suffire pour les rassurer. » (Même proclamation.)

généraux [1] et des assemblées. Il n'imaginait et n'adoptait que de fausses mesures; il ne laissait rien échapper de ce qui pouvait exciter le mécontentement. Après avoir bouleversé l'administration civile et judiciaire, décomposé l'armée et laissé le peuple dans l'inquiétude sur la validité des actes législatifs auxquels il avait dû obéir, il ne le rassura pas sur la stabilité du pacte social qui avait été donné par le roi. Il était d'autant plus aisé d'exciter la sollicitude du peuple à cet égard, que la charte n'avait point encore été jurée solennellement. On jeta sur le peuple les crimes de la révolution, et l'on s'efforça de les reprocher à chaque individu, comme si la France eût été responsable des actions de quelques malheureux poussés par ses ennemis. On ne dissimulait pas le désir de faire une contre-révolution, et de ramener l'ancien régime avec tous ses abus [2]?

[1] « Revenu sur le sol de la patrie, je me plais à parler de confiance à mes peuples. Lorsque je reparus au milieu d'eux, je trouvai les esprits agités et emportés par des passions contraires. Mes regards ne rencontraient de toutes parts que des difficultés et des obstacles; mon gouvernement devait faire des fautes : peut-être en a-t-il fait. Il est des temps où les intentions les plus pures ne suffisent pas pour diriger, ou quelquefois même elles égarent. » (Proclamation du roi, du 28 juin 1815.)

[2] Il est malheureux que le gouvernement n'ait pas mis le

Quel que soit le gouvernement qui s'écroule, sa chute blesse beaucoup d'intérêts, et le gouvernement impérial, construit en grand, laissait un grand vide. Cependant les hommes qui s'étaient élevés par leurs services croyaient trouver leur récompense sous le gouvernement royal : la promesse leur en avait été faite, au moins tacitement. Mais ces nobles paroles d'un prince, « Mes amis, il n'y a rien de changé en France, » il n'y a qu'un Français de plus, » n'ont pas été comprises des agents de l'autorité. Ces hommes, qui devaient tout à leurs services, regrettaient peut-être le gouvernement impérial ; mais ces regrets se seraient amortis, et, traités d'après leurs droits, leur fidélité n'eût point été équivoque. La partie de la nation qui ne tenait rien du gouvernement, malgré l'amour qu'elle avait pu porter à Napoléon, trouvait des charmes à un état de choses qui annonçait la paix, après une crise de vingt-cinq ans. Il fallait donc peu d'efforts pour rallier tous les Français, et en faire une seule famille groupée autour du trône. Mais les ministres gouvernèrent avec les idées des siècles passés, et les courtisans manœuvrè-

peuple en garde contre ces calomnies et ces faux bruits, et n'en ait pas recherché les auteurs.

rent comme s'ils avaient encore été sous le sceptre de Louis XV. L'effet fut prompt : les Français s'effrayèrent de cette marche rétrograde ; les uns se virent menacés de descendre du rang que leur assuraient leurs services, les autres conçurent des inquiétudes sur leur fortune, tous craignirent pour leur existence politique. Les liens qui unissaient la masse du peuple au gouvernement se relâchèrent, et l'on ne fit rien pour calmer et ramener les esprits. Quelques murmures s'élevèrent d'abord, puis un silence morne leur succéda, et ce silence était le précurseur d'une grande crise. Toutefois l'évènement qui survint fut aussi imprévu qu'extraordinaire, et surprit également tous les partis.

CHAPITRE II.

Napoléon était à l'île d'Elbe. Aurait-il eu la pensée de la quitter, si le traité de Fontainebleau eût été exécuté, et si l'on n'eût projeté de l'enlever ? Non. Si le gouvernement français eût senti les besoins de la nation, et marché franchement avec elle, Napoléon eût-il tenté de rentrer en France ? Non.

L'île d'Elbe lui avait été cédée en toute souveraineté, et l'on s'occupait de l'en dépouiller. Dès le mois d'août 1814, on disait tout haut que c'était une faute de l'avoir traité si doucement; qu'au lieu de lui donner une principauté en Europe, il aurait fallu lui faire une prison dans quelque île isolée, telle, par exemple, que Sainte-Hélène ou Sainte-Lucie.

Ces regrets pénétrèrent jusqu'au congrès de Vienne; et si l'on en croit les bruits qui coururent alors et les rapports qui furent faits depuis, il y fut réellement question de transporter Napoléon sur un rocher au milieu des mers : on disait même d'où était venue la proposition, et qui l'avait faite.

Il paraît que Napoléon eut connaissance du sort qui lui était réservé, ou du moins qu'on lui présenta comme certaine la résolution de l'enlever. Il dut chercher à sortir de cette position, à quelque prix que ce fût. Il n'avait rien à attendre d'aucune des puissances signataires du traité de Fontainebleau, puisqu'il est démontré que ce traité était violé dans ses principales dispositions, et que pas une des puissances n'en réclamait l'exécution au nom du monarque déchu[1].

Napoléon, n'ayant aucun moyen de se faire entendre dans le cabinet des rois, ne pouvait

---

[1] Sire,
Les ministres de votre majesté estiment qu'il est nécessaire d'arrêter la disposition des meubles et immeubles qui ont appartenu à la famille de Bonaparte, et de les conserver par l'apposition d'un séquestre, jusqu'à ce que votre majesté en ait autrement ordonné : ils supplient le roi de les autoriser à cette mesure.

Signé, le chancelier de France, DAMBRAY; le ministre de l'intérieur, l'abbé DE MONTESQUIOU; FERRAND; LOUIS; le comte BEUGNOT, ministre secrétaire d'état; le maréchal duc DE DALMATIE; BLACAS D'AULPS; FRANÇOIS DE JAUCOURT.

Approuvé, LOUIS.

Paris, 18 décembre 1814.

Pour copie conforme, le ministre secrétaire d'état de la maison du roi, *signé* BLACAS D'AULPS.

Pour copie conforme, *signé* DUC DE GAETE.
(*Moniteur*, 15 avril 1815.)

prendre qu'un parti, celui de sortir de son île, et de chercher sa sûreté sur le continent. Il jeta ses regards sur la France, et vit tout le parti qu'il pourrait tirer de la fausse direction qui avait été donnée aux esprits. Il résolut de remonter sur le trône. Il partit donc de l'île d'Elbe le 26 février 1815, à neuf heures du soir, et descendit aux Tuileries le 20 mars, à la même heure.

Le débarquement de Napoléon, sa marche rapide, la conduite de la troupe et des chefs militaires, ont fait croire que cet évènement était le résultat d'une conspiration concertée de longue main. Rien n'était plus faux; Napoléon seul avait conçu son plan. Ceux qui l'accompagnaient ne le connurent qu'au moment du départ, et nul en France n'en eut avis que lorsqu'il eut posé le pied sur le territoire. Si l'armée échelonnée sur son passage alla grossir ses rangs, si les chefs volèrent à sa rencontre, si des hommes de toutes les classes coururent offrir leurs services, c'est qu'ils furent entraînés par la force des choses et par un enthousiasme populaire dont il était difficile de se défendre, c'est qu'ils étaient subjugués par des antécédents qui vinrent se rattacher à ces circonstances extraordinaires, c'est qu'il y avait beaucoup de mécontents; mais de la préméditation, il n'y en eut pas.

Cependant le gouvernement, informé de la descente de Napoléon, voulut prendre des mesures pour l'arrêter ; mais tout fut inutile. Le ministère s'aperçut trop tard de ses fautes : il n'était plus temps de les réparer ; le coup était porté. Ces soldats que l'on rappelait, ces officiers que l'on replaçait, ces promesses que l'on faisait, tout cela était dû aux circonstances, et on le sut bien. L'armée ayant manqué, le peuple demeura neutre, ou même prit parti dans le mouvement, et le roi dut quitter Paris. Accompagné de quelques serviteurs fidèles et de sa maison militaire, il se retira à Lille, puis à Gand, où il attendit les évènements [1].

Cependant Madame, duchesse d'Angoulême, le duc d'Angoulême et le duc de Bourbon étaient dans les départements, et voulaient conserver au roi les provinces de l'ouest et du midi. Le projet de M. le

---

[1] Parmi les mesures dont Napoléon fut l'objet, on remarque l'ordonnance du 16 mars ; elle porte que « Napoléon Bonaparte est déclaré traître et rebelle, pour s'être introduit à main armée dans le département du Var. Il est enjoint à tous les gouverneurs, commandants de la force armée, gardes nationales, autorités civiles, et même aux simples citoyens de *lui courir sus*, de l'arrêter et de le traduire incontinent devant un conseil de guerre, qui, après avoir reconnu l'identité, provoquera contre lui l'application des peines prononcées par la loi. »

duc de Bourbon, d'insurger la Vendée, n'ayant pas réussi, le prince s'embarqua, le 1er avril, à Paimbœuf, et quitta la France. Madame était à Bordeaux. La population lui était dévouée; mais, à l'approche du général Clausel, toutes les troupes ayant arboré les trois couleurs, Madame désespéra de se maintenir; et ne voulant commencer une lutte dont les suites ne pouvaient qu'être fâcheuses, elle prit le parti de s'éloigner de Bordeaux, et fut s'embarquer sur le sloop de guerre anglais *le Wanderer*. Mais, avant que de mettre au large, le bâtiment fut entouré d'une foule de petites barques montées par les hommes qui avaient composé la garde de la princesse, et qui demandaient avec instance de la revoir encore. Madame parut sur le pont; alors chacun voulut avoir quelque chose qui lui eût appartenu. Elle donna ses rubans qui furent à l'instant partagés; et comme ils ne suffisaient pas, elle détacha les plumes qui flottaient sur son chapeau, comme le panache de Henri IV.

Si l'on ne peut trop admirer le courage que déploya Madame dans ces circonstances difficiles, on ne peut non plus trop déplorer le sort qui lui fut réservé: à peine connut-elle le rang qu'elle occupait que nos discordes civiles vinrent l'agiter et la remplir d'épouvante: la journée de

Versailles, les mouvements de Paris, le retour aux Tuileries, les massacres, les cris de la multitude, ces signes de meurtres qui partout frappaient ses regards, quel spectacle pour un enfant! quelles sensations pour un jeune cœur! Au 10 août, la mort plana sur sa tête; elle en sentit toutes les horreurs; elle évita les débris du trône, qui menaçaient de l'écraser: mais on ne lui laissa la vie que pour lui donner des fers, une prison, des geôliers. Des fers à la fille d'un roi, d'un roi de France! Voilà donc cette couronne dont l'éclat efface toutes les autres! voilà donc ce magnifique palais, ces serviteurs attentifs! O destinée! Cependant ce n'est là que le prélude de maux plus grands encore. L'ange de la mort aiguise son glaive, et menace la tête royale: le père est arraché des bras de sa fille, des bourreaux l'entraînent à l'échafaud. En est-ce assez? non: il restait une mère, et sa tête roule sur la poussière. L'orpheline n'a plus qu'une amie, et son sang rougit le fatal billot. Coulez, larmes; vous ne tarirez pas!......

Les jours, les mois, les années, s'écoulaient, et la princesse était toujours captive; elle consumait ainsi ses plus beaux jours. Cependant elle n'était plus considérée que comme otage. Le moment de l'échange arriva, ses verrous furent brisés ; elle a quitté cette terre de deuil, elle a retrouvé l'époux qui lui était destiné: mais, errante de climats en climats, elle fut long-temps sans connaître le repos. Enfin une suite d'évènements la ramenèrent dans sa patrie, sur ce trône où elle reçut le jour. Elle priait sur la cendre de ses pères, lorsqu'il fallut partir encore, et chercher un port sur le sol étranger. Aujourd'hui ses peines sont oubliées, excepté celles qui sont éternelles.

Le duc d'Angoulême arriva à Nîmes le 12 mars; il y réunit quelques régiments de ligne et forma quelques bataillons de volontaires royaux du Languedoc.

Son intention était de marcher sur Lyon, en même temps que les Marseillais marcheraient sur Grenoble. Le prince passa le Rhône au Saint-Esprit, enleva le pont de la Drôme aux gardes nationales, entra dans Valence, et fit établir ses avant-postes sur la rive gauche de l'Isère; mais les mesures qui furent prises pour mettre Lyon à l'abri d'un coup de main obligèrent le prince à se retirer sur le Saint-Esprit.

D'un autre côté, les troupes de ligne qui marchaient avec les lieutenants du prince ne purent se résoudre à combattre leurs camarades, qui déjà étaient sous les bannières impériales.

D'anciens souvenirs se réveillèrent promptement; les généraux eux-mêmes suivirent l'exemple du soldat : une force irrésistible les entraînait.

Le général Ambert commandait la division militaire à Montpellier, le général Briche commandait la subdivision de Nîmes.

Le général Gilly avait quitté Nîmes en même temps que le duc d'Angoulême, et s'était retiré à sa terre de la Vernède, au-dessous d'Avignon.

Le général Ambert fit réconnaître le gouvernement impérial le 2 avril [1] à Montpellier. Cette

---

[1] ORDRE DU JOUR.

Le lieutenant-général commandant la 9me division militaire,

Considérant l'état d'abandon dans lequel on nous a laissés depuis plus de huit jours de toutes nouvelles de la capitale et de l'intérieur de la France, et l'abus que les malveillants font journellement de la cessation de ces communications;

Considérant que depuis les rapports qu'il a reçus, la plus grande fermentation règne dans les esprits et se propage, d'un moment à l'autre, d'une manière effrayante; qu'après avoir maintenu de tous ses moyens la discipline parmi les troupes sous ses ordres, et leur fidélité au gouvernement, il est informé qu'on s'agite en tous sens pour les désorganiser et les forcer à la désertion; que depuis le départ du roi de la capitale tout cède à la force des circonstances; que le peuple et l'armée se rallient au gouvernement impérial;

Considérant que l'indécision, dans ces moments de crise,

nouvelle transpira à Nîmes le lendemain 3. Les officiers rassemblés à *la Fontaine* discouraient sur ce changement, lorsque l'un d'eux tira son épée et cria, *Vive l'empereur !* Ce cri fut à l'instant répété par tout le groupe et par le 63ᵉ régiment qui était à la caserne.

Les officiers, qui supposaient que le général Briche avait reçu l'ordre du jour du général

pourrait amener des résultats désastreux pour la division, et entraîner le midi de la France dans une guerre civile qui ne produirait que des malheurs particuliers, et qu'il est du devoir de tout bon Français d'éviter ; et qu'aucun de nous n'a pris ni n'a pu prendre l'engagement de verser le sang français par des mains françaises ;

Considérant que ces résultats avaient été prévenus jusqu'alors par les bonnes dispositions des autorités civiles et la contenance des troupes, et qu'il serait impossible de les arrêter plus long-temps par l'exaspération des partis, et les nouvelles qui arrivent de toute part ;

Que les actes du gouvernement impérial qui lui sont parvenus cette nuit......, celui du 13 mars, qui ordonne que la cocarde nationale sera portée par les troupes de terre et de mer, et par tous les citoyens......; celui du 21 mars, qui licencie les corps de gardes nationales mises en activité......; celui du 23 mars, portant que les ordonnances du 11 mai, 13 mai, 9 juin et 10 septembre, relatives à la création d'un état-major des gardes nationales de la France, et celle du 16 juillet, qui détermine les attributions de cet état-major, sont annulées, ainsi que toutes les ordonnances portant no-

Ambert, se transportèrent chez lui et en demandèrent communication. Le général assura qu'il n'avait rien reçu. Les officiers crurent qu'il voulait éluder l'exécution de ses ordres, ils l'arrêtèrent et le conduisirent aux casernes.

Un instant après cette arrestation, le facteur de la poste apporta les dépêches du général Ambert, mais n'ayant pas trouvé le général Briche,

---

mination d'inspecteurs généraux des gardes nationales, conformément aux lois, ressortiront du ministre de l'intérieur.

Déclare :

Qu'il reconnaît, avec les membres du conseil général et le préfet de l'Hérault, la légitimité des actes du gouvernement impérial;

Ordonne, en conséquence, que les troupes sous ses ordres prendront la cocarde nationale, qui, dès ce moment, devient le signe de ralliement des troupes de la division, et qu'elles n'obéiront à aucun ordre qui ne soit émané de lui.

Il est expressément recommandé aux généraux commandant la subdivision et les départements, et aux divers chefs de corps, de prendre toutes les mesures pour maintenir la tranquillité publique et particulière, ainsi que la plus exacte discipline parmi les troupes sous leurs ordres; les uns et les autres me rendront compte de l'exécution du présent, qui sera lu à la tête des troupes.

Au quartier-général de Montpellier, le 2 avril 1815.

Le lieutenant-général commandant la 9me division militaire.

AMBERT.

il les remit au colonel du 63ᵉ régiment, qui en fit l'ouverture. Elles contenaient l'ordre du jour du général Ambert et une lettre au général Briche pour l'exécution de cet ordre [1].

Le colonel fit rassembler les troupes et la garde nationale, l'ordre du jour fut lu et affiché, les couleurs tricolores furent arborées.

Cependant la division se trouvait sans chef. Quelques officiers se détachèrent de Nîmes, et vinrent trouver le général Gilly à sa campagne,

[1] NEUVIÈME DIVISION MILITAIRE.

A M. le lieutenant-général Briche, commandant la 2ᵉ subdivision de la 9ᵐᵉ division militaire.

Montpellier, 2 avril 1815.

Mon cher général, vous aurez reçu l'ordre du lieutenant général d'Aultane, chef de l'état-major de l'armée du Midi, daté du Saint-Esprit, le 1ᵉʳ avril, tendant à désorganiser les troupes, et à livrer les officiers à la fureur des partis; vous vous serez sûrement opposé à son exécution. Dans le cas contraire, donnez vos ordres pour maintenir les soldats, et ne pas les laisser dissoudre. Donnez de suite connaissance de mon ordre de ce jour, que je vous adresse, à toutes les troupes de votre commandement, et réunissez-les en un seul corps à Nîmes ou à Lunel. Je n'ai donné cet ordre ni par ambition ni par aucun autre motif, mais pour éviter une guerre civile que l'on s'efforce d'organiser, qu'il est impossible d'établir, et qui, en résultat, n'amènerait que des malheurs particuliers.

Un élan national pouvait maintenir la famille des Bour-

pour l'engager à prendre le commandement. Il reçut aussi une dépêche du général Ambert, qui lui faisait la même demande. Le général Gilly refusa; mais on lui représenta que son refus pouvait avoir des suites fâcheuses, attendu que la diversité d'opinions politiques et religieuses pouvait amener une sédition si le pays était privé d'un chef qui pût maintenir l'ordre. Ces craintes étaient fondées : le général céda. Il se rendit à Nîmes dans la soirée du 5 avril;

bons: cet élan s'est prononcé en sens contraire, et l'empereur a été rétabli sur le trône sans contestation.

Demain vous recevrez la délibération du conseil général du département de l'Hérault, et l'arrêté du préfet de ce département avec la proclamation qui a reconnu le gouvernement impérial. Vous recevrez en même temps les proclamations et les décrets de l'empereur, extraits du bulletin des lois, que le préfet fait imprimer.

Je conserverai toujours la plus profonde vénération pour la famille des Bourbons : vos sentiments sont sans doute les mêmes que les miens, et si jamais nous étions dans le cas d'en donner des preuves, nous en saisirions l'occasion avec empressement. Mais si la position des choses ne nous permet pas de faire verser, sans nécessité, le sang français, vous saisirez au moins, comme je le ferai moi-même, l'occasion de témoigner aux princes de cette famille le respect que nous leur portons.

Recevez, etc.

Le lieutenant-général commandant la 9me division militaire, AMBERT.

il y trouva les ordres du ministre de la guerre. Il prit le commandement le 6 avril, et l'annonça par un ordre du jour.

Le général Ambert avait fait mettre la ville en état de siége : il avait envoyé sur les derrières de l'armée royale un détachement composé du 10ᵉ de chasseurs à cheval, du 13ᵉ d'infanterie, et d'une compagnie d'artillerie, sous le commandement provisoire du colonel Saint-Laurent.

Le général Gilly quitta Nîmes le 7 avril, et alla coucher à Uzès. Cette ville avait été abandonnée de ses magistrats, et l'on craignait d'y voir éclater des désordres inséparables d'un tel état de choses. Il rétablit la confiance et le calme.

Le général Gilly reçut dans la matinée du 8 avril une ordonnance du colonel Saint-Laurent, qui lui annonçait qu'il occupait le Saint-Esprit, et que M. le général d'Aultane, chef d'état-major de l'armée de S. A. R. le duc d'Angoulême, était venu lui proposer des arrangements. Le général Gilly se rendit aussitôt au Saint-Esprit, où il prit connaissance d'une convention qui avait été préparée, et qu'il accepta; si ce n'est qu'il désira que le prince se retirât par Cette au lieu de Marseille.

M. le baron de Damas vint alors de la part du prince pour s'expliquer sur le point en discussion : il fut définitivement convenu que l'embarquement se ferait à Cette.

Le général Gilly profita de quelques changements demandés par le prince dans la rédaction de la convention pour ajouter un dernier article, portant que « *la convention serait tenue secrète jusqu'à ce que le prince eût quitté le territoire français.* » M. le baron de Damas consentit à cette addition, mais probablement sans en connaître les motifs ni l'importance.

CONVENTION.

S. A. R. monseigneur le duc d'Angoulême, commandant en chef l'armée royale du Midi, et M. le général de division Gilly, commandant en chef le premier corps de l'armée impériale, pénétrés de la nécessité et du désir d'arrêter l'effusion du sang français, ont chargé de leurs pleins pouvoirs pour régler les articles d'une convention qui puisse assurer la tranquillité du midi de la France, savoir : Son altesse royale, M. le baron de Damas, maréchal de camp, sous-chef d'état-major général; et M. le général Gilly, M. l'adjudant commandant Lefebvre, chevalier de la Légion d'honneur, chef d'état-major du premier corps d'armée; lesquels, après avoir échangé leurs pouvoirs respectifs, sont convenus des articles suivants.

Art 1ᵉʳ. L'armée royale est licenciée, les gardes nationales qui en font partie, sous quelque dénomination qu'elles aient été levées, rentreront chez elles, après avoir déposé les armes. Il leur sera délivré des feuilles de route pour rentrer dans leurs foyers, et M. le général de division, commandant en chef, leur garantit qu'il ne sera jamais question de tout ce qui a pu être dit ou fait relativement aux évènements qui ont eu lieu avant la présente convention.

Les officiers conserveront leur épée; les troupes de ligne qui font partie de cette armée, se rendront dans les garnisons qui leur seront assignées.

2. MM. les officiers généraux, officiers supérieurs d'état-major et autres de toute arme, les chefs et employés de toute administration, dont il sera fourni un état nominatif à monsieur le général en chef, se retireront dans leurs foyers, en attendant les ordres de sa majesté l'empereur.

3. Les officiers de tous grades qui voudraient donner leur démission sont libres de le faire; il leur sera accordé de suite des passe-ports pour rentrer dans leurs foyers.

4. Les caisses de l'armée et les registres du payeur général seront remis de suite aux commis-

saires nommés à cet effet par monsieur le général commandant en chef.

5. Les articles ci-dessus sont applicables aux corps commandés par monseigneur le duc d'Angoulême en personne, et à tous ceux qui agissent séparément sous ses ordres, et qui font partie de l'armée du Midi.

6. S. A. R. se rendra en poste au port de Cette, où les bâtiments nécessaires pour elle et sa suite seront disposés pour la transporter partout où elle voudra se rendre. Des postes de l'armée impériale seront placés à tous les relais pour protéger le voyage de S. A., et il lui sera rendu partout les honneurs dus à son rang, si elle le désire.

7. Tous les officiers et autres personnes de la suite de S. A. qui désirent la suivre auront la faculté de s'embarquer avec elle, soit qu'ils veuillent partir de suite, soit qu'ils demandent le temps nécessaire pour arranger leurs affaires particulières.

8. *Le présent traité restera secret jusqu'à ce que S. A. ait quitté le territoire de l'empire.*

Fait en double expédition, et convenu entre les chargés de pouvoirs ci-dessus désignés, le huitième jour d'avril, de l'an 1815, sous l'approbation de M. le général commandant en chef, et ont signé,

Au quartier-général du Pont-Saint-Esprit, les jour et an ci-dessus,

L'adjudant commandant, chef d'état-major du premier corps d'armée impériale du midi,

Signé LEFEBVRE.

Le maréchal de camp, sous-chef d'état-major général,

Signé le baron DE DAMAS.

Approuvé la présente convention par le général de division commandant en chef l'armée impériale du Midi.

Signé GILLY.

Après la signature de cette convention, il fut convenu que le prince partirait de la Palud, le lendemain 9 avril, à huit heures du soir. Le général Gilly expédia un courrier au général Ambert, et le prévint que le prince arriverait à Cette le 10, entre six ou sept heures du matin, qu'il eût en conséquence à faire préparer sans retard l'embarcation de son altesse et de sa suite.

A la fin de tous ces arrangements, M. de Damas fit tomber la conversation sur l'état financier du prince, et donna à entendre que son altesse était peinée de n'être pas en mesure de gratifier quelques uns de ses officiers qui se croyaient dans la nécessité de quitter la France. « Mais alors, dit le général Gilly, pourquoi le prince ne dispose-t-il pas des 250,000 francs que vous m'avez, ce matin, déclaré être dans la caisse de l'armée?— Le prince connaît les informations que je vous ai données à cet égard, répondit M. de Damas, il ne voudrait pas que ma parole, que dans cette circonstance il regarde comme la sienne, se trouvât en défaut. — Mais, répliqua le général Gilly, personne autre que vous et moi ne connaît cette particularité, et le prince peut bien disposer de la somme, en substituant dans la caisse des ordonnances d'une date antérieure. — M. de Damas rendit compte au prince de la proposition du général, et revint dire à ce dernier que le prince l'avait agréée, que son altesse avait été très sensible à ce procédé, et que dans l'occasion....[1]. »

J'ai dit que M. de Damas avait consenti l'art. 8 de la convention sans en connaître l'importance : en effet, il ne fit aucune observation sur cette addition, et rien de sa part n'annonça qu'il en comprît la nécessité. Cependant les ordres donnés aux généraux portaient formellement de faire prisonnier le duc d'Angoulême et sa suite; et si l'on

---

[1] Les ordres donnés aux généraux portaient expressément de faire rentrer tous les fonds qui pourraient se trouver dans les caisses de l'armée royale.

ne voulait pas qu'il y eût des obstacles au départ du prince, il fallait qu'il fût parti de la Palud et embarqué avant que la convention fût connue. Cela était possible, car il n'y a qu'une journée de poste de la Palud à Cette. Le prince devait arriver à Cette le 10 à six ou sept heures du matin ; des ordres avaient été donnés pour préparer une embarcation, et tout eût été consommé avant que la convention eût été connue. Le général Gilly avait expédié cette convention au ministre de la guerre par un aide-de-camp, le 9 avril; mais eût-il choisi la voie télégraphique, que le point de départ étant Lyon, la dépêche ne serait arrivée à Paris que dans la matinée du 10, après l'embarquement. Qu'importait alors que la convention fût ou non approuvée? On n'avait point à craindre que le zèle trop ardent de quelques hommes rendît inutiles toutes les précautions prises pour la sûreté de son altesse royale.

Mais, à quelques lieues du Saint-Esprit, l'aide-de-camp du général Gilly fut arrêté par le général Letellier, et conduit devant le général Grouchy, qui arrivait de Lyon. Ses dépêches lui furent enlevées, elles furent ouvertes. Le général Grouchy en expédia lui-même la substance, et se rendit au Saint-Esprit, accompagné des généraux Corbineau et Piré. Il se présenta chez le général

Gilly, auquel il annonça qu'une partie de ses troupes devaient arriver la nuit suivante, et qu'il fallait faire préparer des logements et des vivres. Le général Gilly répondit que la marche de ces troupes serait sans doute suspendue, et il annonça la capitulation. « Votre aide-de-camp a été arrêté, dit le général Grouchy, j'ai ouvert votre dépêche au ministre de la guerre, je connais votre arrangement, mais vous ne pouvez le tenir. J'ai des instructions de l'empereur : elles ne me permettent pas d'approuver ce que vous avez fait[1]. — Je n'ai pas besoin que vous l'approuviez, répondit le général Gilly, mais laissez la chose se faire; vous devriez vous trouver heureux de n'y être pour rien. Si l'empereur est mécontent, c'est sur moi que tomberont les reproches. — Non, non, poursuivit le général Grouchy, vous seriez trop exposé; et d'ailleurs voici l'aide-de-camp de l'empereur, il le représente ici..... » Un général fit alors observer que l'armée du général Grouchy n'était pas liée par la convention.....

Pendant ces débats, qu'il ignorait, le prince arriva au Saint-Esprit, et descendit chez le maire,

---

[1] Les instructions du général Grouchy, comme celles des autres généraux, portaient de manœuvrer de manière à couper toute retraite au prince, et particulièrement tout moyen de communiquer avec la mer; de le faire prisonnier, etc.

où un logement lui avait été préparé. Sa maison fut entourée par une garde, et son altesse apprit que le général Grouchy, ne se croyant pas lié par la convention, ne voulait pas la reconnaître avant d'avoir pris les ordres de Napoléon.

Le général Grouchy était à Montélimar lorsqu'il ouvrit la dépêche du général Gilly au ministre de la guerre, il en fit une autre, qui fut transmise par le télégraphe. Elle arriva à Paris dans la journée du *dix avril*, et fut de suite rendue publique et publiée le lendemain *onze* dans le Moniteur et dans ces termes :

Paris, 10 avril 1815.

DÉPÊCHES TÉLÉGRAPHIQUES.

Montélimar, le 9 avril à neuf heures du matin.

Le lieutenant-général Grouchy au ministre de la guerre.

L'échauffourée du duc d'Angoulême est terminée; le drapeau tricolore est arboré dans tout le Midi.

Le duc d'Angoulême, poussé par mes troupes, dont l'avant-garde occupe Donzère, ayant sur ses derrières le général Gilly, qui avait débouché par le Saint-Esprit, et sur son flanc gauche les gardes nationales du Dauphiné, a capitulé.

Abandonné par toutes ses troupes de ligne,

il ne lui restait que quinze cents hommes et six pièces de canon. *On le conduit sous bonne escorte à Cette, où il sera embarqué* [1].

Dans ce moment le général Grouchy ne pen-

[1] La dépêche télégraphique annonçant la convention conclue par le général Gilly fut apportée sur-le-champ à Napoléon par le duc de Bassano, et ce ministre, malgré l'opposition de plusieurs personnages, décida son maître à répondre par la même voie du télégraphe qu'il approuvait la capitulation. Peu de moments après une seconde dépêche annonça que le général Grouchy n'avait pas cru devoir autoriser, sans l'aveu de l'empereur, l'exécution de la convention, et que le duc d'Angoulême s'était constitué prisonnier. Le duc de Bassano se hâta de transmettre les premiers ordres de Napoléon, et ne l'instruisit de l'annulation de la convention que lorsque l'obscurité de la nuit eut rendue impossible toute communication télégraphique. Napoléon eut connaissance de la généreuse hardiesse de son ministre, et loin de lui en savoir mauvais gré, lui dicta la lettre suivante [2] :

Paris, 11 avril 1815.

« M. le comte Grouchy, l'ordonnance du roi, en date du 6 mars, et la déclaration signée le 13 à Vienne, par ses ministres, pourraient m'autoriser à traiter le duc d'Angoulême comme cette ordonnance et cette déclaration voulaient qu'on me traitât moi et ma famille; mais, constant dans les dispositions qui m'avaient porté à ordonner que les membres de la famille des Bourbons puissent sortir librement de France, mon intention est que vous donniez des ordres pour que le duc d'Angoulême soit conduit au port de Cette, où il sera embarqué, et que vous veilliez à sa sûreté et à écarter de sa personne tout mauvais traitement. Vous aurez soin seulement de retirer les fonds qui ont été enlevés des caisses publiques,

[2] Fleury de Chaboulon. *Victoires et conquêtes*, etc., etc.

sait point que le soir même il se déciderait à méconnaître la capitulation : il annonçait son existence et son exécution en même temps.

et de demander au duc d'Angoulême qu'il s'oblige à la restitution des diamants de la couronne, qui sont la propriété de la nation. Vous lui ferez connaître en même temps la disposition des lois des assemblées nationales qui ont été renouvelées, et qui s'appliquent aux membres de la famille des Bourbons qui rentreraient sur le territoire français [1].

» La dépêche télégraphique fut remise par le duc de Bassano à Napoléon à son lever. On conviendra qu'il y avait lieu à délibération ; mais tout se passa entre Napoléon et son ministre, et en une demi-heure il fut décidé que la capitulation serait exécutée. Quelques oppositions se manifestèrent dans l'après-midi, lorsque la nouvelle eut été connue. Un rapport du ***, après avoir rappelé à Napoléon l'ordre de *lui courir sus* publié contre lui, développait les motifs de ne pas se dessaisir d'un otage aussi précieux que l'était le duc d'Angoulême. Le soir, à son travail avec Napoléon, le duc de Bassano lui remit une seconde dépêche télégraphique, annonçant que, d'après le refus de la ratification par le général en chef, la capitulation n'existait plus. Napoléon demanda à son ministre si la première dépêche était partie ? —Oui.—Si avant que de l'expédier il avait reçu la seconde ? —Oui. — Napoléon approuva la conduite de son ministre ; et s'il était besoin de dire pourquoi, à ceux qui liront ceci, ils seraient incapables de le comprendre : le caractère de Napoléon leur serait inconnu. Et le duc de Bassano erre dans l'exil ! ! ! »

[1] *Moniteur* du 12 avril 1815.
[2] *Mémoires de Napoléon*, par le comte de Montholon, tom. II.

Mais, arrivé au Saint-Esprit dans la journée du 9 *avril*, le général Grouchy se rappela ses instructions, et demanda les ordres de Napoléon. La nouvelle dépêche partie du Saint-Esprit le *dix* fut transmise par le télégraphe de Lyon le *onze*, et arriva le même jour à Paris. Le Moniteur la publia le lendemain *douze*.

Paris, 11 avril

Les rassemblements des gardes nationales du Dauphiné qui s'étaient portés sur les derrières de la petite troupe du duc d'Angoulême n'ont pas voulu reconnaître la capitulation, parcequ'elle n'avait point encore reçu l'approbation du général Grouchy : ils ont arrêté le duc d'Angoulême. Le général Grouchy en a rendu compte à l'empereur par le télégraphe, et a pris ses ordres [1].

Il est inexact de dire que ce sont les gardes nationales qui n'ont pas voulu reconnaître la convention. Il se peut qu'elles aient manifesté quelque opposition; mais quant à la convention, j'ai dit plus haut comment elle avait été méconnue.

---

[1] On a dit dans une biographie que le général Grouchy n'avait pas ratifié la convention, pour avoir un otage à échanger contre Marie-Louise. Cela ne signifie rien : car si Napoléon eût été vainqueur, il n'avait pas besoin d'otage; vaincu, un otage était également inutile.

La nouvelle dépêche du général Grouchy ayant été remise à Napoléon dans la soirée du 11 avril, il ordonna que la convention faite avec le général Gilly fût exécutée, n'y mettant d'autre condition qu'un engagement de la part du prince de faire rendre les diamants de la couronne, condition sur laquelle il n'insista pas.

Les ordres de Napoléon datés du 11 avril, arrivèrent à Lyon le 12; ils furent expédiés au général Grouchy le 13, et parvinrent au Saint-Esprit le 14. Le général Corbineau en donna connaissance à M. de Damas, et il fut convenu que le prince partirait le lendemain 15, accompagné du général Radet[1].

Cette, 16 avril, à dix heures du soir.

Je suis arrivé ce soir ici à huit heures; j'ai fait embarquer M. le duc d'Angoulême, et les personnes de sa suite, sur le bâtiment suédois *la Scandinavia*, du port de quatre cents tonneaux, capitaine Orloff Maunsoon : ce bâtiment vient de mettre à la voile, et se dirige avec ses passagers vers Cadix.

Le lieutenant-général RADET.

---

[1] Sur ce qui s'est passé au Saint-Esprit, on peut voir l'ouvrage de M. Lauze de Peret sur les troubles du Gard. (Paris, 1819. Imprimerie de Poulet.) Cet ouvrage n'est pas assez connu.

CHAPITRE III.

Deux voies étaient ouvertes à Napoléon. Laisser tout le pouvoir au peuple, et n'être que son général, ou bien se revêtir de la dictature. Mais Napoléon, craignant de donner trop ou trop peu, prit un parti mitoyen qui devait lui être funeste.

Il se borna à faire un acte additionnel aux constitutions. Cet acte fut élaboré dans les bureaux du conseil d'état, et soumis à l'acceptation du peuple. Des registres furent ouverts dans toutes les mairies; chacun put aller écrire son approbation ou son refus. Les uns le firent, les autres s'abstinrent. Toutefois la partie éclairée de la nation se trouva offensée : elle témoigna de l'humeur, mais elle sentit que ce n'était pas le moment de quereller.

L'acte additionnel ne fut point une création de Napoléon seul, mais aussi de ses alentours, qui craignirent qu'une constitution trop libérale ne leur donnât des concurrents, et ne les privât d'un poste qu'ils regardaient comme leur apanage [1].

Cependant Napoléon avait fait porter des paroles de paix aux puissances étrangères. Il avait déclaré qu'il observerait le traité de Paris, et qu'il garderait la France telle qu'on l'avait laissée. Mais déjà, à la nouvelle de son débarquement, le congrès de Vienne lui avait juré une guerre à mort. Sa voix ne fut pas entendue ; il fallut qu'il se préparât à combattre. Il était menacé par toutes les puissances de l'Europe, qui amoncelaient de nouveau sur la France les masses qui l'avaient accablée un an plus tôt.

Dans ces circonstances impérieuses, Napoléon fit tout ce que l'on pouvait attendre de son génie inventif et de sa prodigieuse activité. Des ateliers s'élevèrent partout, et il en sortit une masse considérable d'armes et de munitions. Les vieux soldats retournèrent à leurs rangs, les jeunes gens, les gardes nationales accoururent sous les drapeaux. Mais le temps manqua, et les puissances humaines ne lui commandent pas. Malgré ses efforts, Napoléon ne put jouir de toutes ses ressources.

Cependant la guerre était imminente, et il s'en

---

[1] Il est juste de dire que plusieurs personnages du conseil de Napoléon lui firent de vives représentations, et cherchèrent à empêcher la promulgation de cet acte impolitique.

fallait de beaucoup que l'armée française fût aussi nombreuse que l'armée alliée. Encore fut-on obligé de la diviser pour garder la ligne du Rhin, le Jura, les Alpes, les Pyrénées. Fouché, que Napoléon avait si mal à propos appelé au ministère de la police, inspira, par de faux rapports, des craintes sur la Vendée; il détermina l'envoi dans ce pays de deux divisions, qui eussent été si nécessaires à la grande armée! Ainsi forcé de disséminer ses forces, Napoléon avait à combattre une armée triple de la sienne, et soutenue par des masses énormes arrivant de la Russie et de l'Allemagne.

L'armée française s'était approchée des frontières de la Belgique, où s'étaient concentrés les Anglais et les Belges, les Prussiens et les Saxons. Les Belges, qui naguère marchaient dans nos rangs, et qui s'étaient formés à l'école du grand capitaine; les Saxons, que Napoléon avait élevés au premier rang des nations, et qui payèrent ce service à la journée de Leipsick en chargeant nos colonnes qui défendaient leur patrie.

Napoléon, parti de Paris le 12 juin, était le 13 à la tête de cette armée qu'il avait guidée dans cent batailles rangées. Sa présence annonça la victoire; le soldat brûlait d'en venir aux mains, tant sa confiance était grande. Les voilà, disait-il, ces hommes que nous avons vaincus pendant vingt-cinq ans; les éléments ne viendront pas à leur secours! Ils osent provoquer les tonnerres d'Iena et de Friedland : malheur à eux, marchons! C'était le 15 juin, l'armée se porta en avant, et refoula sur leur ligne les corps qui voulaient s'opposer à son mouvement. Le lendemain Napoléon reconnut la position de l'ennemi, présentant une force de quatre-vingt mille hommes. Soixante mille Français étaient en ligne de bataille: l'attaque est ordonnée malgré cette différence, et la désertion de quelques officiers supérieurs, qui portèrent au maréchal Blucher les plans de leur chef. Napoléon avait promené ses regards d'aigle sur le terrain, rien ne lui avait échappé, et se retournant vers ses lieutenants : « L'armée prussienne est prise en flagrant délit, » dit-il; si mes ordres sont bien exécutés, il ne » s'échappera pas un seul canon, et il se peut que » dans trois heures le sort de la guerre soit décidé. » Ces prédictions s'étaient toujours vérifiées, et tout annonçait que cette fois encore l'oracle ne serait point en défaut; mais il y eut à l'aile gauche des tâtonnements, des hésitations. Le brave des braves, le héros d'Elchingen et de la Moskowa, la maréchal Ney enfin, autrefois si vif, si bouillant, soit que ses ordres ne fussent pas assez précis, soit qu'il les comprît mal, perdit un temps précieux; d'un autre côté la division du général Drouet d'Erlon, qui se rapprochait du centre, fut prise pour un corps ennemi par les généraux Vandamme et Girard, qui firent un mouvement en arrière, et demandèrent le secours de la réserve. Napoléon fut obligé de suspendre sa marche pour faire reconnaître cette colonne : une heure fut perdue, et une heure suffit pour détruire une armée, pour perdre ou conquérir une couronne. Pendant ce temps, les forces de Blucher s'étaient augmentées de dix mille hommes; toutefois l'ennemi fut culbuté, sabré, et s'enfuit en désordre. Cette bataille qui prit le nom du village de Ligny, coûta vingt-cinq mille hommes à l'armée prusso-saxonne, qui devait disparaître en entier si tous les corps français eussent été lancés à temps.

Cependant le maréchal Ney, d'après les nouveaux ordres de Napoléon, se mit en marche; mais il ne prit que la moitié de son corps d'armée. Il rencontra les Anglo-Hollandais; mais ce ne fut qu'à trois heures, lorsqu'il entendit le canon de Ligny, qu'il attaqua franchement. Pendant l'action, l'ennemi se renforça de plusieurs divisions; mais le maréchal ne put avoir à temps les troupes qu'il avait inutilement laissées à trois lieues en arrière. Il dut regretter d'autant plus vivement son erreur, qu'il est démontré qu'il pouvait occuper la position qui lui était indiquée, les Quatre-Bras, dès six heures du matin, qu'il eût alors défait la division belge, et eût ensuite tourné l'armée prussienne, ou surpris en marche le duc de Brunswick et les divisions anglaises, et qu'il les eût ainsi dispersées, ces divisions étant sans artillerie, sans cavalerie, et harassées de fatigue. Malgré tout, le maréchal Ney demeura maître du champ de bataille, où l'ennemi perdit neuf mille hommes, et le duc de Brunswick, qui fut tué en chargeant à la tête de ses hussards.

Après cette journée les Prussiens firent leur retraite en désordre sur Wavres, et les Anglo-Hollandais sur Bruxelles. Napoléon fit suivre les Prussiens par le maréchal Grouchy, avec trente-quatre mille hommes; ce maréchal avait ordre d'empêcher Blucher de se rallier et de faire sa jonction avec le général anglais; il devait en outre se tenir constamment en communication, et en mesure de se réunir à l'armée principale.

Napoléon marcha de sa personne à la suite de l'armée anglo-hollandaise, qui prit position en avant de la forêt de Soignes. La nuit approchait, l'attaque fut remise.

Le maréchal Grouchy se contenta d'envoyer des reconnaissances à la suite des arrière-gardes ennemies, qui se retiraient par Liége et Wavres; il arrêta le gros de sa troupe pour lui donner du repos. Elle avait fait deux lieues, elle en eût fait vingt en poursuivant l'armée vaincue! Le maréchal apprit positivement que Blucher et toutes ses colonnes s'étaient ralliés sur Wavres: il était six heures. Il devait marcher à l'instant, mais il fit faire la soupe. Il remit au lendemain, et Blucher gagnait les devants, et réunissait soixante-quinze mille hommes.

Napoléon devait croire que Grouchy était à Wavres: il lui envoya un officier pour le prévenir que le lendemain, 18 juin, il livrerait bataille aux Anglo-Hollandais. L'ordre faisait connaître au maréchal la position de l'armée ennemie, et lui prescrivait de faire un détachement qui viendrait se joindre à la droite de la grande armée pour opérer avec elle, et de marcher lui-même aussitôt que Blucher aurait évacué Wavres.

Cette dépêche ne fut pas plus tôt expédiée, que Napoléon reçut un rapport du maréchal Grouchy, qui annonçait qu'à cinq heures du soir il était au village de Gembloux, et qu'il ignorait ce qu'était devenu le feld-maréchal Blucher. Un autre officier fut envoyé pour lui réitérer les premiers ordres, et peu de temps après arriva un second rapport de Grouchy daté encore de Gembloux, *à deux heures du matin*, dans lequel il annonçait qu'il avait appris la veille *à six heures du soir*, que le général prussien s'était dirigé avec toutes ses forces sur Wavres ; qu'il aurait voulu le suivre sur-le-champ, mais que ses troupes avaient déjà pris leur bivouac et fait la soupe ; qu'en conséquence il ne partirait qu'au jour.....

Le 18 au matin, l'armée française était forte de soixante-dix mille hommes ; l'armée anglo-hollandaise comptait quatre-vingt dix-mille hommes. Après avoir reconnu la position, Napoléon forma ses colonnes d'attaque, et ordonna de commencer le feu. Jamais les Français n'avaient montré plus de courage, plus de résolution : la lutte fut longue, meurtrière ; mais enfin l'ennemi céda, il était battu. Napoléon se disposait à faire faire une grande attaque du centre, pour finir la journée et compléter la victoire, lorsqu'il aperçut sur sa droite une colonne en marche. C'est Grouchy, dit-on. Sans doute ce devait être lui : mais c'était Bulow, qui n'avait point donné à Ligny, et qui portait à cent vingt mille hommes l'armée ennemie. Malgré cette immense disproportion Napoléon ne désespérait pas de vaincre. « Si » Grouchy, dit-il, répare l'horrible faute qu'il a

» commise hier de s'amuser à Gembloux, et envoie
» son détachement avec rapidité, la victoire en
» sera plus complète, car le corps de Bulow
» sera entièrement perdu. » Mais Grouchy, qui
devait partir à la pointe du jour, était encore dans
son camp à neuf heures. Le canon de Waterloo,
qui grondait depuis le matin, ne l'émeut pas:
en vain les généraux qui commandaient avec lui
se désespéraient de n'aller pas secourir leurs frères d'armes; il demeura impassible.

Cependant l'armée française faisait des prodiges: vaincre ou mourir était sa devise. Elle triomphait, l'armée ennemie était en retraite, et l'alarme avait sonné jusqu'à Bruxelles. Mais Blucher échappa à Grouchy comme avait fait Bulow. Il fit dire au général anglais de tenir jusqu'à la dernière extrémité, qu'il arrivait à son secours. Celui-ci n'avait plus d'espérance, et la coopération de Blucher ne le rassurait pas; « mais perdu pour
» perdu, dit-il, autant vaut-il tenter une dernière
» chance, et le danger est d'ailleurs plus grand de
» partir que de demeurer. » Blucher fit sa jonction. L'armée ennemie était alors de cent cinquante mille hommes, et le combat se soutenait, mais il était nuit: les Français furent assaillis dans l'obscurité; des transfuges guidaient les coups des Anglais et des Prussiens. De fausses nouvelles fu-

rent semées sur les derrières de l'armée française, et le cri de *sauve qui peut* se fit entendre sur tous les points; alors, seulement alors, il fallut céder, et la victoire si long-temps fixée près des aigles françaises, pour la première fois changea de bannières.

Si l'on ne peut lire sans éprouver un vif sentiment de douleur le récit de cette épouvantable journée, on ne peut non plus trop admirer la valeur de ces braves, qui luttèrent si long-temps et avec tant de succès contre des forces si supérieures. Cependant, sans le désordre causé par l'obscurité et les fausses alarmes jetées dans leurs rangs, ils n'auraient point cédé la victoire, qu'ils tenaient depuis le matin. Ils avaient souffert sans doute: on n'affronte pas impunément la mitraille de quatre cents pièces de canon. Mais les alliés étaient encore plus maltraités: soixante mille des leurs étaient étendus sur la place; trente-six mille Français seulement avaient péri de la mort des braves, ou déposé les armes.

Après ces désastres, les différents corps de l'armée française, confondus ensemble, se retirèrent dans toutes les directions. Napoléon voulait rester pour les rallier; mais, cédant aux pressantes représentations de ses alentours, il se rendit à Paris. Ce fut une faute qu'il paya cher.

Dans cette conflagration où lutta pour la dernière fois Napoléon, nulle puissance en Europe ne prit sa défense sur le champ de bataille ou dans les conseils. C'était encore la coalition et l'esprit de 1814. Les liens de la reconnaissance étaient rompus, la voix du sang étouffée. Il est donc vrai que les rois ont d'autres lois que les citoyens? C'est un devoir pour ceux-ci de se dévouer pour leurs proches, pour ceux dont ils tiennent des bienfaits : l'intérêt des rois, leur ambition, les force d'être ingrats et à méconnaître leur famille.

Murat seul voulut réparer le mal qu'il avait fait à son frère, mais cette détermination fut due plus à la position précaire dans laquelle il se trouvait qu'au sentiment de ses devoirs et de sa reconnaissance. L'esprit de vertige qui l'anima en 1814 le saisit en 1815. En 1814, il fit une faute immense en s'armant contre la France et en paralysant des forces qui menaçaient l'Autriche; en 1815, il fit une faute non moins grande en marchant avec trop de précipitation. Il succomba et affranchit encore l'Autriche du soin de garder l'Italie.

CHAPITRE IV.

« Nos malheurs sont grands, dit Napoléon à son retour; mais si la nation se lève, l'ennemi sera écrasé. Si au lieu de mesures extraordinaires on dispute, tout est perdu..... » On a disputé.

La chambre des députés commença par déclarer « que toute tentative pour la dissoudre était un crime de haute trahison; que quiconque se rendrait coupable de cette tentative serait traître à la patrie, et sur-le-champ traité comme tel [1]. »

Elle ne voulut pas d'explication avec Napoléon. L'abdication ou la déchéance, voilà le cercle dans lequel elle le renferma. C'était agir bien promptement, car le mal était moins grand qu'on ne l'avait cru d'abord.

---

[1] La chambre n'avait d'autres pouvoirs que ceux qu'elle tenait des constitutions. Or, d'après ces constitutions, Napoléon avait le droit de dissoudre les chambres, il était inviolable.

Nulle loi n'imposait à Napoléon l'obligation d'obéir aux injonctions de la chambre [1]; il pouvait même la dissoudre; il pouvait rallier l'armée et continuer la guerre; un vaste champ s'ouvrait encore devant lui: mais il céda.

DÉCLARATION AU PEUPLE FRANÇAIS.

« En commençant la guerre pour soutenir l'indépendance nationale, je comptais sur la réunion de tous les efforts, de toutes les volontés, et le concours de toutes les autorités nationales. J'étais fondé à en espérer le succès, et j'avais bravé toutes les déclarations des puissances contre moi.

» Les circonstances me paraissent changées. Je m'offre en sacrifice à la haine des ennemis de la France. Puissent-ils être sincères dans leurs déclarations, et n'en avoir voulu réellement qu'à ma personne! Ma vie politique est terminée, et je

---

[1] Le gouvernement des cent jours était légal ou illégal. S'il était légal, la chambre n'avait pas le droit de détruire la constitution. S'il était illégal, la chambre n'avait pas de pouvoirs.

Prétendre que la députation ait le droit de changer la constitution et de détruire le pouvoir exécutif, c'est lui accorder le pouvoir souverain. Alors toute assemblée aurait pu changer le gouvernement, quant au fond, quant à la forme.

proclame mon fils, sous le titre de Napoléon II, empereur des Français.

»Les ministres formeront provisoirement le conseil de gouvernement. L'intérêt que je porte à mon fils m'engage à inviter les chambres à organiser sans délai la régence par une loi.

»Unissez-vous tous pour le salut public, et pour rester une nation indépendante[1]. »

Napoléon abdiquait en faveur de son fils; mais la chambre des députés, qui fit complimenter le monarque déchu *sur son noble sacrifice*, ne se hâta pas de remplir ses vœux : elle garda le silence sur cette partie de l'abdication qui appelait un nouveau souverain, et sembla la méconnaître, d'après les propositions qui furent faites à la tribune de transformer la chambre en assemblée constituante, et de déclarer le trône vacant jusqu'à l'émission du vœu du peuple[2].

Les députés réunis aux pairs nommèrent un gouvernement provisoire, et demandèrent la paix au nom de la France. Dix jours se sont écoulés en pourparlers inutiles. Alors les chambres ont rendu une loi concernant les droits de la nation française, où il est dit que le fils de

[1] *Bulletin des lois*, n. 37, 22 juin 1815.
[2] Séance du 22 juin 1815.

Napoléon est appelé à l'empire par les constitutions de l'état[1].

Cependant l'armée française était sous Paris,

---

[1] Voici l'arrêté des chambres, en date du 2 juillet 1815, extrait du *Bulletin des lois*, n° 43.

Loi concernant les droits de la nation française.

AU NOM DU PEUPLE FRANÇAIS,

Les chambres ont arrêté ce qui suit :

FRANÇAIS,

Les puissances étrangères ont proclamé à la face de l'Europe qu'elles ne s'étaient armées que contre Napoléon ; qu'elles voulaient respecter notre indépendance, et le droit qu'a toute nation de se choisir un gouvernement conforme à ses mœurs et à ses intérêts.

Napoléon n'est plus le chef de l'état ; lui-même a renoncé au trône ; son abdication a été acceptée par vos représentants. Il s'est éloigné de nous ; son fils est appelé à l'empire par les constitutions de l'état. Les souverains coalisés le savent ; la guerre doit donc être finie, si les promesses des rois ne sont pas vaines.

Cependant, tandis que des plénipotentiaires ont été envoyés vers les puissances alliées pour traiter de la paix au nom de la France, les généraux de deux de ces puissances se sont refusés à toute suspension d'armes ; leurs troupes ont précipité leur marche à la faveur d'un moment de trouble et d'hésitation : elles sont aux portes de la capitale, sans que nulle communication soit venue nous apprendre pourquoi la guerre continue.

Bientôt nos plénipotentiaires nous diront s'il faut renoncer

et malgré les désastres de Mont-Saint-Jean elle appelait Napoléon; lui-même voulait se mettre à sa tête, comme simple général, repousser l'en-

à la paix; en attendant, la résistance est aussi nécessaire que légitime; et si l'humanité demande compte du sang inutilement versé, elle n'accusera point les braves qui ne se battent que pour repousser de leurs foyers le fléau de la guerre, le meurtre et le pillage, pour défendre avec leur vie la cause de la liberté et de cette indépendance dont le droit imprescriptible leur a été garanti par les manifestes mêmes de leurs ennemis.

Au milieu de ces graves circonstances vos représentants ne pouvaient oublier qu'ils ne furent point envoyés pour stipuler les intérêts d'un parti quelconque, mais ceux de la nation tout entière.

Tout acte de faiblesse ne servirait, en les déshonorant, qu'à compromettre le repos de la France pendant un long avenir. Tandis que le gouvernement organise tous les moyens d'obtenir une solide paix, que pouvaient-ils faire de plus utile à la nation que de recueillir et de fixer les règles fondamentales d'un gouvernement monarchique et représentatif, destiné à garantir aux citoyens la libre jouissance des droits sacrés qu'ils ont achetés par tant et de si grands sacrifices, et de rallier pour toujours, sous les couleurs nationales, ce grand nombre de Français qui n'ont d'autre intérêt et ne forment d'autre vœu que de jouir d'un repos honorable et d'une sage indépendance.

Maintenant la chambre croit de son devoir et de sa dignité de déclarer qu'elle ne saurait jamais avouer pour chef légitime de l'état celui qui, en montant sur le trône, refuserait de reconnaître les droits de la nation et de les consacrer par un pacte solennel. Cette charte constitutionnelle est rédigée;

nemi et partir. La chambre ne le permit pas[1].
Cent mille Français en bataille n'attendaient que le signal. Au lieu de leur chef on leur en-

et si la force des armes parvenait à nous imposer momentanément un maître; si les destinées d'une grande nation devaient encore être livrées au caprice et à l'arbitraire d'un petit nombre de privilégiés, alors, cédant à la force, la représentation nationale protestera, à la face du monde entier, des droits de la nation française opprimée.

Elle en appellera à l'énergie de la génération actuelle et des générations futures, pour revendiquer à la fois l'indépendance nationale et les droits de la liberté civile.

Elle en appelle dès aujourd'hui à la justice et à la raison de tous les peuples civilisés.

La présente résolution, prise par la chambre des représentants, et adoptée par la chambre des pairs, sera promulguée comme loi de l'état.

La commission de gouvernement mande et ordonne que la présente résolution, insérée au Bulletin des lois, soit adressée aux cours, aux tribunaux et aux autorités administratives, pour qu'ils l'inscrivent dans leurs registres; et le ministre de la justice est chargé d'en surveiller la publication.

[1] Napoléon, dont la présence blessait la vue de quelques hommes ombrageux, dut quitter Paris. Il se rendit à la Malmaison; c'est de là que, comme simple citoyen, il offrit de servir la France pour la dernière fois. C'est le général Becker, chargé de le garder, qui avait porté sa demande au gouvernement provisoire. Le gouvernement provisoire mit des formes dans son refus; mais le général Flahaut, qui fut pour la même cause envoyé au ministre de la guerre, ne fut pas

voya un orateur, suivi d'un nombreux cortége.
C'est l'empereur, dit-on, et ce nom passa de bouche en bouche sur toute la ligne; les faisceaux sont rompus, les tambours battent, les drapeaux se déploient, le courage renaît, la joie se peint dans les regards de ces vieux guerriers. Enfin, disent-ils, nous allons combattre, nous allons nous venger..... Mais cet espoir fut bientôt déçu: aux acclamations de l'armée, le groupe brillant répondit par des compliments. Il parla d'union, de la patrie, de la France. La France! répètent ces vétérans de notre gloire, qui l'aime plus que nous? La France! nous sacrifions tout pour elle... Mais l'empereur où est-il?.... où est l'empereur?... Il n'y a plus d'empereur..... Ce fut un coup de foudre; et ces hommes si terribles ne sont plus que des enfants timides, les larmes coulent de leurs yeux, les armes leur échappent..... Mais le courage, l'amour de la gloire ne s'éteignent pas dans le cœur du soldat français; il fait trève à sa douleur: la patrie a parlé, l'ennemi est devant lui, il ressaisit ses armes; il demande à grands

aussi heureux : « Votre Bonaparte, dit Davoust, ne veut
» donc pas partir?.... S'il espère que nous le reprendrons,
» il se trompe; nous n'en voulons plus. Dites-lui de ma part
» qu'il faut qu'il s'en aille, et que s'il ne part pas à l'instant,
» je le ferai arrêter, *que je l'arrêterai moi-même.* »

cris l'ordre de combattre, on lui donne l'ordre de la retraite [1].

Mais Fouché avait tout préparé, tout arrangé; et Davoust, qui, en qualité de ministre de la guerre, était revêtu du commandement, docile aux avis de Fouché, consomma le sacrifice. L'armée se retira sur la Loire, et une convention livra Paris aux alliés.

Napoléon se rendit à Rochefort. Là des marins dévoués offrirent de le conduire aux États-Unis. Ils juraient de braver tous les dangers et d'aborder sans naufrage; mais Napoléon ne voulut pas exposer les amis qui lui restaient. Sa résolution fut digne des temps héroïques; il écrivit au prince régent d'Angleterre :

« Altesse royale,

» En butte aux factions qui divisent mon pays, » et à l'inimitié des plus grandes puissances de » l'Europe, j'ai terminé ma carrière politique. Je » viens comme Thémistocle m'asseoir aux foyers » du peuple britannique. Je me mets sous la pro- » tection de ses lois, que je réclame de votre

---

[1] Si l'on ne voulait pas de Napoléon pour général, il fallait en choisir un autre; mais il fallait combattre, même en reconnaissant Louis XVIII : c'était le seul moyen d'obtenir de bonnes conditions. L'armée était belle et bien disposée, il restait encore bien des chances de succès.

»altesse royale, comme du plus puissant, du
»plus constant et du plus généreux de mes en-
»nemis.

» Napoléon. »

15 juillet 1815.

Mais le prince régent n'était Admète ni Artaxerce; et Napoléon, qui s'était confié à sa foi, fut retenu prisonnier et conduit à Sainte-Hélène.

Napoléon, indigné de ce traitement inattendu, fit la protestation suivante, que l'histoire recueillera.

« Je proteste solennellement ici, à la face du ciel et des hommes, contre la violence qui m'est faite, contre la violation de mes droits les plus sacrés, en disposant par la force de ma personne et de ma liberté. Je suis venu librement à bord du *Bellérophon;* je ne suis pas prisonnier, je suis l'hôte de l'Angleterre. J'y suis venu à l'instigation du capitaine, qui a dit avoir des ordres du gouvernement de me recevoir et de me conduire en Angleterre avec ma suite, si cela m'était agréable. Je me suis présenté de bonne foi pour me mettre sous la protection des lois de l'Angleterre. Aussitôt assis à bord du *Bellérophon,* je fus sur le foyer du peuple britannique. Si le gouvernement, en donnant des ordres au capitaine du

Bellérophon de me recevoir, ainsi que ma suite, n'a voulu que tendre une embûche, il a forfait à l'honneur et flétri son pavillon. Si cet acte se consommait, ce serait en vain que les Anglais voudraient parler désormais de leur loyauté, de leurs lois, de leur liberté. La foi britannique se trouvera perdue dans l'hospitalité du *Bellérophon*.

» J'en appelle à l'histoire : elle dira qu'un ennemi qui fit vingt ans la guerre aux Anglais, vint librement, dans son infortune, chercher un asile sous ses lois. Quelle preuve plus éclatante pouvait-il lui donner de son estime et de sa confiance? Mais comment répondit-on en Angleterre à une telle magnanimité? On feignit de tendre une main hospitalière à cet ennemi, et quand il se fut livré de bonne foi, on l'immola!

» NAPOLÉON. »

A bord du Bellérophon à la mer.

Ces plaintes ne furent pas écoutées. L'Angleterre tenait sa proie, elle n'avait garde de la lâcher. Le vaisseau qui portait le héros captif mit à la voile; il rasa les côtes de France. Alors Napoléon : « Adieu, terre des braves; adieu, chère France. Quelques traîtres de moins, et tu serais encore la plus grande nation et la maîtresse du monde. Adieu! »

Autrefois les princes détrônés, ou qui portaient ombrage aux rois, subissaient la mort; on leur crevait les yeux, ou bien on leur rasait la tête pour en faire des moines. La peine de mort était la plus douce. Qui ne préfèrerait mourir tout de suite que de mourir tous les jours par une affreuse mutilation, ou par une séquestration plus affreuse encore?

Ces temps barbares sont loin de nous. L'on ne devait pas s'attendre, que de nos jours, un homme qui avait ceint le diadème, et que les rois avaient appelé leur frère, serait privé de sa liberté et mourrait dans l'esclavage. Mais Napoléon n'avait pas d'aïeux.

Ce fut le 16 octobre 1815 qu'il mit le pied sur la terre d'exil, et de ce jour même a commencé sa longue agonie.

Une vieille habitation, ouverte en tous sens, donnant passage aux feux d'un ciel d'airain et aux brumes pénétrantes d'une mer agitée, tel était l'asile de Napoléon, de cet homme qui avait eu tous les palais de l'Europe! Point d'ombrage, point d'eau, rien enfin qui pût tempérer la chaleur des tropiques et de ces vents qui se chargent de feux sur les déserts sablonneux de l'Afrique. Ainsi, tantôt on étouffe dans une atmosphère embrasée, tantôt on est enveloppé par des brouillards imprégnés de substances salines, qui s'attachent aux membres et les paralysent.

Napoléon avait besoin d'exercice, d'un exercice violent même; telle était sa constitution, que le mouvement lui était d'une nécessité aussi absolue que l'air. Mais ici les flots et leur fureur, des rochers et des précipices; là, des baïonnettes, des sentinelles et des geôliers..... C'était donc, pour ainsi dire, en tournant sur lui-même, que Napoléon devait se mouvoir. Mais toujours le bruit des chaînes..... Il aima mieux accroître ses peines du corps que les peines de son âme: il ne sortit plus.

Sa table était réglée par un bill et ses repas comptés. Il fut obligé, pour satisfaire aux premiers besoins de la vie, de vendre jusqu'à l'assiette dans laquelle il mangeait, jusqu'au linge qui le couvrait.

Lorsqu'il succombait sous le poids de tant de souffrances, il ne put recevoir les soins qu'exigeait son état. On lui désignait le médecin, comme on eût fait d'un tailleur pour réparer son manteau; aussi préféra-t-il laisser le champ libre à l'invasion du mal que de se livrer à des mains inhabiles..... Quand il put enfin recevoir les secours qu'on trouve dans un désert, il n'était plus temps : la mort avait saisi sa proie!

Il fut privé des consolations de sa famille; ses yeux mourants cherchèrent en vain sa femme et son fils, l'immensité des mers les séparait. Rien ne put donc adoucir l'horreur de ses derniers moments; toutefois il fut grand jusqu'au bout. Nul signe de faiblesse ne démentit le héros: rien ne put détacher ses pensées de son pays; il expira en faisant des vœux pour la France [1].

La dépouille mortelle de Napoléon resta à Sainte-Hélène en vertu des ordres qui avaient été donnés d'avance, et que ne voulut pas révoquer le congrès d'Aix-la-Chapelle, malgré ce vœu, « Je désire d'être enterré sur les bords de la Seine, au milieu des Français que j'ai tant aimés. » Ainsi son exil ne devait pas finir même alors que de lui il ne restait plus qu'une ombre! Le ministère britannique ne voulait pas se relâcher de sa sévérité, et semblait s'acharner encore sur des restes inanimés. Mais pourquoi les autres puissances ont-elles partagé ces ressentiments? Napoléon mort n'était plus à craindre; et s'il demandait une couronne, c'était une couronne funèbre. Qu'avait à redouter la Seine en le recevant sur ses bords? Que des fleurs fussent jetées sur sa tombe, que les larmes de quelques

---

[1] Napoléon est mort le 5 mai 1821.

guerriers mutilés coulassent sur la terre du repos ! Mais, à défaut de la Seine, ne pouvait-on choisir le Tibre, le Rhin, le Danube, l'Elbe, la Moskowa même ? Ne pouvait-on joindre ses cendres aux cendres des héros tombés à Marengo, à Austerlitz, à Jéna ? Craignait-on qu'une vapeur s'élevant du tombeau allât enivrer les peuples et les faire courir aux armes ? L'ombre de Napoléon est-elle donc si redoutable qu'elle fasse trembler l'Europe !

Il ne faut pas oublier que l'exil de Napoléon et ses longues souffrances sont dues principalement à l'oligarchie anglaise; que son geôlier, Hudson-Low, ne fit qu'exécuter ses ordres. Mais cet homme apporta dans sa servile obéissance tout le zèle que l'on pouvait attendre d'un choix fait avec tant de soin dans les trois royaumes [1].

---

[1] Napoléon a dit dans son testament : « Je lègue l'opprobre » de ma mort à la maison régnante d'Angleterre..... ! »

CHAPITRE V.

Napoléon devait faire des fautes : il en a fait. Il voulut arrêter le mouvement qui l'avait tiré de la foule pour le mettre au premier rang. Il ne s'est pas aperçu qu'il tentait l'impossible, et que s'il avait la force de rétrograder quelques pas, il devait être entraîné par le torrent, qui le débordait de toutes parts. Napoléon avait été produit par la liberté : il voulut l'enchaîner. La liberté était née de la chute de l'aristocratie, et il reconstitua l'aristocratie ; la démocratie s'était levée pour renverser les rois, et il n'eut pas plus tôt la force en main qu'il se fit roi. La démocratie voulait établir des républiques, et Napoléon créa des monarchies ; en sorte que le résultat de la révolution française qui devait être l'affranchissement des peuples, a été de constituer quatre royaumes de plus en Europe[1].

---

[1] C'est un fait que j'énonce. Napoléon étant un homme de la révolution, dut se trouver isolé du moment qu'il combattit les principes de la révolution. S'il pouvait rétablir la mo-

Cependant la faute de Napoléon n'est pas d'avoir relevé la monarchie, c'est-à-dire le gouvernement héréditaire, sans lequel il n'y a point de tranquillité possible, mais d'avoir détruit la démocratie, en ce sens qu'il a divisé le peuple en deux classes.

L'idée qu'il avait de réconcilier l'ancien régime avec le nouveau, en créant une noblesse, était fausse. Il se peut que les deux noblesses aient fini par se considérer comme d'une même nature, que des alliances n'en aient fait qu'un seul tout; mais que faisait la noblesse au peuple? Est-ce que dans l'ancienne France il n'y avait que des nobles? Est-ce que dans la France nouvelle les peuples n'étaient rien, la noblesse tout? N'y avait-il que la noblesse qui fût royaliste? N'y avait-il que les nobles qui fussent républicains? N'y avait-il que les nobles qui fussent bonapartistes? Qu'importait donc à la masse de la nation la fusion de ces deux noblesses. Chaque citoyen n'aurait pas moins conservé ses opinions, ses vœux, son amour ou sa haine pour le gouvernement.

Il est vrai que Napoléon ne considérait que

---

narchie, ce ne pouvait être qu'une monarchie *démocratique*, c'est-à-dire l'hérédité dans un gouvernement démocratique.

les services des individus, et non la souche qui les avait produits; dès lors la noblesse pouvait être briguée par tout le monde, et l'arène était vaste : mais cette politique n'était bonne que pour les commencements.

Une monarchie qui commence peut se passer de noblesse; mais une ancienne monarchie ne saurait la détruire : non pas, comme l'a dit Napoléon, parceque cette ancienne monarchie, étant fondée sur la naissance, doit respecter les préjugés de naissance, car le trône étant héréditaire dans la famille de Napoléon, il aurait aussi dû respecter ces préjugés de naissance; mais parceque la noblesse ou le titre de noblesse ayant commencé avec la royauté, il est dans l'ordre naturel des choses que les vieilles monarchies conservent la noblesse; et par cela même que la royauté est héréditaire, la noblesse doit l'être aussi. Je ne suis pas en contradiction avec ce que j'ai dit précédemment, les principes que j'ai posés ne doivent s'appliquer qu'à une monarchie qui s'élève avec la démocratie.

La noblesse qui ne fait pas un corps à part dans l'état n'est rien; la noblesse sans priviléges n'est rien. Cette noblesse est du peuple tout pur: telle est sa position dans un gouvernement constitutionnel, où tout est soumis à la loi, depuis le prince jusqu'au dernier citoyen.

Ce n'était qu'en dérogeant aux principes de son élévation que Napoléon pouvait créer une noblesse, ce ne serait que par une innovation qu'une ancienne monarchie pourrait la détruire.

La noblesse ne serait dangereuse que si elle devenait encore un motif de préférence, si le noble ignorant était préféré au citoyen capable; car alors l'état pourrait être livré à des mains inhabiles qui le compromettraient infailliblement.

Mais si les distinctions nobiliaires remontent à l'origine des monarchies, les rois en sont devenus les dispensateurs, et chaque règne a enrichi le blason de quelques nouveaux noms. Il est résulté de là une différence dans le degré de noblesse, à part celle qui provenait de la préséance des titres. Plus la noblesse était ancienne, plus elle était élevée; ainsi les familles qui n'ont de preuves de leur noblesse que les traditions historiques, occupent le premier échelon. Mais ces familles sont rares; les anoblis étaient d'abord regardés comme des intrus jusqu'à ce que le temps eût jeté un voile sur leur origine. Alors ces nouveaux *anciens* avaient la main haute sur ceux qui les suivaient, et ces derniers se dédommageaient à leur tour. On était parfaitement noble, on était d'antique race, lorsque l'on comptait dix, vingt, trente ou quarante quartiers. Cette supputation se faisait très rigoureusement dans les chapitres d'Allemagne, où la féodalité semble être naturalisée.

Ce n'était donc pas l'éminence du service qui fixait le rang. Celui qui tenait la noblesse de ses aïeux, et qui n'avait rien fait personnellement, s'estimait plus que le plébéien qui avait conquis son titre en servant son prince et son pays. Cependant, de ces deux hommes, le plus utile est le plébéien; le plébéien est donc le plus estimable. La preuve encore, c'est que le prince n'aurait aucune grâce à accorder au gentilhomme, et qu'il ne le ferait pas noble s'il ne l'était déjà. Sans doute il est glorieux d'avoir des aïeux; il est glorieux surtout de marcher sur leurs traces, et de mériter soi-même l'illustration qu'ils ont transmise. Mais celui qui sort de la foule n'est pas moins respectable pour être le premier de son nom, et ses services lui donnent d'autant plus de droits à la munificence du prince, qu'il a eu plus d'obstacles à vaincre.

Si Napoléon voulait reconstituer la monarchie telle qu'elle était sous les anciens rois, il avait raison de créer une noblesse héréditaire : mais si, comme il l'a dit, il voulait rendre au peuple toutes ses libertés, il s'était préparé bien des peines pour l'avenir [1].

Les malheurs de Napoléon ont commencé avec l'invasion de la Péninsule. De longues réflexions seraient inutiles sur ce sujet, et l'on ne peut pas le juger plus sévèrement qu'il s'est jugé lui-même. Les résultats furent terribles. La guerre de Russie vint augmenter ses embarras: mais elle ne doit pas être imputée à lui seul. Il en était moins le provocateur qu'Alexandre. Il eut tort, parcequ'il fut malheureux! c'est ainsi que l'on juge les princes. Seulement, après Leipsick, Napoléon aurait dû retirer ses troupes d'Espagne et garantir la ligne des Pyrénées en traitant avec Ferdinand.

On lui a reproché son ambition : il en avait beaucoup sans doute, mais il faut avouer qu'elle fut bien vivement excitée par ceux-là mêmes qui s'en plaignent.

Il voulait réunir l'Europe sous son sceptre: mais à qui la faute? Est-ce à lui, ou à ceux qui l'ont toujours provoqué? Est-ce lui qui avait allumé la guerre d'Italie, lorsque, si jeune encore, et étranger aux affaires publiques, il vainquit les

---

[1] J'entends parler de la liberté comme la voulait la démocratie.

ennemis de la France et les força à la paix? Est-ce lui qui provoqua les Autrichiens, lorsque leurs armées menaçaient notre territoire, et qu'il les écrasa à Marengo? Pensait-il à troubler la paix de l'Europe, lorsque l'alliance de l'Angleterre, la Russie et l'Autriche le forcèrent de recourir aux armes, et de les vaincre encore dans les plaines de la Moravie? Pensait-il à la Prusse, lorsque, cédant aux instances de la Russie, qu'il avait tant ménagée à Austerlitz, elle prit les armes contre la France, et se fit battre à Jéna, à Eylau, à Friedland? Enfin, qu'avait-il fait à l'Autriche, lorsque, sans déclaration préalable, et comptant sur son éloignement, elle envahit la Bavière et se dirigeait sur le Rhin? Est-ce contre lui que s'élèveront les ombres d'Esling et de Wagram?

Il ne respirait que pour la guerre! Ne voulait-il que la guerre, celui qui, simple général, transgressant les ordres de son gouvernement, offrit la paix à l'Autriche après l'avoir vaincue? Ne voulait-il que la guerre, celui qui, parvenu au pouvoir, présenta l'olivier aux débris de Marengo? Ne voulait-il que la guerre, celui qui, maître de l'Autriche et des armées russes, signa la paix à Presbourg? Était-ce encore la guerre qu'il cherchait, lorsqu'il conjurait le roi de Prusse de ne pas rompre l'alliance qu'ils avaient signée? lorsqu'il lui dépeignait les maux qu'il attirerait sur ses peuples et sur lui? lorsque, tout ayant cédé à ses armes, il donna la paix de Tilsitt? lorsque, maître de l'Autriche pour la deuxième fois, il signa le traité de Vienne? Était-ce par passion pour la guerre qu'il offrit la paix à Alexandre avant que de quitter Paris? qu'il l'offrit avant que de franchir le Niémen? qu'il l'offrit après la victoire de la Mojaïsk? qu'il l'offrit au Kremlin? Napoléon voulut la paix, il la voulut toujours, si ce n'est lorsqu'il la crut déshonorante pour la France et pour lui.

Depuis sa chute, on dit que Napoléon était un tyran. Si par tyran l'on entend un homme qui, sans les droits de naissance, s'élève sur le trône, Napoléon était un tyran; mais si par ce mot l'on désigne un méchant, assurément jamais Napoléon ne fut tyran.

Veut-on appeler tyrannie les restrictions qu'il mit aux libertés du peuple? Je n'entends pas excuser des lois et des règlements qui avaient pour but d'armer le gouvernement d'un pouvoir excessif[1]. La législation impériale était dure sans doute, et de nombreuses atteintes étaient por-

---

[1] Napoléon n'a cessé d'être environné de gens qui voulaient le renverser : il dut prendre des précautions pour sa sû-

tées aux droits de la nation ; mais Napoléon apparut-il dans des temps ordinaires ? L'état politique de la France permettait-il que le gouvernement quittât son attitude sévère et se dessaisît des moyens de répression qu'il avait en main ? Le gouvernement impérial avait trop pris ; mais la tranquillité de l'état ne voulait pas qu'il rendît tout. Bien des évènements ont justifié sa prévision ; et si ses lois nous paraissent violentes aujourd'hui, c'est que les causes qui les ont fait naître n'existent plus.

On a voulu comparer Napoléon à Cromwell. Qu'y a-t-il de commun entre eux ? Rien ; et ce serait perdre son temps que de discuter ce point si clair pour tout le monde.

On a aussi voulu comparer Napoléon à César, à Alexandre : cette comparaison, pour être plus noble, n'est pas moins inexacte. Napoléon ne ressemble à personne : César était César, Alexandre était Alexandre, Napoléon est Napoléon.

C'est en apaisant les troubles, en donnant la paix à sa patrie, que Napoléon a satisfait son ambition. Il n'a pas monté sur le trône l'épée teinte du sang de ses concitoyens, mais avec le

---

reté. Mais si le gouvernement ne pouvait se soutenir qu'en détruisant les libertés publiques, la nation avait tort de le souffrir.

rameau d'olivier; sa couronne ne fut point arrosée de larmes; le descendant de vingt rois n'eût pas été plus heureux[1].

Si Napoléon eût été plus sévère, on l'eût craint[2]; on n'eût point conspiré ouvertement comme on l'a fait. Mais avec lui le pardon suivait toujours l'offense, et personne au monde ne l'approcha sans en obtenir une grâce.

Ce qui peut être reproché à Napoléon résulte assez de ce que j'ai dit dans le cours de cet ouvrage; mais ce sont des taches qui s'effaceront. L'œil découvre mille défauts dans ces monuments, qui, vus à quelque distance, saisissent d'admiration : de même le temps, qui calme les passions, fera disparaître les nuages qui s'élèvent sur Napoléon, et il apparaîtra dans toute sa gloire.

Comme guerrier, nul ne l'égale; comme législateur, comme citoyen, comme monarque, il est au premier rang. La moitié de la terre fut témoin

---

[1] Le sang du duc d'Enghien n'est pas tombé sur sa tête.

[2] Plusieurs personnages entretenaient des correspondances avec l'ennemi depuis 1805. Napoléon ne put croire à tant d'indignité. En 1814 les circonstances étaient critiques; on lui proposa de prendre des mesures sévères, et de faire arrêter les principaux meneurs, il s'y refusa; on lui proposa de les exiler de Paris, il s'y refusa encore. La suite a prouvé combien il avait eu tort.

de ses exploits: partout des combats, des victoires éclatantes le rappellent au souvenir; l'œil ne s'ouvre pas sans rencontrer des monuments qui lui sont dus; le monde est rempli de son nom. Vingt ans de gloire, et l'Europe agenouillée devant la France, tels sont ses titres à l'immortalité [1].

[1] Napoléon n'est plus. Sa gloire appartient à la France; il doit être permis d'en parler.

CHAPITRE VI.

L'affaire de Waterloo ouvrit les portes de la France à la famille royale, et la convention de Saint-Cloud lui donna les clefs de Paris.

Arrivé au Cateau-Cambresis le 25 juin 1815, le roi fit une proclamation où il dit : « Aujourd'hui que les puissants efforts de nos alliés ont dissipé les satellites du tyran, nous nous hâtons de rentrer dans nos états pour y rétablir la constitution que nous avions donnée à la France."... Récompenser les bons, et mettre à exécution les lois existantes contre les coupables [1]. » Et par une autre proclamation datée de Cambray le 28 juin, « Cette trahison a appelé l'étranger dans le cœur de la France, chaque jour me révèle un désastre nouveau.

» Je dois donc, pour la dignité de mon trône, pour l'intérêt de mes peuples, pour le repos de l'Europe, excepter du pardon les instigateurs et

---

[1] *Bulletin des lois*, n° 1, 1815, 2ᵉ trimestre.

les auteurs de cette trame horrible. Ils seront désignés à la vengeance des lois par les deux chambres[1]. »

L'armée française retirée derrière la Loire fut licenciée en vertu d'une ordonnance rendue à Lille dès le 23 mars.

« Tout officier, porte cette ordonnance, qui, au mépris *du serment* qu'il nous a prêté, aurait adhéré au parti de *Napoléon Buonaparte*, sera destitué...... »

Philippe de Macédoine, si je ne me trompe, a dit que l'on amusait les enfants avec des hochets, et les hommes avec des serments[2]. Cette doctrine, les ministres d'alors se l'appropriaient; la violation du serment était un jeu pour eux. Mais pour les autres, ils se pénétraient des principes des lois romaines, et lançaient des arrêts de mort ou de proscription.

Malheureusement le serment n'est plus qu'une vaine formalité, et tel qui le prête n'a souvent pas l'idée qu'il contracte une obligation. Beaucoup de gens ne tiennent pas plus à leur serment qu'à leur robe, à leur épée, à leur habit brodé. Si le

---

[1] *Bulletin des lois*, n° 2.
[2] Jupiter rit également des serments des amants et des rois. (*Balsac.*)

gouvernement change, ils échangent leur serment comme ils échangent leur costume. Cette vérité est frappante. Depuis trente ans on voit les mêmes hommes, et depuis trente ans nous avons eu, de compte fait, dix gouvernements différents.

Pour rendre au serment toute son importance, il faudrait d'abord ne pas se servir des parjures; et, si on ne pouvait les renvoyer sans faire une trouée trop considérable, il faudrait le rendre plus rare et plus solennel. Mais on l'a tellement multiplié, que bientôt il faudra lever la main [1] pour obtenir la permission d'aller sur les promenades publiques.

L'ordonnance du 24 juillet, qu'il fallut convertir en loi pour mettre la responsabilité des ministres à couvert, montra quel était l'esprit qui animait les agents du pouvoir. Dix-huit généraux sont désignés au glaive de la loi. Le maréchal Ney fut arrêté, jugé et fusillé; la Bédoyère fut arrêté, jugé et fusillé; Mouton Duvernet fut arrêté, jugé et fusillé : les autres s'échappèrent; ils revinrent chercher des juges après plusieurs années d'exil, et tous furent acquittés ou amnistiés.

---

[1] L'usage de lever la main remonte à Abraham. « Je lève la main devant le Seigneur, le Dieu Très-Haut. » *Levo manum meam ad Dominum meum, excelsum possessorem cœli et terræ.* (Genèse, ch. xiv.)

Le bannissement frappa un grand nombre de personnes; d'autres subirent différentes peines.

Les tribunaux d'exception furent rétablis sous le nom de cours prévôtales.

On ne manqua pas de lois de circonstances, applicables aux délits politiques et aux cris séditieux, et qui prêtèrent leur secours à de nombreux jugements; mais l'appareil de la force, la sévérité, les peines, les supplices n'étaient pas le meilleur remède : le temps seul pouvait ramener le calme dans la société ébranlée.

Cependant à plusieurs reprises la France retentit du bruit des conspirations, soit qu'effectivement des mécontents aient projeté de renverser le gouvernement, soit, comme on l'a dit, que des agents provocateurs aient excité des esprits faibles et les aient entraînés à des démarches inconsidérées ou coupables, plusieurs complots ont été dénoncés à la justice, et quelques têtes sont tombées.

Le gouvernement parut disposé à opérer une réforme totale, et à reconstruire la société sur ses anciennes bases, entraîné qu'il était par les absolutistes, qui ne mettaient pas de bornes à leurs désirs, et qui voulaient profiter de l'espèce de stupeur produite par les derniers évènements.

On disait qu'il n'y aurait ni tranquillité ni

bonheur en France que lorsque toutes les traces de la révolution auraient disparu; et, partant de ce principe, il fallait refaire tout ce que la révolution avait détruit, et proscrire tout ce qu'elle avait établi.

Autrefois les titres de noblesse étaient accompagnés de prérogatives; la masse du peuple vivait dans une espèce de soumission, et cette soumission tenait de la servilité dans les provinces, et surtout dans les campagnes où se trouvaient les fiefs ou les grandes terres seigneuriales; la révolution fit disparaître les distinctions : la chaumière ne dut plus rien au château; la seule différence était dans la fortune. Mais bientôt des lois dont la moralité n'est pas de mon examen détruisirent ces masses grossies de siècle en siècle au détriment des droits du sang; la chaîne passa sur ces propriétés qui embrassaient des villages et des contrées tout entières, et les divisa en portions infinies : tout le monde devint propriétaire.

En peu de temps le sol changea d'aspect. Cent charrues sillonnèrent dans tous les sens un champ qu'une seule effleurait à peine; des enceintes immenses restées incultes pour servir d'asile à des bêtes fauves furent transformées en jardins, et cette terre nourrit des hommes.

Le pacage appartenait à un seul : aujourd'hui

il appartient à tous ; chacun a son troupeau, et le troupeau fournit aux besoins de la famille.

L'agriculture devint donc l'unique occupation des campagnes, et le peuple s'y porta avec d'autant plus de zèle qu'il travaillait chez lui, et pour lui. Les villages prirent une autre physionomie : l'aisance remplaça la misère, et les besoins de la vie se trouvant satisfaits, les enfants furent mieux élevés, leur santé plus robuste, et le sang épuré devint plus beau.

La richesse particulière augmenta la richesse publique : plus la terre est divisée, mieux elle est cultivée, plus elle produit ; elle est inépuisable. Plus le propriétaire retire, plus il peut payer : voilà pourquoi le trésor perçoit depuis si longtemps des sommes immenses, sans appauvrir la France. Trente ans plus tôt notre budget eût absorbé le sol.

La terre produit tout ce qui paie, et les recettes directes et indirectes proviennent de sa source. Le trésor ne s'emplit que par elle ; c'est elle encore qui dote les villes, qui alimente nos fabriques, nos manufactures ; c'est elle qui donne la vie au commerce.

L'agriculture est donc la cause première de la richesse d'une nation ; car ce n'est pas seulement au propriétaire qu'elle donne l'abondance, mais encore au citoyen des villes, à l'artisan, au simple ouvrier, qui profitent du superflu, qui s'échange dans les marchés. Cette abondance n'est due qu'à la grande division des terres. Supposez un domaine de mille arpents, il donnera au commerce des grains, des fourrages; mais divisez ce domaine en cent parties, la somme du produit sera plus considérable : et comme le nombre des consommateurs est toujours le même, soit que la terre appartienne à un seul ou à plusieurs, la masse y gagnera nécessairement. Si l'on ajoute qu'un grand propriétaire ne s'occupe pas de *menus produits*, et que les petits ne négligent rien, qu'ils tirent journellement de leurs basses-cours, de leurs jardins, de leurs vergers, des denrées de toute espèce qui refluent jusqu'à la capitale et à l'étranger, on verra combien la petite propriété et la division des terres seront utiles au bien-être des citoyens et à la prospérité de l'état.

Si l'on voulait appauvrir le peuple et détruire la source de la richesse nationale, il faudrait réunir les portions détachées du sol dans une même main; il faudrait reconstituer ces domaines gigantesques, dont le produit se consommait dans une partie de chasse.

Loin de se plaindre du morcellement des

terres, l'on devrait plutôt craindre leur agglomération.

Deux causes produisent le morcellement : les partages, et les ventes en détail. Mais cette division ne balancera pas long-temps la tendance à la réunion qui s'est emparée des propriétaires plus ou moins riches, et qui ne laissent échapper aucune occasion de *s'arrondir*. Déjà des terres assez considérables ont été formées, elles s'étendent tous les jours, parceque tous les jours l'occasion d'acheter se présente, et que les petites bourses ne luttent pas contre les grandes. Ces propriétés seront à leur tour divisées entre deux ou trois héritiers, qui voudront aussi s'agrandir, et les petites portions se trouveront absorbées : alors on verra quelques terrains divisés à l'infini à côté de grandes masses, jusqu'à ce que des vexations aient forcé les petits à céder.

Nous ne manquons pas encore de propriétés qui embrassent toute l'étendue d'une commune. Si l'on veut trouver des haillons, la tristesse et le silence, c'est là qu'il faut aller : le luxe règne au château, la misère au village. Mais le tableau change si les habitants sont propriétaires ; la gaieté les suit aux champs, ils chantent à la veillée, et leur vie s'écoule doucement au milieu d'une famille dont le bonheur est assuré.

Ces vérités seront senties de tout homme qui s'est donné la peine d'observer ce qui se passe en France.

Ce qui gênait le plus les hommes d'autrefois, c'était la liberté de la presse. Il fallait commencer la réforme pour l'anéantir; il fallait arrêter la publication des ouvrages entachés de nouvelles doctrines, ou effrayer les auteurs par des châtiments. Mais était-ce atteindre le but que l'on se proposait?

On avait principalement en vue les ouvrages politiques; or, la plupart de ces ouvrages resteraient ignorés, si on ne leur donnait de l'importance en les dénonçant à la justice. Alors tout le monde les veut lire; on les trouve excellents. Un jugement ne fait pas jurisprudence à leur égard, parcequ'un jugement frappe la matière et non l'esprit d'un livre.

Les modernes qui portent le plus d'ombrage sont Diderot, d'Holbach, Raynal, Voltaire, Rousseau, Volney, etc., etc. Croit-on avoir bien fait de proscrire les uns et de mettre des entraves à la réimpression des autres? Non, sans doute. Cet interdit les a fait rechercher avec fureur, et ils ne manquent pas[1]. Une bonne réfutation les suivrait

---

[1] Fabricius-Veinto avait composé une satire contre les sé-

dans toutes les bibliothèques. Si la réfutation est impossible, qu'y faire? Le plus sage est de se taire.

Toute la cour s'éleva contre l'Encyclopédie; elle fut emprisonnée à la Bastille comme un criminel d'état: elle n'en a pas moins orné les grandes bibliothèques. On finit par rompre ses chaînes. Eh bien, quel mal a-t-elle fait? Qui en parle maintenant, et qui s'en occupe? Personne. Qu'on la mette à l'index, elle prendra un nouvel essor.

Le style de Rousseau est au premier rang. Son roman d'Héloïse est brûlant; mais il ne peut faire de révolution que dans l'âme de jeunes filles. Son Émile est bon malgré ses erreurs. Ses confessions sont dégoûtantes. Voilà cependant ceux des ouvrages de Rousseau qui étaient en vogue. Son Contrat social, son Discours sur l'inégalité des conditions et ses autres produc-

---

nateurs et les pontifes, dans un ouvrage intitulé *Codicillorum.* Il fut accusé. *Néron* évoqua l'affaire, il bannit Fabricius, et fit brûler son livre, que l'on rechercha, et qu'on lut avidement tant qu'il y eut du risque à se le procurer; sitôt qu'on eut levé la défense, l'ouvrage fut oublié. (*Tacit.* Ann., liv. XIV, n° 5o.)

¹ Il a pris pour modèle Archiloque, dont les mœurs et la conduite inspiraient tant de dégoût aux Grecs.

tions politiques n'étaient connus que de très peu de personnes. Aujourd'hui c'est la mode d'avoir un Rousseau; mais peu de gens le lisent, et moins encore l'entendent.

On nous dit sans cesse que ce sont les philosophes qui ont amené la révolution. C'est une erreur : c'est au contraire la révolution qui a fait la fortune des philosophes. On les a recherchés, parcequ'ils s'accordaient avec les idées actuelles, et l'on pensait avec eux. Les peuples ont leur enfance et leur maturité. Le temps a développé leurs facultés intellectuelles; elles se perfectionnent tous les jours, sans le secours des philosophes, et malgré les efforts de l'ignorance: la vraie cause de la révolution était dans le vide du trésor. L'argent est un des plus fermes appuis des trônes; il ne manque pas chez un peuple libre, et dont l'industrie est protégée. Voilà tout le secret d'un bon gouvernement.

Supposer qu'un ouvrage puisse faire du mal, c'est-à-dire propager dans la société des doctrines nouvelles, et c'est tout un maintenant, c'est faire trop d'honneur à l'auteur; car c'est lui supposer des idées que les autres n'ont pas, tandis qu'en réalité celui qui écrit ne fait que rapporter ce que tout le monde sait. On ne le lit assurément pas pour s'instruire, mais pour penser avec lui, de même que lui, et pour trouver dans un seul cadre et tout d'un coup ce qui ne se présente à l'esprit que successivement et dans certaines occasions. Un ouvrage du genre que je le suppose ne produirait d'effet que dans les mains du peuple, encore ne lui apprendrait-il pas tout ce que l'on pourrait s'imaginer. Mais le peuple n'en est pas encore là, de lire des ouvrages abstraits et de longue haleine : cela ne l'empêche pas d'avoir son opinion.

La marche adoptée par les gouvernements fait présupposer qu'il y a deux intérêts contradictoires, celui des gouvernements et celui des peuples; aussi dès qu'un ouvrage est incriminé, l'opinion le défend même sans le connaître.

Il vaudrait mieux répondre à des phrases par des phrases, et opposer un livre à un livre; car c'est un mauvais moyen de mettre un homme dans les fers pour prouver qu'il a tort.

Je ne saurais nombrer les ouvrages qui ont été prohibés, et les auteurs qui ont été punis depuis quelques années; et je voudrais qu'on me dise quels sont les ouvrages que l'on n'a pas eus à sa discrétion, et quel mal ils ont fait.

Nous n'avons pas d'auteur moderne qui professe des idées plus libérales, et je dirai même qui inspire plus l'amour de la démocratie que Cicéron, Tacite, Tite-Live, etc., etc. Ce sont pourtant leurs ouvrages que l'on donne à la jeunesse, et qu'on la force d'apprendre et de retenir dans l'âge où les impressions sont si vives! L'autorité ne s'est pas encore avisée de les proscrire; pourquoi? parceque ce serait ridicule, et que l'on ne veut pas être ridicule.

Puisque j'ai cité Cicéron, je parlerai de sa République. Cet ouvrage est tout frais; il semble écrit d'hier. Si celui qui a découvert le manuscrit eût simplement publié sa traduction sans en citer la source, il eût été condamné; mais c'est un vieil auteur, il porte son passeport. Il faudrait donc quelque Brotier ou quelque Freinshemius, qui écrivissent en langue latine avec de l'encre pâle sur quelques vieux lambeaux de parchemin.

Dans un gouvernement absolu tout est esclave, depuis le plus petit jusqu'au plus grand, parceque le chef de l'état est le maître, qu'il est au-dessus des lois, et que sa volonté n'a pas de bornes. Ce gouvernement ne souffre pas de contrôle: les écrivains ne peuvent parler des droits du peuple, ce serait une rébellion; les feuilles quotidiennes ne peuvent critiquer les actes du pouvoir, ce serait de l'opposition. A quoi donc servirait la liberté de la presse? à chanter les douceurs de l'esclavage, à comparer les chaînes à des guirlandes de fleurs, à déifier les rois......

Mais dans le gouvernement constitutionnel, où les droits des peuples et des rois sont établis, il doit y avoir une opposition, et si elle ne naissait pas naturellement, il faudrait la créer. Cette opposition n'a pas pour mission d'entraver la marche du gouvernement, mais de le maintenir dans la ligne des principes, en lui montrant sans cesse le cercle qu'il doit parcourir et le but qu'il ne peut franchir. Elle s'exerce de deux manières : par la parole, elle appartient aux corps délibérants, elle prend place à la tribune; par la pensée seulement, elle appartient à tous les citoyens, elle se consigne dans des écrits que la presse multiplie.

C'est par la presse que l'histoire se conserve et se transmet à la postérité : l'histoire éclaire les peuples et guide les rois; elle grandit les hommes ou les réduit en atome, les décore d'une couronne immortelle ou les flétrit, selon qu'ils ont été justes ou pervers, utiles ou à charge, généreux ou cruels, populaires ou despotes.

C'est par la presse que les lumières se propagent et que les peuples apprennent à connaître leurs droits et à respecter l'autorité.

Les feuilles quotidiennes sont des sentinelles toujours prêtes à crier *qui vive* contre l'ennemi, sous quelque bannière qu'il marche.

En défendant les libertés publiques, elles défendent le gouvernement, parceque le gouvernement perdrait l'amour du peuple en touchant à ses libertés. Elles défendent le gouvernement lorsqu'elles défendent le pacte social, parceque le pacte social est le gage de la paix et le soutien du trône. Elles défendent le gouvernement quand elles invoquent les lois, parceque méconnaître les lois c'est faire de l'arbitraire, et que l'arbitraire produit la haine. Elles défendent le gouvernement quand elles défendent les opprimés, parceque l'oppression est de l'injustice, et que l'injustice aliène les cœurs. Elles défendent le gouvernement quand elles signalent ses fautes, parceque les fautes dénotent l'incapacité, et que l'incapacité détruit la confiance. Elles défendent le gouvernement quand elles s'opposent à l'exécution de projets subversifs de l'ordre établi, à des projets qui n'ont pas en vue l'intérêt de tous, parceque les innovations sont dangereuses et les exceptions immorales. Elles défendent le gouvernement alors même qu'elles le combattent, parceque la lumière jaillit du choc, et que le gouvernement n'est jamais trop éclairé.

Les flatteurs applaudissent toujours; ils ne voient l'écueil que lorsqu'il est impossible de l'éviter. Les vrais amis ne flattent pas. Sans la liberté de la presse, sans l'opposition, le gouvernement marche au hasard : c'est un vaisseau lancé sans pilote.

C'est au moyen de la presse que les peuples font connaître leurs vœux, leurs besoins : si ce moyen manque, il n'en reste qu'un seul..... Nous avons vu ce qui s'est passé en France; nous avons vu ce qui s'est passé en Espagne, à Naples; nous voyons ce qui se passe en Russie..... Ce doit être ici un grand sujet de méditation pour les hommes d'état.

Quoi qu'en disent les partisans de l'obscurantisme, on ne conspire pas par écrit; celui qui se plaint tout haut n'en veut point au pouvoir. Il n'y a de dangereux que les hommes qui n'ont pour guide que le fanatisme, et qui aiguisent leurs poignards dans l'ombre. Ces hommes-là ne veulent pas que l'on pense ni qu'on écrive : la lumière les tue.

La presse ne peut donner lieu qu'à des écarts, et les lois sont là pour les réprimer.

C'est à l'époque où je suis, 1815 et 1816, que l'on parla pour la première fois du rétablissement de l'autorité ecclésiastique; c'est aussi l'époque où les missionnaires commencèrent à parcourir la France, comme si la France eût été le Canada ou le Groënland, et les Français des Iroquois ou des Esquimaux.

En attendant que les changements projetés fussent opérés, les réformateurs devaient s'emparer de tous les emplois : car l'intérêt n'abandonne personne, pas même les gens qui se disent *purs*. On procéda à des épurations, on renvoya les libéraux pour placer les royalistes.

Qu'est-ce qu'un libéral? Le libéral est un citoyen qui aime son pays avant tout, qui veut le maintien de la charte; et comme la charte n'existerait plus sans la royauté, le libéral est le citoyen qui veut la monarchie constitutionnelle. Mais ce libéral est un royaliste? Sans doute, si par royaliste on entend un homme qui veut le règne des lois sur lesquelles repose le trône.

Mais les hommes qui se disent royalistes repoussent les doctrines libérales? alors il est facile de savoir ce qu'ils désirent, c'est le pouvoir absolu.

Si le pouvoir absolu pouvait se rétablir, qui en profiterait en France? cent mille familles à peu près. Qui en souffrirait? trente millions d'hommes.

Ainsi ce serait pour satisfaire l'ambition d'une

fraction imperceptible de la nation que l'on voudrait détruire le trône constitutionnel, et ce changement ne pourrait s'opérer qu'en blessant au cœur trente millions d'hommes, c'est-à-dire toute la nation. Toute la nation se lèverait donc pour repousser par la force la spoliation de ses droits, et le gouvernement périrait au milieu de la lutte.

Mais si le trône constitutionnel était menacé, et que le prince fît un appel aux Français, tous répondraient à sa voix. Alors ils n'attendraient pas que la loi les commandât, ni que le budget fût voté pour remplir les caisses du trésor.

Il faudrait supposer bien de l'ignorance dans le gouvernement pour penser qu'il ne sait pas sous quelle bannière il doit marcher. Il faudrait qu'il fût bien ennemi de son repos ou du peuple, pour avoir conçu l'idée de réaliser les rêves de quelques ambitieux.

Cependant la chambre de 1815, si intempestivement qualifiée de *chambre introuvable*, et sur laquelle reposaient tant d'espérances, fut dissoute. Le mouvement rétrograde cessa. L'ordonnance du 5 septembre 1816, portant qu'aucun article de la charte constitutionnelle ne sera revisé, fut applaudie par toute la France. Alors le gouvernement se rapprocha des constitutionnels; mais il ne voulut laisser prendre de force à aucun parti : il les appelait ou les repoussait tour à tour, et ce système fut désigné sous le nom de système de bascule.

C'est dans cette situation politique qu'un crime horrible vint frapper la France de stupeur : le duc de Berry fut assassiné. L'assassin, nommé Louvel, n'avait pas de complices : il n'en aurait pas trouvé parmi les Français; seul il avait médité son projet, seul il l'exécuta. L'instruction, au surplus, ne laissa aucun doute à cet égard. Cependant les ennemis des nouvelles institutions s'efforcèrent de rattacher cet attentat à l'esprit de 1793, et à un vaste complot conçu ou favorisé par les défenseurs des libertés constitutionnelles. On accusait enfin les doctrines libérales d'avoir enfanté le crime Ces déclamations mensongères ne trouvèrent d'écho que parmi ceux qui avaient intérêt au rétablissement de l'ancien ordre de choses. La France les repoussa. Le gouvernement résista aux menaces et aux séductions. Le roi lui-même donna l'exemple de la fermeté, et prouva la confiance qu'il avait en la nation, en ne lui imputant pas une action dont l'atrocité l'avait révoltée. Le ministre Decazes, qui servait de point de mire aux accusateurs, et à l'administration duquel on reprochait le malheur du prince, ne quitta le portefeuille qu'avec des marques éclatantes de la munificence royale.

Toutefois les royalistes, et j'ai dit ce que j'entendais par ce mot, les royalistes ayant échoué dans leur projet de détruire ce qu'ils appelaient la queue de la révolution, essayèrent d'arracher quelques pièces de l'édifice social : ils obtinrent qu'il fût mis des restrictions à la liberté individuelle et à la liberté de la presse, garanties par la charte.

Ces mesures rigoureuses furent prises dans un moment de deuil, dans un de ces moments où l'on se croit environné de dangers, et où l'on agit avant que de réfléchir; et la passion égare toujours : mais on devait croire que ces mesures de circonstances n'auraient qu'une existence éphémère, et que les lois de l'état seraient à l'abri de toute attaque.

Cependant quatre mois après le fatal évènement [1] parut sur les élections une loi qui renversait les bases sur lesquelles reposait notre système électoral. Les colléges furent divisés en deux classes, ceux d'arrondissement et ceux de département. Les électeurs les plus

---

[1] L'assassinat du duc de Berry est du 13 février 1820. La loi sur les élections est du 29 juin.

imposés purent voter dans les deux colléges.

La grande propriété obtint donc la haute main sur les élections; et comme la grande propriété appartient presque exclusivement à l'aristocratie, et que l'aristocratie suit les impulsions ministérielles, il en résulte que le ministère appelle à peu près à la chambre des communes les hommes qu'il désire.

La présentation de cette loi aux chambres produisit une sensation pénible; et comme ce n'était encore qu'un projet, les citoyens réclamèrent le maintien des lois qui étaient en harmonie avec le pacte social, tandis que le projet de loi établissait des catégories contraires à son esprit.

L'opinion publique ne pouvant pleinement se manifester par la voie de la presse, se manifesta par des acclamations qui retentirent jusque dans le sanctuaire des lois. Le peuple fit de l'opposition en personne; mais c'était la charte qu'il voulait défendre, c'était la *charte* qu'il invoquait[1].

Cependant ce cri tout français fut frappé de

---

[1] S'il était besoin de nouvelles preuves de l'utilité de la liberté de la presse, on en trouverait ici une péremptoire.

Un homme de beaucoup d'esprit a dit que la liberté de la presse était pour le peuple ce qu'est la soupape pour une machine à vapeur.

réprobation; on l'appela séditieux, on lui opposa les cris de *vive le roi!* comme si l'on pouvait séparer le roi de la charte, et comme si en voulant la charte on ne voulait pas le roi qui l'a donnée. Il était tout simple que les constitutionnels ne parlassent que de la charte, puisque la charte seule était menacée; mais ils auraient crié vive le roi, si le roi eût été en danger.

On ne voulut pas s'entendre. L'autorité ne voulut pas réfléchir; elle vit une sédition, elle déploya l'appareil de la force, et mit en usage tous les moyens propres à amener cette sédition qui n'existait pas. Le peuple fut plus sage; il fut maltraité, et ne se vengea pas.

Ce peuple, que l'on calomnia tant, est essentiellement ami de l'ordre et respectueux. Dans cette circonstance, il réclama tant que la loi ne fut qu'un projet; mais il se tut sitôt qu'elle eut reçu la sanction royale.

Le gouvernement se contenta de cette nouvelle loi pendant quelques années; mais lorsqu'il se crut fort il brava tout[1].

Les affaires d'Espagne précipitèrent sa marche.

L'Espagne avait établi le gouvernement repré-

---

[1] On n'oublie pas que par gouvernement j'entends le ministère ?

sentatif en faisant revivre la constitution des Cortès. La réforme s'était opérée militairement, parcequ'il n'y avait pas d'autres moyens dans un pays où toutes les libertés publiques étaient enchaînées. Cependant les prêtres, mus par leurs intérêts personnels et par des excitations du dehors, poussèrent le bas peuple à la révolte, et bientôt la guerre civile fut allumée, le sang coula.

Le congrès de Vérone décida que la France rétablirait l'ordre en Espagne: une armée y pénétra, et marcha jusqu'à Cadix. Ferdinand VII fut ramené à Madrid, et le régime absolu reprit la place du régime constitutionnel.

Ce triomphe des vieilles doctrines exalta en France toutes les têtes aristocratiques: rien ne devait plus arrêter la reconstruction de l'édifice monarchique sur son ancienne base; la révolution avait été vaincue aux colonnes d'Hercule....

Il y avait dans ce langage folie et erreur: folie, parceque l'ancien régime ne saurait renaître en France, et qu'une poignée d'hommes disparaîtrait devant tout un peuple; erreur, parcequ'il y eut révolution matérielle, et révolution intellectuelle. La première fut vaincue à Notre-Dame, le 2 décembre 1804; la seconde est invincible, elle est immortelle.

Cependant le mode de renouvellement de la chambre élective fut changé : la charte porte expressément que la chambre des députés est renouvelée par cinquième, la nouvelle loi établit la septennalité.

La chambre septennale vota d'abord la loi d'indemnité, dont elle devait en partie recueillir les bienfaits; et cette loi, qui pouvait être générale, c'est-à-dire s'appliquer à tous ceux dont la fortune avait souffert dans la crise révolutionnaire, ne s'étendit qu'aux biens-fonds, et ne soulagea que l'émigration, la noblesse.

Une loi plus extraordinaire vint étonner la France, c'est la loi du sacrilége.

Cette loi parut extraordinaire, non seulement parcequ'elle était en contradiction avec le pacte social, mais encore parceque jamais, à aucune époque, le respect pour la religion, pour ses cérémonies, pour ses images et ses ministres, n'avait été à un plus haut point en France; jamais la morale religieuse n'avait été plus épurée.

Elle étonna, parceque nous n'étions plus au temps des sacriléges et des blasphèmes, parcequ'on n'apercevrait pas d'actions à réprimer, des crimes à punir, et qu'on ne fait pas une loi sans nécessité; car ce sont les besoins qui doivent la provoquer. Ici la loi a précédé le besoin :

elle a présupposé des crimes; elle a fait ce que réprouvent la morale et la raison.

Aujourd'hui il n'y a que des voleurs : la loi n'aurait dû statuer que sur le vol, et ce vol serait plus rare, il serait inconnu, si les ministres des autels avaient conservé dans leurs temples la simplicité et la modestie primitives.

Tous les rois depuis saint Louis ont sévi contre les jureurs, les blasphémateurs, les sacriléges, les sorciers, les impies, etc., etc. Saint Louis y mit tant de zèle, que le pape fut obligé de l'engager à se modérer. Les peines infligées aux coupables étaient de payer une amende, d'être exposés au carcan, d'avoir les lèvres et la langue coupées, d'être pendus ou brûlés.

Ces lois rigoureuses avaient-elles été nécessitées? Voyons les cas où elles furent appliquées.

Un juif de la rue des Billettes profana une sainte hostie qui lui avait été remise par une femme. Il fut condamné à être brûlé en 1290.

Un protestant, cocher de la duchesse de Guise, fut condamné au dernier supplice, en 1648, pour avoir mangé des hosties consacrées qui étaient dans le saint ciboire de l'église de Saint-Jean en Grève.

En 1503, un jeune homme fut condamné à avoir le poing coupé, et à être brûlé vif, pour avoir, dans l'église de la Sainte-Chapelle à Paris, arraché des mains d'un prêtre l'hostie qu'il venait de consacrer en célébrant la messe.

En 1586, un nommé Dufour fut condamné à la même peine pour avoir arraché des mains d'un cordelier l'hostie qu'il avait consacrée en disant la messe.

Un nommé Dufut eut le poing coupé et la tête tranchée pour insulte faite à la Divinité, en portant plusieurs coups d'épée contre un crucifix.

Le parlement de Bordeaux condamna au fouet, en 1435, un ivrogne qui, d'un coup d'épée, avait emporté la tête d'un Christ : son ivresse empêcha qu'on ne le condamnât à mort.

Par un arrêt de décembre 1548, le parlement de Paris condamna le nommé Rochette à être pendu, ensuite brûlé, pour avoir mis en pièces un crucifix et quelques images des saints, dans l'église de Saint-Julien de Pommiers en Forez.

En 1660, le parlement de Bordeaux condamna au dernier supplice plusieurs protestants de la ville d'Aymet, pour s'être rendus coupables de profanations en dérision de la messe et des cérémonies de l'église.

En 1714, le parlement de Paris condamna un prêtre à faire amende honorable, et à être ensuite brûlé pour avoir volé des calices et des ciboires.

Charles L'Herbé, nourricier de bestiaux, eut la langue coupée, et fut brûlé vif en Grève, le 14 mars 1724, comme atteint et convaincu de blasphèmes et impiété.

En 1748, un individu d'Orléans fut condamné, par arrêt du parlement de Paris, à faire amende honorable, à avoir la langue coupée, et à être ensuite pendu pour avoir blasphémé contre *le saint nom de Dieu, l'Eucharistie et la Vierge.*

Un juif accusé d'avoir blasphémé contre la sainte Vierge fut condamné à être écorché. Des chevaliers masqués, le couteau à la main, montèrent sur l'échafaud, et en chassèrent l'exécuteur, pour venger eux-mêmes l'honneur de la sainte Vierge.

Le fameux arrêt qui a condamné en 1766 le jeune Labarre a été anéanti par décret de la convention du 25 brumaire, an II. Sa mémoire a été réhabilitée, et ses héritiers remis en possession de ses biens confisqués.

Aujourd'hui on ne blasphème plus *le saint nom de Dieu,* on n'attaque plus *l'honneur de la très sainte Vierge, sa mère, ni des saints* [1].

---

[1] Ordonnances des rois, et de Louis XIV, 30 juillet 1666.

On n'arrache plus l'hostie de la main des prêtres, *on n'abat plus les croix, on ne déchire plus les images* [1], on ne fait plus de profanations en dérision de la messe, on ne brise plus les christs à coups d'épée; malgré l'indignité du siècle, on respecte la religion et les objets sacrés. On vole aujourd'hui comme on volait autrefois, parcequ'il y a de la misère et des malheureux aujourd'hui comme autrefois. Punissons donc les voleurs.

Les païens punissaient le sacrilége du dernier supplice: mais ils étaient païens; mais leurs dieux qui, mâles ou femelles, descendaient sur la terre et partageaient les plaisirs sensuels et charnels des humains, devaient avoir les faiblesses humaines. Il fallait les venger, si l'on ne voulait pas qu'ils se vengeassent eux-mêmes de ceux qui ne les auraient pas vengés.

Cicéron savait à quoi s'en tenir sur ces dieux, quand il disait : Que celui qui aura dérobé ou ravi de force une chose sacrée ou déposée dans un lieu sacré, soit parricide. Que l'impie n'ait point l'audace d'apaiser par des dons la colère divine [2]. Il avait autre chose en vue que d'obtenir

---

[1] Édit de pacification de Charles IX, *14* février 1561.
[2] Sacrum, sacrove commendatum qui cleperit, rapsitque,

les grâces des dieux Jupiter, Mercure, Sterculus, Crépitus, et des déesses Junon, Vénus, Pertonda, Caca, Cloaima, Muta, etc.

Mais est-ce à nous, faibles mortels, à venger la Divinité? Dieu a-t-il besoin de notre secours?

« Dans les choses qui troublent la tranquillité ou la sûreté de l'état, les actions cachées sont du ressort de la justice humaine, mais dans celles qui blessent la Divinité, là où il n'y a point d'action publique, il n'y a point de matière de crime : tout s'y passe entre l'homme et Dieu; qui sait la mesure et le temps de ses vengeances [1]?

« *Memento iræ in die consummationis, et tempus retributionis in conversatione faciei* [2]. »

« Le mal est venu de cette idée, qu'il faut venger la Divinité; mais il faut honorer la Divinité, et ne la venger jamais [3]. »

En effet, quel bien et quel mal l'homme peut-il faire à Dieu?

« *Quid est homo, et quæ est gratia illius? et quid est bonum, aut quid nequam illius* [4]? »

---

parricida esto.—Impius, ne audeto placare donis iram deorum. (Cic., *De legibus*.)

[1] *Esprit des lois*, lib. XII, chap. IV.
[2] *Eccles.*, chap. XVIII.
[3] *Esprit des lois*, ibid.
[4] *Eccles.*, chap. XVIII.

« Si l'on se conduisait par cette idée qu'il faut venger la Divinité, quelle serait la fin des supplices? Si les lois des hommes ont à venger un être infini, elles se règleront sur son infinité et non pas sur les faiblesses, sur les ignorances, sur les caprices de la nature humaine [1]. »

Que sommes-nous devant la Divinité? des atomes remplis de présomption et de malignité. Dieu connaît notre corruption, mais il nous pardonne; il répand sur nous sa miséricorde, et nous traite dans la plénitude de sa douceur.

« *Propter hoc patiens est Deus in illis, et effundit super eos misericordiam suam.*

» *Vidit præsumptionem cordis eorum quoniam mala est, et cognovit subversionem illorum quoniam nequam est.*

» *Ideo adimplevit propitiationem suam in illis* [2]..... »

Toutes ces lois tiennent à un système arrêté et suivi avec persévérance.

On veut nous donner le droit d'aînesse, malgré la charte et malgré nos lois qui ont proclamé l'égalité [3].

Le droit d'aînesse est une déshérence pour la

---

[1] *Esprit des lois*, liv. XII, chap. IV.
[2] *Eccles.*, chap. XVIII.
[3] Ceci était écrit en 1825.

majorité de la nation; il est dès lors anti-national: cependant on le dit monarchique. Y a-t-on bien pensé? Quoi! une loi qui blesse les intérêts de presque tout un peuple est une loi monarchique!..... Mais l'aristocratie de la propriété sera établie; l'aristocratie de la propriété s'alliera avec l'aristocratie des titres, et l'aristocratie remplira les colléges électoraux et la chambre des députés. Alors sans doute la monarchie sera forte; car que serait-ce que trente millions d'hommes pour la soutenir?

Après le droit d'aînesse, nous aurons sans doute une loi sur l'état civil et quelques autres dont l'énumération serait trop longue. Je dis nous aurons une loi sur l'état civil, parcequ'il en est question depuis long-temps; mais ce serait le comble de l'imprévoyance. L'autorité administrative ni l'autorité judiciaire ne peuvent connaître des scrupules de l'église. Si la loi civile peut forcer ses agents à remplir les devoirs qu'elle leur impose, elle n'aura point d'action sur le clergé, qui n'est pas sous son influence absolue. Quelles que soient les précautions que l'on prenne à cet égard, ces précautions seront toujours vaines; car le prêtre répondra: Comme dépendant de la loi civile, je dois faire ce que cette loi m'ordonne; mais comme dépendant de l'autorité ecclésiastique, je ne dois pas le faire. La loi civile ordonnera de procéder à la célébration d'un mariage; mais la loi de l'église le défendra; et le mariage n'aura pas lieu, parceque cette loi de l'église, qu'on ne connaîtra pas, l'emportera; parcequ'à défaut de lois, il y aura des considérations religieuses, des cas réservés, et mille autres empêchements qu'on ne pourra ni lever ni faire lever.

L'état civil peut être considéré comme le fondement de la société: si le clergé parvient à s'en saisir, il sera le maître de la France. Il y a sur cela pour un an de réflexions.

Mais le clergé tenait autrefois les registres de l'état civil; il n'en est jamais résulté d'inconvénients graves. Cela peut être; mais nous ne sommes plus à autrefois; le peuple n'est pas ce qu'il était il y a quarante ans, le clergé non plus. Il existe aujourd'hui une division d'opinions, de vœux et d'intérêts qui n'existait pas alors; il faut donc nous laisser des institutions conformes à nos mœurs actuelles, et ne pas songer à ramener des usages qui n'étaient bons que pour les temps où les rois étaient sous la dépendance des successeurs de saint Pierre, qui les excommuniaient et disposaient de leur couronne.

Ce n'est pourtant pas avec des lois seulement

que l'on espère changer l'esprit de la France; on emploie d'autres moyens.

On fait la guerre aux opinions libérales, que l'on s'efforce de signaler comme contraires à l'esprit monarchique, quoiqu'on sache bien le contraire, car on n'ignore pas que les libéraux veulent le roi et la charte; mais on trouve dans les opinions libérales une opposition fatigante, et l'on veut s'en débarrasser. Cette opposition n'a cependant d'autre but que la défense des lois et du pacte social; dès lors elle est utile et monarchique.

Les libéraux sont donc repoussés; le ministère n'en souffre nulle part. Le fonctionnaire ou l'employé ne peut conserver son indépendance; il faut qu'il opte entre sa place et ses opinions. Dans ces derniers temps nous avons vu le ministère tracer à ses agents leur ligne de conduite, et leur désigner les hommes qu'ils devaient adopter. Lorsque leur conscience s'est opposée à ce qu'ils suivissent ces ordres, ils ont été inhumainement destitués. Ainsi, pour conserver sa place, il faut faire les volontés de ses chefs, alors même que la conscience crie que ces volontés sont tyranniques et contraires au bien public. Quant à ceux qui sont toujours disposés à une obéissance servile, ce sont des instruments utiles par fois : mais ces instruments sont dangereux ; ils tranchent sur toutes les faces, et la main qui les fait agir reçoit souvent la première blessure.

Toutefois la marche du ministère a fait ce que n'eussent pas fait vingt-cinq ans d'une administration plus mesurée ; elle a rendu l'opposition compacte, c'est-à-dire qu'à force de repousser les constitutionnels, elle les a réunis.

Les ministres ont-ils prévu le résultat de leur système d'exclusion ? Personne peut-être ne pourrait répondre à cette question ; mais, prévu ou imprévu, ce résultat leur plaît : l'avenir décidera.

CHAPITRE VII.

CONSIDÉRATIONS GÉNÉRALES.

Il est très facile aux rois de l'Europe d'être tranquilles, heureux, aimés, c'est de s'allier avec les peuples, et de satisfaire leurs vœux et leurs besoins.

Il leur est aussi très facile d'échanger cette tranquillité contre des alarmes, ce bonheur contre des peines, cet amour contre des sentiments contraires, c'est d'adopter quelques individus, et de repousser les masses.

Il n'y a pas en Europe deux millions d'hommes à priviléges, de quelque robe qu'ils soient, et l'Europe compte plus de cent soixante millions d'habitants ; je n'y comprends pas ces barbares qui s'enivrent du sang chrétien.

Il s'agit de savoir si l'Europe est dans ces deux millions d'hommes, ou si elle se trouve dans les cent cinquante-huit millions qui restent. Il est des gens assez simples pour soutenir que la partie est le tout !

La Russie est un pays de servage : le serf ne possède pas ; le territoire est aux nobles. Eh bien! dans cet état même la noblesse n'est pas la nation, car la nation n'est pas dans la terre, mais dans les individus. L'état ne se soutiendrait pas sans les serfs ; il se passerait des possesseurs des terres, car ceux-ci ne forment qu'une exception. L'état n'existerait pas sans la culture : le peuple est cultivateur, donc le peuple est utile, indispensable. L'état ne peut se passer de commerce pour les échanges de produits : le peuple est commerçant; donc le peuple est utile, indispensable. L'état ne peut se passer des fabriques, des arts, des métiers : le peuple est fabricant, artiste, artisan; donc le peuple est utile, indispensable. L'état ne prospère que par la production et la consommation, le peuple est producteur et consommateur; donc le peuple est utile, indispensable.

Mais la principale source de la richesse d'un état est dans l'agriculture. Pour que le peuple cultive, lui qui ne possède pas, il faut que le propriétaire lui permette de cultiver : sans doute; mais il faut remarquer que si la terre n'était pas cultivée, le propriétaire descendrait au niveau de celui qui n'a pas de terre. Le propriétaire ne peut se passer du cultivateur, et le cultivateur peut se passer du propriétaire, même pour cultiver sa terre; car on ne soutiendra pas que toute une nation doive se laisser mourir de faim, si l'on mettait un interdit sur l'ensemencement.

C'est encore dans le peuple que se trouve la force : c'est donc le peuple qui soutient l'état et l'indépendance nationale.

Ainsi, même dans un pays d'esclavage, l'intérêt, la sûreté du gouvernement, exigent qu'il s'appuie sur les esclaves, car sans eux il cesserait d'exister.

L'Allemagne est composée de contrées où le peuple est propriétaire, et de contrées où il ne possède pas; mais la richesse de l'Allemagne et sa force ne viennent que du peuple. Les gouvernements peuvent se passer des hommes qui forment l'aristocratie, ils ne seraient pas deux jours debout sans le secours des hommes qui composent la démocratie ou le peuple.

En Angleterre, l'oligarchie possède toutes les terres, mais ces terres seraient incultes sans le peuple; mais indépendamment de ce que là, comme ailleurs, la force est dans les masses, la prospérité du gouvernement anglais ne vient que de l'industrie du peuple; s'il n'y avait eu que la propriété foncière pour le soutenir, il y a long-temps qu'il n'existerait plus.

En France, tout le monde est propriétaire, et dès lors le peuple est plus utile là que partout ailleurs, parceque tout ce qui produit et est produit sort des mains du peuple. Quelle que soit l'aristocratie dans ce pays, elle n'influe pas plus sur les destinées de l'état, qu'une goutte d'eau jetée dans un fleuve n'influe sur sa rapidité. L'aristocratie n'a pas d'importance par elle-même, elle ne peut en avoir que par la volonté du pouvoir, et au détriment du peuple.

L'aristocratie comme elle existait, et comme elle veut se reconstituer, ne pourrait se livrer à aucune industrie, ce serait déroger et se donner des lettres de roture; dès lors l'aristocratie consomme sans produire, et comme en bonne économie on ne peut consommer sans produire, l'aristocratie est non seulement sans importance dans l'état, mais elle est une charge.

Relativement à la propriété, dira-t-on que l'aristocratie produit parceque sa chose produit? Ce serait une subtilité. La chose ne produit pas seule; il n'y a de producteur que celui qui obtient le produit.

Dira-t-on que, pour qu'il y ait balance ou compensation, il faut et des producteurs et des consommateurs? Sans doute, il faut l'un et l'autre, mais aussi il faut être l'un et l'autre. On ne produit pas sans consommer ; l'on peut au contraire consommer sans produire, mais alors il n'y a pas de compensation.

Un homme qui a cent mille livres de rente en biens-fonds peut se contenter de les dépenser sans se livrer à aucune industrie. Cet homme consommera. Produira-t-il parcequ'il fera travailler son carrossier, et qu'il lui dira : Je vous produis des écus, produisez-moi une voiture ? Non; car il n'y a de production utile que celle qui tend à augmenter la fortune particulière et publique ou à la maintenir.

Or un homme qui a cinquante mille livres de rente peut aussi affermer sa terre et se borner à son revenu ; de même celui qui n'a que vingt mille francs, dix mille francs, mille francs, cinq cents francs ; car tout dépend du rang que l'on veut tenir dans la société, et de la manière dont on veut ou peut vivre. Eh bien ! figurez-vous toutes les terres ainsi affermées et les propriétaires dans une oisiveté absolue. Dites si vous voulez que ces propriétaires produisent, mais dites aussi quelles seront et la position de leurs enfants et la richesse de l'état.

On dit bien qu'un employé produit ! Il produit des écritures, mais les écritures ne sont bonnes à rien en économie : les administrations ne sont nécessités que par l'état social ; elles lui sont à charge, et les charges ne sont pas des produits.

La terre ne donne par elle-même que les deux cinquièmes environ des revenus de l'état; le surplus est fourni par le peuple en produits.

Quelle est la portion à la charge de l'aristocratie dans la contribution foncière? Supposons à l'aristocratie un revenu de cent millions, c'est beaucoup. Si l'on paie à peu près le dixième de son revenu, l'aristocratie contribue aux charges publiques pour dix millions. En ne portant l'impôt foncier qu'à deux cent dix millions, le peuple contribue pour deux cents millions, et le revenu du peuple sera de deux milliards.

L'aristocratie est imperceptible ici.

Est-ce dans l'aristocratie que se trouve la force de l'état ? Si l'on peut prendre un homme sur vingt-cinq individus, l'aristocratie fournira à l'état une force de quatre mille hommes ; le peuple fournira dans la même proportion douze cent mille hommes [1]. Assurément le soutien de l'état n'est pas dans l'aristocratie.

Ce n'est pas tout que d'avoir des masses, il faut encore les conduire, les diriger. Mais les ta-

---

[1] On porte ici la population de la France à 30,000,000 d'individus, et l'on suppose que l'aristocratie y est comprise pour un trois-centième.

lents, les lumières nécessaires à cette direction, se trouvent au même degré dans le peuple et dans la classe privilégiée; et l'on pourrait dire à un plus haut degré dans le peuple, sans crainte d'être démenti; car le peuple n'épargne ni peines ni soins pour s'instruire, tandis que l'étude est regardée par certains hommes titrés comme un travail servile au-dessous de leur dignité.

Tout ce qui peut soutenir un trône et lui donner de la splendeur se trouve donc dans le peuple; dès lors un gouvernement bien entendu doit être tout populaire. Cependant on dit que l'aristocratie est monarchique. Est-ce que le peuple n'est pas monarchique? Si le peuple est monarchique, pourquoi dire que l'aristocratie seule soit monarchique? pourquoi établir des distinctions, des priviléges? Si l'intérêt du gouvernement veut qu'il y ait une aristocratie, et si l'intérêt de l'aristocratie demande des priviléges, il en résulte que l'intérêt du gouvernement n'est pas le même que l'intérêt de la nation. Cette conclusion est le résultat des projets et des demandes des hommes qui se disent monarchiques. Je ne présume pas que jamais un démocrate se soit donné des armes plus puissantes.

Pour croire que la grande propriété puisse être utile au bien-être d'une nation et à la sûreté du trône, il faudrait n'avoir vu que des grandes propriétés et n'avoir pas l'idée de leur division; il faudrait ne pas savoir ce qu'était la France au dix-septième siècle, ni ce que sont l'Angleterre, la Russie, l'Allemagne et l'Espagne.

En Angleterre, la réunion du sol dans les mêmes mains est une cause incessante de misère, et la moitié du peuple est condamnée à mourir de faim ou à voler pour vivre. Otez à l'Angleterre sa marine, elle disparaîtra bientôt.

L'Allemagne est riche; ses habitants sont industrieux, mais elle recèle des propriétés immenses que l'on parcourrait à peine dans plusieurs jours. Qu'en résulte-t-il? C'est que la terre cultivée n'étant pas en rapport avec le nombre des habitants, ceux-ci sont obligés de s'expatrier, et d'aller dans un autre hémisphère chercher ce qu'on pouvait leur donner chez eux.

La Russie renferme dans sa vaste étendue des provinces d'une grande fertilité, et qui, livrées au peuple, seraient une source inépuisable de richesses; ces provinces appartiennent à quelques individus. La terre manque à la population, et la population manque à la terre : de là toutes les conséquences de l'agglomération, peu de produits, point d'industrie. Si dans l'intérieur l'on excepte Moscou, Smolensk, Kiow et quelques autres villes; si sur les côtes on excepte Riga, Pétersbourg, Arkhangel, le reste de la Russie est sans mouvement et sans vie. Aussi, proportion gardée, la Russie est-elle le pays le plus pauvre de l'Europe.

Allons en Espagne. L'Espagne a vécu jusques dans ces derniers temps de ses fermages coloniaux; mais les fermiers sont redevenus propriétaires; ils ne paient plus. Le territoire de l'Espagne est fertile; bien cultivé, il produirait au-delà des besoins du peuple et du gouvernement. On pourrait exporter une infinité de produits de tous genre. Mais la terre appartient presque exclusivement à la noblesse et aux moines. De là des contrées tout entières sans culture, sans un arbre, si ce ne sont quelques oliviers, dont on ne sait pas tirer parti; de là aussi la plus profonde misère qui puisse affliger une nation.

Le gouvernement espagnol n'a pas besoin de faire cette grande propriété tant monarchique, elle existe chez lui au suprême degré; dès lors il doit être solidement établi. C'est le principe que l'on professe, voyons ses conséquences.

La réunion du sol dans une même main a anéanti l'industrie en Espagne, le défaut d'industrie a causé l'indigence du peuple, l'indigence du peuple a causé l'indigence de l'état. La terre se lèvera-t-elle pour marcher au secours du trône, ou bien s'entr'ouvrira-t-elle pour engloutir ceux qui voudraient l'attaquer? Il est possible qu'on le croie en Espagne; mais si cela n'arrive pas, où sont donc les ressources du gouvernement espagnol? Il n'en a aucune. S'il laisse la propriété dans la main des moines, il n'a pas le premier maravédis pour faire face aux premières dépenses, alors une révolution est inévitable. S'il veut arracher les propriétés aux moines, ceux-ci s'appuieront sur le peuple, auquel ils jettent quelques os de leur table; alors encore une révolution est inévitable. Ainsi, à moins d'une grande énergie de caractère dans les hommes appelés à la direction des affaires de la Péninsule, le gouvernement doit être soumis à l'ordre monacal. Voilà une situation glorieuse, à laquelle sans doute s'efforceront d'atteindre quelques politiques voisins.

De quelque côté que l'on tourne les yeux, on voit qu'il n'y a de tranquillité et de sûreté pour les gouvernements que dans leur alliance franche et sincère avec les peuples, parcequ'avec les peuples se trouvent la richesse, les lumières et la force.

Deux causes apparentes empêchent cette alliance; c'est que les peuples ne sont pas religieux, c'est qu'ils ne sont pas monarchiques!...

Les peuples sont religieux, mais ils ne veulent pas que la religion serve de prétexte pour les asservir; ils ne veulent pas que les hommes d'église, franchissant le seuil du temple, viennent s'emparer du sceptre des rois.

Les peuples sont monarchiques, essentiellement monarchiques; car s'ils n'étaient pas monarchiques, ils seraient républicains, et les partisans de la république sont moins nombreux en Europe que les partisans de l'aristocratie; c'est assez les réduire. Mais les peuples veulent des constitutions, parceque les constitutions profitent à tous, et que l'absolutisme ne profite qu'à une seule classe. Les constitutionnels veulent des monarchies fondées sur des lois; l'aristocratie veut des monarchies fondées sur le caprice et l'arbitraire. Ainsi cent cinquante-huit millions d'hommes en Europe veulent le règne des lois, deux millions d'hommes veulent le règne du bon plaisir. Avec les peuples, les gouvernements sont assurés d'une longue paix; avec les exceptions, ils sont assurés d'une longue suite de querelles. Il faut espérer qu'ils sauront enfin choisir, et qu'ils se lasseront d'être éternellement battus par les opinions.

Il faut toujours en revenir à ce point principal, que l'intérêt des gouvernements ne saurait être que l'intérêt du plus grand nombre, car on ne persuadera jamais à un homme, quelque borné qu'il soit, que l'intérêt de l'Europe repose sur la tête de quelques individus éparpillés sur sa surface.

Les Anglais ont fait leur révolution pour avoir une constitution ; l'aristocratie n'en voulait pas.

La France a fait sa révolution pour avoir une constitution ; la noblesse et le clergé n'en voulaient pas.

L'Espagne a fait sa révolution pour avoir une constitution ; le clergé n'en a pas voulu : la guerre civile s'est déclarée, la France a rétabli l'ordre ; le pouvoir absolu a repris sa place, mais les symptômes de troubles se manifestent de nouveau, et la catastrophe est inévitable si on ne la prévient pas.

Naples et le Piémont ont fait leur révolution pour avoir une constitution ; l'oligarchie autrichienne seule l'a combattue par la force des armes.

La Russie, sur laquelle pénètre à peine un rayon de lumière, demande à grands cris l'établissement d'un pacte social ; le nom d'autocrate la blesse.

Les Polonais ne supportent le joug que parcequ'ils ont une représentation nationale.

La Suède est gouvernée par la loi.

Les Pays-Bas ont établi le système représentatif.

La moitié de l'Allemagne est régie constitutionnellement, l'autre moitié a de vieilles chartes qu'elle fait revivre, ou demande des lois.

Toutes les nations veulent donc des constitutions, et quand ce désir est si universel, ce serait folie de le repousser.

Il faut le répéter pour la millième fois, car il y a des sourds en Europe : si vous voulez la paix, marchez avec le siècle, marchez avec les peuples, exaucez leurs vœux, et satisfaites leurs besoins.

NOTE.

J'ai dit à la page 21 de l'introduction : « *Le clergé reçoit et ne rend pas.* »

Je dois rectifier cette assertion.

Il résulte du relevé que j'ai fait que dans l'espace de deux cents ans, c'est-à-dire depuis 1587 jusqu'en 1787, le clergé a payé à titre de subvention, dons gratuits ou charitatifs, etc., etc., environ 460,000,000 ou 2,300,000 fr. par an.

FIN.

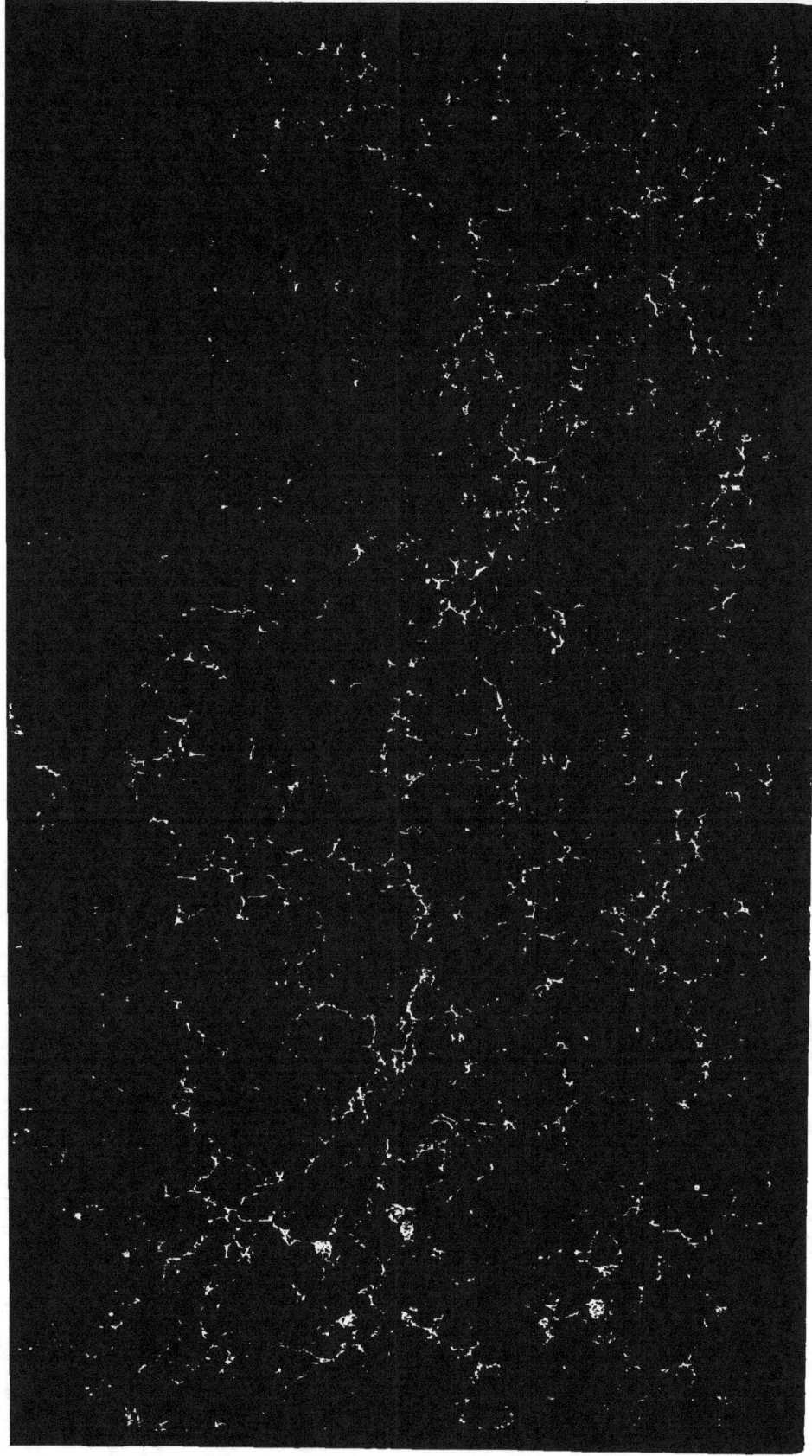

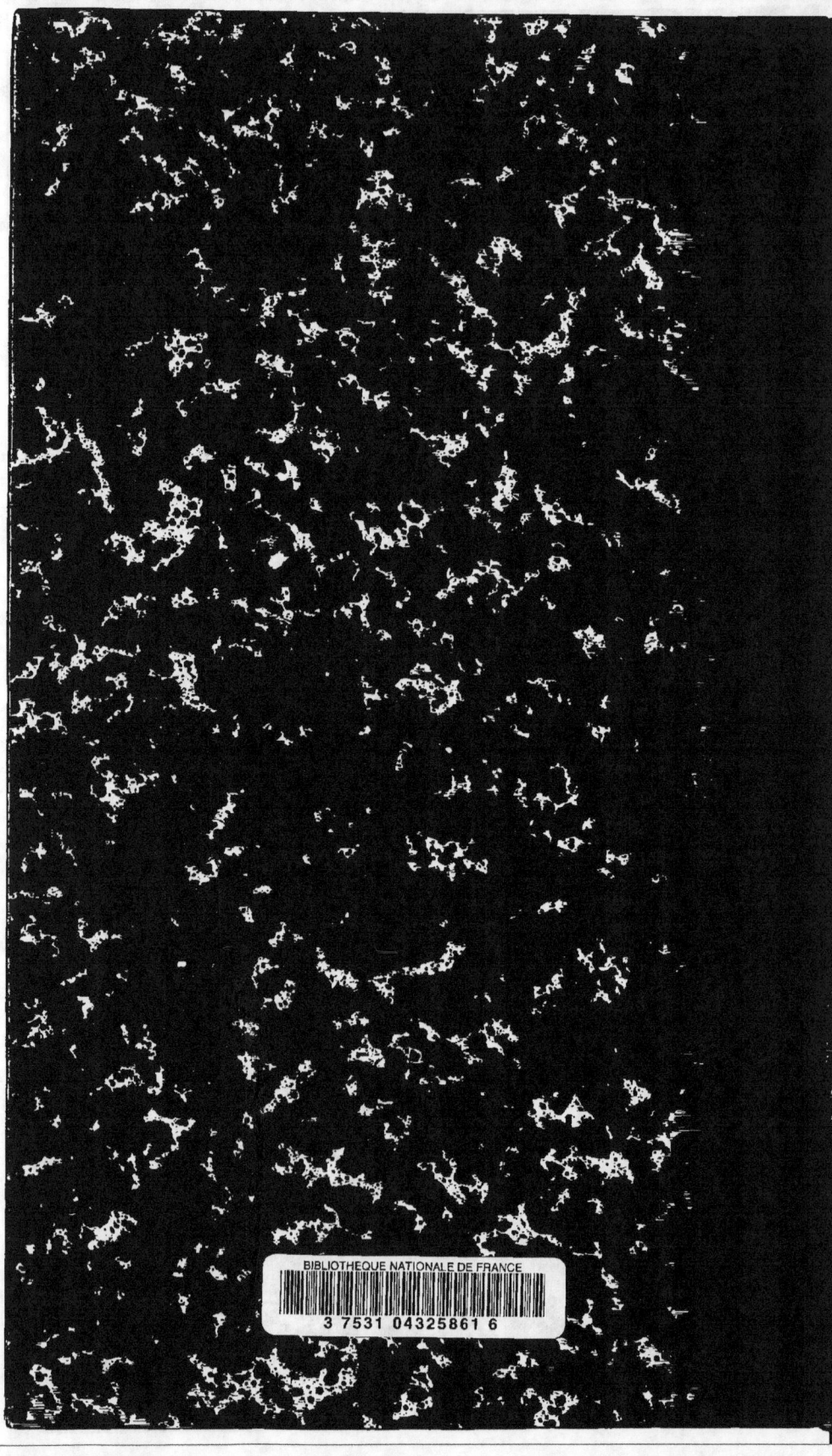

www.ingramcontent.com/pod-product-compliance
Lightning Source LLC
Chambersburg PA
CBHW072217240426
43670CB00038B/1584